ESSAI

SUR

LE SYSTÈME DE POLITIQUE ....

DE

J.-J. ROUSSEAU

LA

RÉPUBLIQUE CONFÉDÉRATIVE

DES

PETITS ÉTATS

THÈSE POUR LE DOCTORAT

PRÉSENTÉE A LA FACULTÉ DES LETTRES DE LYON

PAR

J.-L. WINDENBERGER

Professeur au Lycée de Chaumont

Étude suivie d'un Appendice comprenant des fragments inédits
de J.-J. Rousseau, et deux fac-similés de ses manuscrits autographes.

PARIS

ALPHONSE PICARD ET FILS, ÉDITEURS

82, RUE BONAPARTE, 82

1899

LA RÉPUBLIQUE CONFÉDÉRATIVE

DES

PETITS ÉTATS

MACON, PROTAT FRÈRES, IMPRIMEURS

Cette étude a été entreprise sur la bienveillante inspiration de M. Alexis Bertrand, et poursuivie grâce aux conseils éclairés de M. Espinas, professeur en Sorbonne. Pendant toutes mes recherches, j'ai été soutenu et souvent excité par l'intérêt que me portent depuis longtemps M. Victor Egger, professeur à l'Université de Paris, et M. Arthur Hannequin, à Lyon. Je leur adresse aujourd'hui publiquement mes plus vifs remerciements.

D'autre part, M. Léonce Pingaud, professeur à l'Université de Besançon, a bien voulu me faire parvenir des notes relatives au comte d'Antraigues; M. Renault, un de mes maîtres de la Faculté de Droit de Paris, m'a communiqué, à diverses reprises, d'utiles renseignements bibliographiques. — A l'étranger, M. Eugène Ritter, doyen honoraire de la Faculté des lettres de Genève, a mis à ma disposition, avec une délicate complaisance, sa vaste érudition, et l'on sait que personne ne connaît mieux que lui le philosophe genevois; enfin M. Max Diacon, bibliothécaire de la ville de Neuchâtel, a su me faciliter, pendant mes différents séjours en Suisse, la lecture des manuscrits de J.-J. Rousseau. Je leur exprime ici toute ma reconnaissance.

BIBLIOGRAPHIE

I

ROUSSEAU (J.-J.). Œuvres complètes, 13 vol. Paris, 1884, libr. Hachette.

ROUSSEAU (J.-J.). Œuvres et correspondance inédites, publiées par M. G. Streckeisen-Moultou. Paris, 1861, libr. Michel Lévy.

ROUSSEAU (J.-J.). Lettres inédites à Marc-Michel Rey, publiées par J. Bosscha. Paris, 1858, libr. Firmin Didot.

Rousseau (J.-J.). Lettres inédites, correspondance avec Mme Boy de la Tour, publiées par H. de Rothschild. Paris, 1892, libr. Calmann Lévy.

ROUSSEAU (J.-J.). Discours sur les richesses, publié par Félix Bovet. Paris, 1853, libr. Ch. Reinwald.

ROUSSEAU (J.-J.). Histoire de Genève, fragments inédits publiés par Jules Sandoz. Neuchâtel, 1861, libr. F. Marolf.

ROUSSEAU (J.-J.). Œuvres inédites, publiées par V.-D. Musset-Pathay. Paris, 1825, libr. Peytieux, 2 vol.

ROUSSEAU (J.-J.). Du Contrat social, ou Essai sur la forme de la République, manuscrit autographe de la première rédaction du Contrat social, 1 vol. in-4, Bibliothèque de Genève, n° 209.

ROUSSEAU (J.-J.). Du Contrat social, édition comprenant avec le texte définitif les versions primitives de l'ouvrage, par Ed. Dreyfus-Brisac. Paris, 1896, libr. Félix Alcan.

ROUSSEAU (J.-J.). Lettres inédites à Mme d'Houdetot, publiées par M. Eug. Ritter (Verhandlungen der 39. Philologenversammlung, Zurich, 1887).

ROUSSEAU (J.-J.). Manuscrits autographes de la bibliothèque de Genève (cf. Appendice).

ROUSSEAU (J.-J.). Manuscrits autographes de la bibliothèque de Neuchâtel (cf. Appendice).

WINDENBERGER.   1

Rousseau (J.-J.). Sa correspondance avec Mme Latour de Franqueville et M. du Peyrou. Paris, 1783, 2 vol., libr. Gignet et Michaud.

Rousseau (J.-J.). Lettres à Mme de Verdelin, publiées dans l'*Artiste*, année 1840.

II

Acollas (E.). Le droit de la guerre. Paris, 1891, libr. Delagrave.

Adams et Cunningham. La Confédération suisse. Paris, 1890, libr. Fischbacher.

Alexeieff. Les idées politiques de J.-J. Rousseau (ouvrage écrit en russe). Moscou, 1887, 2 vol., libr. Wasilieff.

Albert (Paul). La Prose, 1883, Paris, libr. Hachette. — La littérature française au xviiie siècle. Paris, libr. Hachette, 8e édition, 1895.

Antraigues (le comte d'). Mémoire sur les États généraux, leurs droits et la manière de les convoquer, 1788 (Bibl. nat. L b^39 714).

Antraigues (le comte d'). Second Mémoire sur les États généraux, sur les pouvoirs que doivent donner les bailliages à leurs représentants, et sur la constitution des États de la province du Languedoc, 3e édit., beaucoup augmentée.

Antraigues (le comte d'). Exposé de notre antique et seule légale Constitution française d'après nos lois fondamentales. Paris, 1792, chez Senneville, au Palais-Royal.

Antraigues (le comte d'). Voyages du comte d'Antraigues en Turquie et en Égypte; notes et descriptions, 1778 (brouillon autographe, 2 vol., copie et mise au net, 2 vol.). Manuscrits de la bibliothèque publique de Dijon, n°s 1543-1544, 1545-1546.

Badin (Ad.). Les manuscrits de J.-J. Rousseau de la Bibliothèque de la Chambre des Députés (*Nouvelle Revue*, t. LV, p. 396, nov.-déc. 1888).

Barbier. Notice des principaux écrits relatifs à la personne et aux ouvrages de J.-J. Rousseau, par A. A. B. Paris, 1818.

Barni (J.). Histoire des idées morales et politiques en France au xviiie siècle, 2 vol. Paris, 1865, libr. Germer Baillière.

Barruel-Beauvert (de). Vie de J.-J. Rousseau. Paris, 1789, « chez tous les marchands de nouveautés. »

Baudrillart (M.-H.). Études de philosophie morale et d'économie politique, 2 vol. Paris, 1858, libr. Guillaumin.

Beaudoin (H.). La vie et les œuvres de J.-J. Rousseau, 2 vol. Paris, 1891, libr. Lamulle et Poisson.

BEAUSSIRE. Les principes du droit. Paris, 1888, libr. F. Alcan.

BERSOT (Ern.). Études sur le xviiiᵉ siècle, 2 vol. Paris, 1855, libr. A. Durand.

BERTHOUD (Fritz). J.-J. Rousseau au Val de Travers (1762-1765). Paris, 1881, libr. Fischbacher.

BERTHOUD (Fritz). J.-J. Rousseau et le Pasteur de Montmollin. 1884, Neuchâtel, imprimerie Attinger.

BERTHOUD (Fritz). Les quatre Petitpierre (Musée neuchâtelois, 1872).

BERTRAND (Alexis). Le texte primitif du Contrat social. Paris, 1891, libr. Alph. Picard.

BLUNTSCHLI. Le droit international codifié, trad. Lardy, Paris, 1886, libr. Guillaumin.

BONNET (Ch.). Lettre de Philopolis dans le *Mercure*, octobre 1755.

BOREL (Eugène). Étude sur la souveraineté et l'État fédératif. Berne, 1886, libr. Staempfli.

BOUGY (A. de). J.-J. Rousseau, fragments inédits suivis des résidences de J.-J. Rousseau. Paris, 1853, libr. Dagneau.

BOUTROUX (E.). De l'idée de loi naturelle dans la science et dans la philosophie contemporaine. Paris, 1895, libr. Lecène et libr. Alcan.

BOVET (F.). Fragments inédits des Confessions de J.-J. Rousseau, tirés des manuscrits de la bibliothèque de Neuchâtel. *Revue suisse*, t. 13, oct. 1850.

BROCKERHOFF. J.-J. Rousseau, Sein Leben und seine Werke. Leipzig, 1873-74, 3 vol. in-8.

BRUNEL (L.). Les Confessions de J.-J. Rousseau et les Mémoires de Mᵐᵉ d'Espinay, dans la *Revue générale* du 15 octobre.

BRUNEL (L.). La Nouvelle Héloïse et Mᵐᵉ d'Houdetot, extrait des *Annales de l'Est*. Paris, 1888, libr. Berger-Levrault.

BRUNEL (L.). Petite édition de la Lettre sur les spectacles. (Introduction et Notes.) Paris, 1896, lib. Hachette.

BRUNEL (L.). Extraits en prose de J.-J. Rousseau. Introduction et Notes. Paris, 1892, libr. Hachette.

BRUNETIÈRE. Études critiques sur l'Histoire de la littérature française, 3ᵉ série. Paris, 1887, libr. Hachette; 4ᵉ série, 1891, idem.

BUFFENOIR (Hipp.). J.-J. Rousseau et ses visiteurs. Extrait de la *Revue britannique*, mars 1895.

Bulletin de la société d'Histoire du protestantisme français, années 1892, 1895, 1896, 1897, 1898, articles de M. Eugène Ritter.

BURIGNY (De). Vie de Grotius, avec l'histoire de ses ouvrages, 2 vol. 1752, chez Debure aîné.

Burlamaqui. Principes du droit naturel. Genève, 1747, chez Barrillot.

Cabanès (Dᵣ). Le Cabinet secret de l'Histoire, 3ᵉ série. Paris, 1898, libr. A. Charles.

Caro (E.). La fin du xviiiᵉ siècle, Études et Portraits. 2 vol. Paris, 1881, libr. Hachette.

Castellant (Aug.). Centenaire de la Révolution, J.-J. Rousseau, hommage national. Paris, 1887, libr. Vanier.

Ceresole (Vᵣ) et Th. de Saussure. J.-J. Rousseau à Venise. Paris, 1885, libr. Fischbacher.

Champion (Edme). Philosophie de l'Histoire de France. Paris, 1882, libr. Charpentier.

Champion (Edme). Esprit de la Révolution française. Paris, 1887, libr. Reinwald.

Champion (Edme). La conversion du comte d'Antraigues, dans « la Révolution française », janvier, février, mars 1894.

Cherbuliez (A. E.). De la démocratie en Suisse. Paris, 2 vol., 1843, libr. Ab. Cherbuliez.

Chuquet. J.-J. Rousseau. Paris, 1893, libr. Hachette.

Claretie (Léo). J.-J. Rousseau et ses amies. Paris, 1896, libr. Léon Chailley.

Le Contrat International (sans nom d'auteur). Paris, 1885, libr. Chaix.

La Critique philosophique, année 1878, n° 62 ; année 1884, n°ˢ 7, 10, 11, 39 et 42.

Delmont. J.-J. Rousseau, d'après les derniers travaux de la Critique et de l'Histoire. Lyon, 1892, libr. Em. Vitte.

Desnoireterres. Voltaire et la société au xviiiᵉ siècle, tomes VI et VII. Paris, 1875-1876, libr. Didier.

Ducros (L.). J.-J. Rousseau. (Collection des Classiques populaires.) Paris, 1894, libr. Lecène et Oudin.

Dufour-Vernes (L.). Les ascendants de J.-J. Rousseau. Genève, 1890, imprimerie Centrale.

Dufour-Vernes (L.). Recherches sur J.-J. Rousseau et sa parenté. Genève, 1878, libr. Georg.

Dufour (Th.). J.-J. Rousseau et Mᵐᵉ de Warens, notes sur leur séjour à Annecy, 1878, dans la Revue savoisienne.

Duprat (Pascal). Les Encyclopédistes. Paris, 1866, libr. Internationale.

Dusaulx. De mes rapports avec J.-J. Rousseau et de notre correspondance. Paris, 1798, imprimerie Didot jeune.

Dutens. Lettres à M. D. B. (de Bure) sur la réfutation du livre de l'esprit d'Helvétius, par J.-J. Rousseau, avec quelques lettres de ces deux auteurs. Londres et Paris, 1779, in-8.

EICHTAL (d'). Souveraineté du peuple et Gouvernement. Paris, 1895, libr. Alcan.

Encyclopédie (La grande Encyclopédie). Paris, Lamirault et C^le, art. Confédération.

Encyclopédie. 1751-1772, art. Droit.

ESMEIN. Éléments de droit constitutionnel. Paris, 1896, libr. Larose.

ESPINAS (A.). La philosophie sociale du XVIIIe siècle et la Révolution. Paris, 1898, libr. Alcan.

ESPINAS. J.-J. Rousseau, *Revue internationale de l'Enseignement*, n^os des 15 octobre, 15 novembre 1895 et 15 février 1896.

ESPINAS. Histoire des doctrines économiques. Paris, 1891, libr. Armand Colin.

ESPINAS. Des sociétés animales, étude accompagnée d'une introduction sur l'histoire de la Sociologie en général. Paris, 1878, libr. Germer Baillière.

ESTIENNE (C.). Essai sur les œuvres de J.-J. Rousseau. Paris, 1858, libr. Aug. Fontaine.

FAGUET. Le XVIIIe siècle. 1890, Paris, libr. Lecène et Oudin.

FAUGÈRE. J.-J. Rousseau à Venise, dans le *Correspondant*, juin 1888.

FAZY (H.). L'alliance de 1584 entre Berne, Zurich et Genève. Genève, 1892, libr. Georg.

FAZY (H.). Les Constitutions de la République de Genève. Genève, 1890, libr. Georg.

FONTAINE (L.). Le théâtre et la philosophie au XVIIIe siècle. Versailles, 1878, libr. Cerf.

FOUILLÉE (A.). La science sociale contemporaine. Paris, 1897, libr. Hachette.

FRANCK (A.). Réformateurs et publicistes de l'Europe, XVIIIe siècle. Paris, 1893, libr. Calmann Lévy.

FUNCK-BRENTANO et A. SOREL. Précis du droit des gens. Paris, 1887, libr. Plon.

GABEREL (M.-J.). J.-J. Rousseau et les Genévois. Genève et Paris, 1858, libr. Cherbuliez.

GIDEL. Extraits de J.-J. Rousseau. Paris, 1884, libr. Garnier.

GODET (Ph.). Histoire littéraire de la Suisse française. Paris, 1890, libr. Fischbacher.

GOUMY (E.). Études sur la vie et les écrits de l'abbé de Saint-Pierre. Paris, 1859, libr. Hachette.

GRAND-CARTERET (John). J.-J. Rousseau, jugé par les Français d'aujourd'hui. Paris, 1890, libr. Perrin.

GRIMM, DIDEROT, RAYNAL, etc. Correspondance littéraire, philosophique et critique, édition M. Tourneux. Paris, 1877, 16 vol., libr. Garnier.

GROTIUS. Le droit de la guerre et de la paix, trad. Pradier-Fodéré, 3 vol. Paris, 1867, libr. Guillaumin.

HÉLY (l'abbé). Étude sur le droit de la guerre de Grotius. Paris, 1875, imprimerie Jules Le Clerc.

HILTY (C.). Les Constitutions fédérales de la Confédération suisse. Neuchâtel, 1891, libr. Attinger.

Histoire de la littérature française, publiée sous la direction de M. Petit de Julleville, t. VI. Paris, 1898, libr. Armand Colin.

Histoire générale du IVe siècle à nos jours, publiée sous la direction de MM. Lavisse et Rambaud, t. VII, le xviiie siècle. Paris, 1896, libr. A. Colin.

HOBBES. Elementa philosophica de Cive, 1696. Amsterdam ap. Th. Boom.

HOLTZENDORFF (Fr. de) et A. RIVIER. Introduction au droit des gens, édition française. Paris, 1889, libr. H. Le Soudier.

IZOULET. La cité moderne, métaphysique de la Sociologie, 3e édit., 1898, Paris, libr. Alcan.

IZOULET. De J.-J. Russeo utrum misopolis fuerit an Philopolis. Paris, 1894, libr. Alcan.

JANET (P.). Histoire de la science politique dans ses rapports avec la morale, 2 vol. Paris, 1887, libr. Alcan.

JANSEN (A.). Documents sur J.-J. Rousseau, de 1762 à 1765, publiés par A. Jansen. Genève, libr. Jullien, 1885.

JANSEN (A.). Fragments inédits. Recherches biographiques et littéraires. Paris, libr. Sandoz et Thuillier, 1882.

Journal de Genève. Supplément du 14 avril 1882 : Notice de M. Ritter sur les manuscrits de J.-J. Rousseau légués à la bibliothèque publique par M. Streckeisen-Moultou. — Supplément du 23 avril 1893 : Notice sur quelques fragments inédits de J.-J. Rousseau, par M. Valentin Grandjean.

Journal des Débats, 22 janvier 1862, article de Saint-Marc Girardin sur le séjour de J.-J. Rousseau à Venise.

JOYAU (E.). La philosophie en France pendant la Révolution. Paris, 1893, libr. A. Rousseau.

JULLIEN. Histoire de Genève, libr. Jullien-J. à Genève, 1889.

KANT. Principes métaphysiques du Droit, suivis du Projet de paix perpétuelle, trad. Tissot. Paris, 1853, libr. Ladrange.

Klüber (J.-L.). Le Droit des gens moderne de l'Europe, 2 vol. Paris, 1831, libr. Aillaud.

Krömer (E.). Der Staatsvertrag (Le Contrat politique d'après le Contrat social de J.-J. Rousseau). Leipzig, Thiele et Freese.

La Harpe, Lycée, édition Didot, t. XVI, p. 314, sq.

Lakanal. Rapport sur J.-J. Rousseau, fait au nom du comité d'instruction publique dans la séance du 19 fructidor. Paris, imprimerie nationale.

Lamartine. J.-J. Rousseau, son faux Contrat social et le vrai Contrat social. Paris, libr. Michel Lévy, 1866 (réédité en 1878).

Lanson. Histoire de la littérature française. Paris, 1895, libr. Hachette.

Larocque. J.-J. Rousseau, le Contrat social (préface de J. Larocque). Paris, 1889, libr. des bibliophiles, 7, rue de Lille.

Lavisse (E.). Vue générale de l'histoire politique de l'Europe. Paris, libr. A. Colin, 1890.

Le Fur (L.). État fédéral et Confédération d'États. Paris, 1896, libr. Marchal et Billard.

Legrand (L.). L'idée de patrie. Paris, 1897, libr. Hachette.

Lévy-Brühl. Influence de J.-J. Rousseau en Allemagne (Annales de l'École libre des sciences politiques, année 1887, libr. Alcan).

Lichtenberger (A.). Le socialisme au xviii⁰ siècle. Paris, 1895, libr. F. Alcan.

Liepmann (M.). Die Rechtsphilosophie des J.-J. Rousseau. Berlin, 1898, ap. Guttentag.

Lintilhac. Précis historique et critique de la littérature française, 2 vol. Paris, 1895, libr. André.

Lintilhac et Merlet. Études littéraires sur les classiques français. Paris, 1894, 2 vol., libr. Hachette.

Lyon (G.). La philosophie de Hobbes, 1893. Paris, libr. Alcan.

Mabille (P.). La guerre, ses lois. Paris, 1884, libr. Fourneau.

Mahrenholtz (R.). J.-J. Rousseau, Leben, Geistesentwickelung und Hauptwerke. 1889. Leipzig, ap. Gebhardt und Wilisch.

Malassis (A.-P.). La querelle des Bouffons. Paris, 1876, in-8, libr. J. Baur.

Marsauche (L.). La Confédération helvétique. Paris, 1891, libr. Alcan.

Martens (de). Précis du Droit des gens moderne de l'Europe, 2 vol., par G.-F. de Martens. Paris, 1858, libr. Guillaumin.

Martin (Henri). Histoire de France depuis les temps les plus reculés jusqu'en 1789. Paris, 1860, libr. Furne.

Maugras. Voltaire et J.-J. Rousseau. Paris, 1886, libr. Calmann Lévy.

Mémoires de l'Académie des sciences morales et politiques, 7 juillet 1883. La politique de J.-J. Rousseau. Rapport par M. Nourrisson.

Mentha (F.-A.). Discours sur le système politique de J.-J. Rousseau. Neuchâtel, libr. Attinger, 1888.

Mercier. De J.-J. Rousseau considéré comme l'un des premiers auteurs de la Révolution, 2 vol. Paris, juin 1791, libr. Buisson.

Mercure de France (1672-1820). Divers articles.

Métral (A.). Testament de J.-J. Rousseau, trouvé à Chambéry en 1820. Paris, libr. Baudoin, 1820.

Michel (Henry). L'idée de l'État. Paris, 1896, libr. Hachette.

Michelet. Histoire de la Révolution française. Paris, 1847, et sq., 7 vol., libr. Chamerot.

Mohr. Aperçu bibliographique sur le centenaire de J.-J. Rousseau, 1878. Bâle, imprimerie Baur.

Molinari (de). Grandeur et décadence de la guerre. Paris, 1898, libr. Guillaumin.

Molinari (de). L'abbé de Saint-Pierre. Paris, 1857, libr. Guillaumin.

Montesquieu. Œuvres complètes, édition Ed. Laboulaye. 7 vol. Paris, libr. Garnier, 1875.

Montesquieu. Deux opuscules (Réflexions sur la monarchie universelle, etc.), publiés par le baron de Montesquieu. Paris, 1891, libr. Rouam.

Montet (Al. de). Mme de Warens et le pays de Vaud. Lausanne, 1891, libr. Bridel.

Morin (G.-H.). Essai sur la vie et le caractère de J.-J. Rousseau. Paris, 1851, libr. Ledoyen.

Mugnier (Fr.). Mme de Warens et J.-J. Rousseau. Paris, 1891, libr. Calmann Lévy.

Musset-Pathay. Histoire de la vie et des ouvrages de J.-J. Rousseau. Paris, 1827, libr. P. Dupont.

Noël (Eug.). Voltaire et J.-J. Rousseau, de la bibliothèque utile. Paris, libr. F. Alcan.

Nourrisson. La politique de J.-J. Rousseau dans le *Correspondant*, 25 août et 10 septembre, 1883.

Pingaud (L.). Un agent secret sous la Révolution et l'Empire : le comte d'Antraigues, 1re édit., 1893. Paris, libr. Plon.

Preussischen Iahrbücher (Berlin), t. XLIX, Zur Litteratur über Rousseau's Politik.

Pufendorf. Le droit de la nature et des gens, traduit par Berbeyrac. Londres, 1740, libr. Jean Nours.

QUÉRARD. La France littéraire. Paris, 1827-1840, libr. Firmin Didot.

RENAULT (L.). Introduction à l'étude du droit international. Paris, 1879, libr. Larose.

REVON (M.). L'arbitrage international. Paris, 1892, libr. Arth. Rousseau.

Revue des Deux-Mondes :
— Année 1831, t. IV. J.-J. Rousseau, par Lerminier.
— 1ᵉʳ juin 1841. Quelques réflexions sur J.-J. Rousseau par G. Sand.
— 15 novembre 1863. A propos des Charmettes, par G. Sand.
— 1ᵉʳ juillet 1886. Voltaire et J.-J. Rousseau, par M. Brunetière.
— 1ᵉʳ février 1890. La folie de J.-J. Rousseau, par M. Brunetière.
— 15 janvier 1893. Le comte d'Antraigues, par M. de Vogué.
— 15 février 1895. Les ancêtres et la famille de J.-J. Rousseau, par M. Ritter.
— 15 mars 1895. Les Charmettes, par M. Ritter.
— 1ᵉʳ septembre 1897. La deuxième partie des Confessions de J.-J. Rousseau, par M. Ritter.

Revue des Revues, nᵒˢ d'octobre 1898 et de janvier 1899, articles de M. Buffenoir.

Revue philosophique, mars 1880. Kant et J.-J. Rousseau, par M. Nolen.
— année 1890, t. II, la folie de J.-J. Rousseau, par H. Joly.
— année 1891, t. II, le texte primitif du Contrat social, par M. Bertrand, compte-rendu.

Revue politique et littéraire. 23 février 1889, un jugement à reviser, par M. Edme Champion.
— 26 décembre 1896, J.-J. Rousseau, ses origines, et son éducation, par M. Jules Levallois.

Revue scientifique, nᵒ 49, 7 juin 1879, Frédéric II et J.-J. Rousseau, par M. E. du Bois-Raymond.

RITTER (Eug.). La famille et la jeunesse de J.-J. Rousseau. Paris, 1896, libr. Hachette.

RITTER (Eug,). Nouvelles recherches sur les Confessions et la Correspondance de J.-J. Rousseau. Oppeln et Leipzig, 1880, libr. Franck.

RITTER (Eug.). Le Conseil de Genève jugeant les œuvres de J.-J. Rousseau. Genève, 1883, libr. Georg.

RITTER (Eug.). Jean-Jacques et le pays romand. Genève, 1878, libr. Georg.

RITTER (Eug.). Le programme du prix proposé par l'Académie de Dijon et remporté par J.-J. Rousseau (Zeitschrift für französische Sprache und Litteratur, 1889).

RITTER (Eug.). La rentrée de J.-J. Rousseau dans l'église de Genève. Genève, 1884, Étrennes chrétiennes.

RITTER (Eug.). J.-J. Rousseau et Jacob Vernet. Genève, 1881, Étrennes chrétiennes.

RITTER (Eug.). J.-J. Rousseau et Ch. Bonnet. Genève, 1893, Étrennes chrétiennes.

RITTER (Eug.). Lettres inédites de J.-J. Rousseau à Mme d'Houdetot (Verhandlungen der 39 Philologenversammlung. Zurich, 1887).

RITTER (Eug.). J.-J. Rousseau et les Vaudois. Genève, 1885 (La Suisse romande).

RITTER (Eug.). Notes sur J.-J. Rousseau (douze articles dans l'*Alliance libérale*. Genève, 1883, 1884, 1885).

RITTER (Eug.). Lettres de Foulquier et de Peyraube à J.-J. Rousseau (Extrait du *Bulletin de la Société d'histoire du protestantisme français*, 1898).

RITTER (Eug.). Cf. Supra, *Bulletin de la Société d'histoire du protestantisme français*, et la *Revue des Deux-Mondes*.

RITTER (Eug.). Recueil de documents sur J.-J. Rousseau (volume en préparation).

ROCHEBLAVE. Lectures choisies de J.-J. Rousseau. Paris, libr. A. Colin.

ROCQUAIN. L'esprit révolutionnaire avant la Révolution. Paris, 1875, libr. Plon.

RÖPELL. J.-J. Rousseau's Betrachtungen über die Polnische Verfassung. Posen, 1887, Druck von Schmädicke.

J.-J. ROUSSEAU, USTÉRI, ROGUIN. Briefwechsel J.-J. Rousseau's mit Leonhard Usteri in Zürich und Daniel Roguin in Yverdon, 1761-1769. Von P. Usteri (Litterarische Beilage zum programm der Kantonsschule in Zürich, Zurich, 1886).

J.-J. Rousseau jugé par les Genévois d'aujourd'hui. Genève, 1879, libr. J. Sandoz.

SAINTE-BEUVE. Causeries du lundi, t. II, III, XV; Nouveaux lundis, t. IX.

SAINT-MARC GIRARDIN. J.-J. Rousseau, sa vie et ses ouvrages. Paris, 1875, libr. Charpentier, 2 vol.

SAINT-PIERRE (l'abbé de). Ouvrages de politique, 17 vol. Paris, 1738, chez Briasson.

SAINT-PIERRE (Bernardin de). Œuvres, édition Lequien, 12 vol. in-8. Paris, 1830.

SAINT-PIERRE (Bernardin de). Essai sur J.-J. Rousseau, réimprimé sous le titre : « La vieillesse de J.-J. Rousseau », dans E. Ritter, « J.-J. Rousseau et le pays romand ». Genève, 1878, libr. Georg.

SAYOUS. Le xviii° siècle à l'étranger. Paris, 1871, 2 vol., libr. Didier.

SCHÉRER (Edme). Études sur la littérature au xviii° siècle. Paris, 1891, libr. Calmann Lévy.

SCHULTZ-GORA. Un testament littéraire de J.-J. Rousseau. Halle, 1897, libr. Niemeyer.

SEIGNOBOS (Ch.). Histoire de la civilisation contemporaine. Paris, 1890, libr. Masson.

SOREL (A.). L'Europe et la Révolution française, t. I : Les mœurs politiques et les traditions. Paris, 1893, libr. Plon.

SOREL (A.). Lectures historiques. Paris, 1894, libr. Plon.

STAËL (Mme de). Lettre sur le caractère et les ouvrages de J.-J. Rousseau. Paris, 1788.

STRECKEISEN-MOULTOU. J.-J. Rousseau, ses amis et ses ennemis, 2 vol. Paris, libr. Michel Lévy.

STUART MILL. La logique des sciences morales (Logique, livre VI, trad. G. Belot). Paris, 1897, libr. Delagrave.

TAINE. Les origines de la France contemporaine, t. I. L'ancien régime. Paris, 1887, libr. Hachette.

TEXTE (J.). J.-J. Rousseau et les origines du cosmopolitisme littéraire. Paris, 1895, libr. Hachette.

TOCQUEVILLE (de). L'ancien régime et la Révolution. Paris, 1857, libr. Michel Lévy.

VAREILLES-SOMMIÈRES (le comte de). Les principes fondamentaux du droit. Paris, 1889, libr. Guillaumin.

VATTEL. Le droit des gens ou Principes de la loi naturelle. Paris, 1835, libr. Aillaud, 3 vol.

VILLEGARDELLE. Histoire des idées sociales avant la Révolution française. Paris, 1846, libr. Guarin.

VILLEMAIN. Tableau de la littérature française au xviii° siècle (1829-38), 5 vol.

VUY. Origine des idées politiques de J.-J. Rousseau, 3 mémoires dans le *Bulletin de l'Institut genévois*, t. 23, 24 et 25. Genève, 1878, 1881, 1882.

LA RÉPUBLIQUE CONFÉDÉRATIVE

DES

PETITS ÉTATS

CHAPITRE I

Le système de politique intérieure de J.-J. Rousseau.

Pour connaître les théories politiques de J.-J. Rousseau, il suffit, semble-t-il, de lire les œuvres capitales dans lesquelles il les a ouvertement exposées. C'est d'abord le *Discours sur les sciences et les arts*, puis le *Discours sur l'origine de l'inégalité parmi les hommes*, où l'on trouve implicitement indiqué, au sein des critiques dirigées contre l'ordre social et la civilisation, le système futur de l'auteur; ensuite l'article de l'*Encyclopédie* sur *l'économie politique*, et surtout le *Contrat social* (le manuscrit de Genève vient de nous en révéler l'ébauche primitive [1]), qui nous font connaître d'une manière abstraite les véritables principes du droit politique; nous retrouvons enfin ceux-ci appliqués et adaptés en quelque sorte à des peuples divers dans ces écrits spéciaux qui s'appellent les *Lettres de la Montagne*, le *Projet de Constitution pour la Corse*, les *Considérations sur le gouvernement de Pologne*. La lecture de ces trois catégories d'ouvrages nous renseigne en effet sur la nature de l'État

---

1. Cf. *le Texte primitif du Contrat social*, Mémoire lu à l'Académie des sciences morales et politiques le 4 avril 1891, par M. Alexis Bertrand, professeur de Philosophie à la Faculté des Lettres de Lyon.

idéal, sur son principe juridique, et sur ce que nous appelle-
rions volontiers son organisation intérieure. Nous savons
que la société politique, dont le but est la protection de ses
membres, naît de l'accord des volontés individuelles, et que
la souveraineté appartient uniquement au peuple, bien
qu'il délègue à des magistrats l'exercice de la puissance
exécutive. Mais l'œuvre de J.-J. Rousseau, dès l'instant où
il venait de mettre en pleine lumière, dans les écrits que
nous avons cités, les fondements du droit politique, peut-
elle être considérée comme achevée? Ne pouvait-elle pas
au contraire, et surtout ne devait-elle pas se compléter par
des considérations de droit international, comme nous
dirions aujourd'hui, c'est-à-dire par l'étude des rapports
qui doivent exister entre les différentes sociétés humaines?
Il ne suffit pas, en effet, pour qu'un État subsiste et se développe, qu'il possède une organisation solide et qu'il soit
doué d'une puissante constitution : il faut encore que son
existence soit reconnue et respectée par les autres nations.
S'il en est ainsi, il est légitime de penser que les théories
politiques de J.-J. Rousseau sont incomplètes, puisqu'on
n'y trouve pas formulée explicitement, ni développée dans
toutes ses conséquences, cette doctrine des relations idéales
entre les peuples. Aussi nous a-t-il paru intéressant, non
seulement d'établir que le *Contrat social* est inachevé,
mais encore de rechercher comment il aurait pu être com-
plété par l'auteur lui-même. Telle est la question que nous
nous sommes essayé à résoudre, en nous pénétrant intimement de la pensée du philosophe genevois, et en nous servant des indications éparses dans la série de ses œuvres
publiées ou inédites.

Quelles sont donc les raisons sur lesquelles nous pouvons nous appuyer pour soutenir qu'il n'a pas terminé son

œuvre politique? Il y a, en premier lieu, des raisons *a priori*. Si l'on examine, en effet, les théories politiques que Rousseau a lui-même explicitement formulées, on arrive logiquement à cette conclusion naturelle, qu'elles sont insuffisantes et qu'elles n'épuisent pas le sujet qu'il voulait étudier. Elles réclament, elles postulent au contraire des compléments, ou plutôt une suite nécessaire. Mais pour l'établir, nous sommes obligé d'exposer à notre tour, après tant d'autres et des plus illustres, la doctrine expressément énoncée par l'auteur des *Discours sur les sciences et sur l'inégalité*, et du *Contrat social*. Pour indiquer ce qu'il lui restait à faire après ces ouvrages, il faut en effet s'appuyer sur la connaissance exacte de ce qu'ils contiennent. Bien plus, la méthode qu'il a suivie dans l'exposition de ses idées politiques nous fournira sans aucun doute les plus précieux renseignements sur les procédés qu'il devait employer pour compléter son système. Que nous soyons ainsi amené à l'esquisser nous-même, du moins tel qu'on le présente d'ordinaire, c'est-à-dire inachevé à nos yeux, c'est ce que l'on comprendra aisément pour cette double raison.

I. — Le point de départ de J.-J. Rousseau, c'est l'examen de la société, et cet examen devait fatalement se tourner en une critique très vive, puisqu'il s'agissait, d'une part, de la société du XVIIIe siècle, et puisque, de l'autre, c'était Jean-Jacques qui l'étudiait. Déjà, des écrivains de l'époque, les yeux fixés sur l'antiquité ou sur l'idéal abstrait construit par leur imagination, s'étaient plu à représenter les institutions régnantes comme déraisonnables. Le philosophe genevois va non seulement les imiter, mais les dépasser. C'est que chez lui, aux accents maladifs d'un tempérament prédisposé à l'hypocondrie et à la folie de la grandeur, viennent se joindre, pour les aviver, les tristes souvenirs de l'enfant privé bien jeune de sa mère et bientôt abandonné par un père déséquilibré, les rancunes du déclassé tour à tour apprenti, catéchumène, laquais, séminariste, maître de musique, interprète, employé de cadastre, précepteur; enfin la haine du secrétaire d'ambassade et du citoyen contre la noblesse. Et, de toutes ces causes réunies, résulte un pessimisme amer qui se déchaîne en attaques violentes contre les institutions sociales et politiques. Si nous ouvrons en effet le *Discours sur les sciences et les arts*, nous rencontrons dès les premières lignes une véritable déclaration de guerre à la civilisation, qu'il accuse « d'étouffer chez les hommes tout sentiment de liberté ». C'est la passion du luxe, c'est la préoccupation constante de la bienséance et de la politesse, c'est la corruption des mœurs enfin, rattachées comme à leur cause au développement exagéré des sciences et des arts, qui caractérisent « l'ordre social ». Or la triste conséquence de cet état de choses, ce n'est rien moins que l'affligeante oppression de l'individu au sein « de ce troupeau » qui s'appelle la société [1]. N'a-t-il pas réellement perdu toute indépendance, cet homme frivole qui, pour obéir à la coutume, méprise le toit de chaume et le foyer rustique de ses ancêtres, passe son existence dans une maison splendide, au milieu de tableaux et de statues achetés à grand prix? Puis, dans ses rapports avec ses semblables, ne le voyons-nous pas en quelque manière abdiquer sa personnalité pour s'astreindre aux usages établis par les règles de l'urbanité? Aussi, rien n'est-il plus vrai que cette remarque attristante pour l'humanité : « Sans

1. *Œuvres de J.-J. Rousseau*, Édit. Hachette, I, 4.

cesse la politesse exige, la bienséance ordonne; Sans cesse
on suit des usages, jamais son propre génie [1]. »

L'oppression apparaît aussi étroite en morale et en religion, au point même de détruire la moralité et la piété.
« Certains excès, certains vices seront décorés du nom de
vertus : il faudra ou les avoir ou les affecter... On insultera
par des blasphèmes le nom du maître de l'univers, sans que
nos oreilles scrupuleuses en soient offensées [2]. »

On se laisse en un mot subjuguer par les opinions du
siècle, du pays, de la société. Voilà ce qui de bonne heure
a frappé J.-J. Rousseau, comme il nous l'apprend dans la
lettre à M. de Beaumont : « Sitôt que je fus en état d'observer les hommes, je les regardai faire et je les écoutai
parler, puis voyant que leurs actions ne ressemblaient point
à leurs discours, je cherchai la raison de cette dissem-
blance, et je trouvai qu'être et paraître étant pour eux deux
choses aussi différentes qu'agir et parler, cette deuxième
différence était la cause de l'autre et avait elle-même une
cause qui me restait à chercher. Je la trouvai dans notre
ordre social qui, de tout point contraire à la nature
que rien ne détruit, la tyrannise sans cesse [3] ». Ajoutez
enfin que cette contrainte mutuelle qui caractérise la civilisation risque bien d'amener à sa suite l'anéantissement de
toute liberté politique. L'Égypte, la Grèce, Rome, Cons-
tantinople n'ont-elles pas perdu leur indépendance, le jour
où le luxe et les arts frivoles y furent accueillis? Aussi, à
toutes les époques, le pouvoir observe-t-il avec la plus
grande attention ces symptômes favorables à l'établissement de la monarchie : « Les princes voient toujours avec

1. Cf. Édit. Hachette, I, 4.
2. Cf. Édit. Hachette, I, 5.
3. Cf. Édit. Hachette, III, 86.

plaisir le goût des arts agréables et des superfluités s'étendre parmi leurs sujets, car, outre qu'ils les nourrissent ainsi dans cette petitesse d'âme si propre à la servitude, ils savent très bien que tous les besoins que le peuple se donne sont autant de chaînes dont il se charge [1]. »

Voilà, envisagée sous ses formes diverses et dans ses conséquences, cette contrainte perpétuelle que la civilisation fait peser sur les hommes, et nous comprenons maintenant le sens de cette conclusion que J.-J. Rousseau laissait tomber de sa plume dès 1749 : « Nous avons des physiciens, des poètes, des musiciens, nous n'avons plus de citoyens [2]. »

II. — Ce n'est pas seulement la servitude subie par l'homme au sein de la société qui attire l'attention et les attaques de J.-J. Rousseau, c'est encore et surtout l'inégalité qui se manifeste partout. Déjà, dans le *Discours sur les sciences*, il déclarait qu'il avait été blessé par la distinction injustifiée des talents, c'est-à-dire par l'affectation de bel esprit qui essayait alors de tenir lieu du mérite. Par là, comme par l'avilissement des vertus, s'était déjà glissée entre les hommes une inégalité funeste. Mais, c'est quelques années plus tard seulement, et pour résoudre encore une question proposée par l'Académie de Dijon, qu'il instruit sérieusement le procès de l'inégalité et qu'il s'efforce d'en démêler les principales formes.

L'inégalité, on ne saurait en douter, dut faire son apparition de bonne heure. Du jour en effet où les hommes, sous la pression des circonstances, s'unissent plus ou moins longtemps à leurs semblables dans un but commun de

---

1. Cf. Édit. Hachette, I, 3, note.
2. Cf. Édit. Hachette, I, 17.

défense ou de conquête, la différence de force, d'adresse, se fait sentir. Les plus forts, les plus ingénieux établissent par le fait leur supériorité, et ils profitent de ces avantages pour acquérir richesses et pouvoirs. Peu à peu, se produit donc la différence au sein du même groupe, des riches et des pauvres, et au lieu d'offrir à ceux-ci leur assistance, les premiers, poussés par une ambition dévorante et par l'ardeur d'élever leur fortune, ne songent qu'à s'enrichir davantage ; c'est qu'ils se sont aperçus bien vite que la richesse, aux yeux des plus faibles, est une véritable puissance. Ils deviennent donc du même coup « les puissants » de l'époque. Est-ce à dire pour cela que cette domination soit acceptée sans récrimination? Il n'en est rien : les riches, ne songeant qu'à accumuler sans cesse, irritent les pauvres, et ceux-ci, jaloux et surexcités, vont user de représailles : à l'usurpation croissante des uns va répondre le brigandage des autres. La lutte est ouverte, la tranquillité et la sécurité disparaissent en même temps. Mais un pareil état de guerre ne peut durer. « Il n'est pas possible que les hommes n'aient fait enfin des réflexions sur une situation aussi misérable et sur les calamités dont ils étaient accablés[1]. » Aussi, sous prétexte de mettre fin aux inégalités sociales, ils conviennent de former une association politique. Malheureusement, le résultat cherché fut loin d'être atteint : les riches accaparèrent encore le pouvoir, afin de transformer en un droit de propriété leur primitive usurpation. Ainsi l'inégalité politique se trouvait à son tour consommée, et nous voyons alors apparaître des maîtres et des serviteurs. Rien d'étonnant qu'un jour la tyrannie surgisse à son tour pour réduire tous les hommes à l'obéissance des esclaves. Et par

---

1. Cf. Édit. Hachette, I, 114.

un curieux retour, l'inégalité politique une fois engendrée fortifie et va même parfois jusqu'à créer les distinctions sociales. Il suffira du bon vouloir d'un prince pour conférer les privilèges : « il n'a qu'à dire au plus petit des hommes : sois grand, toi et toute ta race, aussitôt il paraissait grand à tout le monde ainsi qu'à ses propres yeux, et ses descendants s'élevaient encore à mesure qu'ils s'éloignaient de lui ; plus la cause était reculée et incertaine, plus l'effet augmentait ; plus on pouvait compter de fainéants dans une famille, plus elle devenait illustre [1]. » A-t-on jamais flétri en termes plus énergiques l'inégalité sociale et l'inégalité politique, naissant l'une de l'autre, se fortifiant l'une l'autre, et reliées toutes deux à leur commune origine, la différence des richesses ?

C'est dans ces termes violents que s'accuse dès l'origine le pessimisme social de J.-J. Rousseau, dont l'œuvre politique s'ouvre par l'attaque énergique de ces deux tares de la société, la servitude et l'inégalité. Dans son indignation, il jette à la face de l'univers ces terribles paroles : « Je regarde autour de moi, je vois des peuples infortunés gémissant sous un joug de fer, le genre humain écrasé par une poignée d'oppresseurs, une foule accablée de peine et affamée de pain, et dont le riche boit en paix le sang et les larmes, et partout le fort armé contre le faible du redoutable pouvoir des lois [2]. »

III. — Serait-il donc possible que cet état de servitude et d'inégalité fût la condition nécessaire de l'humanité ? L'homme serait-il né pour vivre dans les fers ? Pour

---

1. Cf. Édit. Hachette, I, 122.
2. Cf. Fragment inédit de J.-J. Rousseau : « Que l'état de guerre naît de l'état social » ; bibliothèque de Neuchâtel n° 7856 ; Cf. appendice.

résoudre cette question capitale, il faut étudier la nature humaine. Problème délicat et confus entre tous! Comment peut-on se flatter, en effet, de retrouver sous l'homme civilisé l'homme naturel? Comment dépeindre exactement « cet état de nature », que tous les penseurs essayaient alors de caractériser? Mais d'abord, que faut-il entendre par ces expressions consacrées à cette époque par l'usage courant, employées par des philosophes comme Montesquieu, Locke, et par des moralistes comme ceux de Port-Royal au xviie siècle? Pour J.-J. Rousseau, comme pour Hobbes, il s'agit uniquement de l'état hypothétique de l'homme avant l'établissement de la société politique, plus brutalement « l'homme sauvage [1]. » Ce n'est donc pas l'histoire qui pourra nous apporter sur ce point le secours de ses lumières, car, d'abord, « cet état n'a probablement point existé [2], » et pour le dépeindre, « on risquerait d'y transporter les idées prises dans la société [3]. ».

La religion elle-même ne peut fournir à nos esprits l'idée exacte de cet état de nature, car, « il est évident par la lecture des livres sacrés que le premier homme n'était point lui-même dans cet état... il faut nier que, même avant le déluge, les hommes se soient jamais trouvés dans le pur état de nature [4]. » Et pour paraître se mettre d'accord avec le dogme, qui cependant établit le péché originel, J.-J. Rousseau ajoute : « La religion ne nous défend pas de former des conjectures tirées de la seule nature de l'homme et des êtres qui l'environnent ». La conception de cet état de nature, « dont il est nécessaire d'avoir des notions justes

1. Cf. Édit. Hachette, I, 102.
2. Cf. Édit. Hachette, I, 79.
3. Cf. Édit. Hachette, I, 93.
4. Cf. Édit. Hachette, I, 83.

pour bien juger de notre état présent », n'est donc pas autre chose qu'un artifice de méthode en honneur dans ce xviiie siècle, si préoccupé des questions d'origine logique. J.-J. Rousseau y recourt, mais c'est avec la pleine conscience d'imiter la méthode cartésienne : il s'agit « d'un raisonnement hypothétique et conditionnel, plus propre à éclaircir la nature des choses qu'à en montrer la véritable origine, et semblable à ceux que font tous les jours nos physiciens sur la formation du monde [1] ». Son attitude est la même que celle de Descartes, placé uniquement au point de vue philosophique, et déclarant de ce chef qu'il ne se préoccupe ni du problème historique, ni de la question religieuse. Il s'agit simplement de faire le départ entre ce qui est acquis et ce qui doit être primitif, et puisque « ce n'est pas par les choses qu'on voit qu'il faut juger de l'état de nature [2], » J.-J. Rousseau va s'analyser lui-même, ou plutôt analyser en lui-même l'humanité.

Qu'est-ce donc que l'homme à l'état de nature? Le premier cri de J.-J. Rousseau, plutôt déiste ici que chrétien, et nourri de l'antiquité étudiée soit directement, soit à travers les auteurs de la Renaissance, est celui-ci : « L'homme est naturellement bon comme je le crois et comme j'ai le bonheur de le sentir [3] », et l'on sait toute l'importance de cette affirmation. Si l'homme est bon, c'est donc que la société l'a corrompu, et de fait, nous avons vu en nous bornant au problème social, que la servitude et l'inégalité étaient indéniables. Mais du point de vue politique, précisons davantage cet état de nature.

Avant l'apparition ou le plein développement de la rai-

1. Cf. Édit. Hachette, I, 83.
2. Cf. Édit. Hachette, I, 117.
3. Cf. Édit. Hachette, I, 53, notes.

son, l'homme obéit à deux principes dont l'un l'intéresse à sa conservation et à son bien-être, dont l'autre le rend sensible à la souffrance des êtres animés et particulièrement à celle de ses semblables. Ajoutez à ces deux instincts primitifs deux autres attributs, plutôt moraux, de l'humanité : la perfectibilité et la liberté. Cette perfectibilité est-elle en dernière analyse un progrès ou une déchéance ? peu importe : il suffit pour l'instant de constater que par elle l'homme est capable de changement, et dès lors, si les circonstances extérieures l'exigent, il pourra se modifier, c'est ce qui lui permettra de passer de l'état d'isolement à l'état de société.

La liberté est un privilège non moins important. Mais comment se la représenter ? Au premier abord, il paraît certes bien difficile d'arriver à s'en faire une idée précise. Comment des esclaves de la vie sociale peuvent-ils se la figurer ? Il nous reste peut-être cependant une ressource : c'est d'en parler un peu par analogie, en observant ce que font les animaux et même les peuples libres, pour sauver leur indépendance. Et J.-J. Rousseau nous cite ces bêtes tombées en captivité, qui se brisent la tête contre les barreaux de leur prison [1]; il recourt aussi, suivant l'habitude du siècle, à l'exemple des sauvages, bravant la faim, le feu, le fer et la mort pour ne conserver que leur indépendance. Toutefois, cette comparaison ne peut nous satisfaire complètement : c'est une simple image destinée plutôt à frapper l'esprit du lecteur qu'à entraîner sa conviction. Mieux vaut donc s'en tenir strictement à la fiction de l'état de nature.

D'abord, puisque par hypothèse l'homme dans cet état est

1. Cf. Édit. Hachette, I, 118.

en dehors de toute organisation politique, et qu'il possède
néanmoins la véritable liberté, il ne peut donc alors être
question de l'indépendance vis-à-vis des lois établies, cela
se trouve accordé par la forme même du problème.

Il s'agit donc uniquement de la liberté que possèdent vis-
à-vis l'un de l'autre les membres de la société naturelle.
L'homme, en effet, primitivement vit isolé. Par suite, il ne
peut être soumis à la volonté d'autrui, pas plus qu'il ne
peut la soumettre à son propre caprice.

De sorte que, en dernière analyse, cette liberté naturelle,
c'est la liberté de tout homme par cela seul qu'il est homme.
Or, nous avons établi qu'il est mû par un principe de conservation et de bien-être. La loi naturelle de l'humanité,
c'est précisément ce besoin de vivre, et par suite notre
liberté consiste dans le pouvoir d'obéir à cette impulsion,
c'est-à dire de poursuivre ce qui est indispensable à notre
existence. Définie de cette manière, « cette liberté est une
conséquence de la nature de l'homme. Sa première loi est
de veiller à sa propre conservation, ses premiers soins sont
ceux qu'il se doit à lui-même [1]. » Un peu plus loin encore,
J.-J. Rousseau nous dit que la liberté naturelle « n'a pour
bornes que les forces de l'individu ». C'est un nouvel argument, qui nous permet d'établir, sans conteste, que la liberté
est le pouvoir de poursuivre son bien-être, sans en être
empêché par personne.

Toutefois, comme les hommes sont en assez grand
nombre sur terre, n'est-il pas à craindre que leur indépendance ne soit qu'illusoire? Il n'en est rien ; d'abord ils
vivent plutôt isolés, et cela rend impossible toute dépendance. De plus, en raison de la pitié naturelle à l'âme

1. Cf. Édit. Hachette, III, 307.

humaine, aucun homme ne voudrait faire souffrir son semblable, en le dépouillant de ce qu'il a de plus précieux.
Loin de redouter la lutte des libertés, on doit au contraire
compter sur leur accord.

J.-J. Rousseau aboutit ainsi à cette conclusion : « C'est
de la combinaison que notre esprit est en état de faire de
ces deux principes, celui de conservation et celui de pitié,
que me paraissent découler toutes les règles du droit naturel [1] », qui s'identifie au fond avec la liberté. Remarquons
en effet, que pour J.-J. Rousseau comme pour Kant, pour
tous ceux qui en ont si noblement parlé au xviiie siècle, la
liberté se confond avec le droit. Elle est, « en même temps
que le premier des droits, la substance dont tout droit est
fait [2] ».

La liberté entraîne à sa suite l'égalité. En effet, les
hommes, par nature, sont mus par cet instinct de conservation et de bien-être qui leur est commun à tous. Ils ont
également tous le pouvoir de le satisfaire, c'est la liberté, et
l'égalité se manifeste de cette manière entre eux. Sans
doute, on pourrait soutenir que par la conformation générale du corps, par la constitution, il peut y avoir entre les
êtres humains quelques différences ; mais primitivement
elles sont si légères qu'elles peuvent être considérées
comme insignifiantes. Plus tard, sans doute, lorsque l'appât
des richesses séduira l'homme civil, il pourra profiter d'un
avantage corporel pour se les procurer plus rapidement ;
mais l'homme, à l'état de nature, ne songe pas à tirer parti
de ses qualités spéciales, ou même s'il le faisait, « cette pré-
tendue inégalité naturelle serait loin d'avoir autant de réa-

1. Cf. Édit. Hachette, I, 81.
2. Cf. *L'idée de l'État*, par Henry Michel, p. 191.

lité ou d'influence que le prétendent certains écrivains [1] ».

Elle est donc complètement fausse, la théorie qui soutient que l'inégalité peut apparaître entre les êtres humains dès leur origine, et que les uns naissent libres, les autres esclaves. Cette doctrine est manifestement contraire à la raison, et la soutenir c'est prétendre en dernière analyse que les uns sont hommes, mais que les autres ne le sont pas. En vertu de la nature, pourrait-il y avoir entre les personnes une différence aussi prononcée que celle qui distingue les êtres libres des esclaves? Cela est insoutenable. Dans l'état de nature, où tout est relativement parfait, il ne pourrait y avoir pareille imperfection. Si elle existe, si parfois même elle peut apparaître comme nécessaire, ce ne peut jamais être que dans l'état civil : « Quelquefois en effet la liberté ne se maintient qu'à l'appui de la servitude. Il y a telles positions malheureuses, où l'on ne peut conserver sa liberté qu'aux dépens de celle d'autrui, et où le citoyen ne peut être parfaitement libre que l'esclave ne soit extrêmement esclave. Telle était la position de Sparte [2]. »

Ajoutons que cette égalité dans l'état de nature est « réelle et indestructible, parce qu'il est impossible que la seule différence d'homme à homme soit assez grande pour rendre l'un dépendant de l'autre [3] ».

J.-J. Rousseau se croit donc autorisé à proclamer, en le répétant souvent, que les hommes sont nés libres et égaux. L'égalité absolue des personnes humaines est posée *a priori* comme résultant de la liberté en chacun de nous, c'est-à-dire de notre attribut caractéristique.

De cette analyse si originale, Rousseau tirera plus

1. Cf. Édit. Hachette, I, 103.
2. Cf. Édit. Hachette, III, 362.
3. Cf. Édit. Hachette, *idem*.

tard cette conclusion importante : c'est que, s'ils sont nés libres et égaux, les hommes doivent réellement l'être. La psychologie indique en quelque sorte à la sociologie son idéal, le droit naturel sert à définir le droit politique. « Le plus grand bien de tous, qui doit être la fin de tout système de législation, se réduit à deux objets principaux : la liberté et l'égalité [1]. »

IV. — De ce qui précède, c'est-à-dire du portrait de l'homme civil et de l'homme naturel, il résulte qu'il n'y a pas entre eux seulement une opposition, mais une véritable contradiction. D'un côté, nous avons constaté la plus étroite servitude et la plus odieuse inégalité, mais d'autre part, nous nous sommes convaincus que les hommes étaient nés libres et égaux. Comment sont-ils donc sortis de cette bienheureuse existence primitive, à laquelle ils paraissaient à jamais destinés? Par quel fatal concours de circonstances sont-ils arrivés à se réunir pour vivre en société, c'est-à-dire pour devenir esclaves et opprimés? A quelles causes doit-on attribuer ce passage de l'état de nature à la civilisation si funeste? Tel est le problème, en quelque sorte historique, qu'il s'agit maintenant d'examiner, et pour le résoudre, J.-J. Rousseau distingue plusieurs moments, qui sont autant d'étapes dans cette transformation.

1° A l'état de nature, les hommes vivaient d'abord isolés, jaloux en quelque sorte de leur indépendance. Ils se préoccupaient simplement de satisfaire leurs besoins : « Nous les voyons se rassasier sous un chêne, se désaltérer au premier ruisseau, trouver leur lit au pied du même arbre qui leur a

1. Cf. Édit. Hachette, III, 334.

fourni leur repas [1]. » Et c'était tout. Ils étaient peu exi-
geants, et d'autre part, leur constitution était assez robuste
pour leur permettre de s'accommoder facilement de cette
existence fort simple. D'ailleurs, comme ils ne soupçon-
naient même pas un traitement meilleur, la nudité, le
défaut d'habitation, la privation de toutes nos superfluités
ne leur étaient pas pénibles.

Dans cet état primitif, la famille n'existe pas : « Les
mâles et les femelles s'unissaient fortuitement selon la rencontre, l'occasion et le désir ; ils se quittaient avec la même
facilité. La mère allaitait d'abord ses enfants pour son
propre besoin, puis par habitude ; ceux-ci la quittaient dès
qu'ils avaient la force de chercher leur pâture [2]. »

2° Ce qui a empêché cette vie « sauvage » de subsister
indéfiniment, c'est uniquement le hasard des circonstances
qui, en tendant une sorte de piège à la perfectibilité des
hommes, les a rendus industrieux. Un résultat particulier
de cette ingéniosité ainsi éveillée fut l'invention des huttes
ou cabanes, et ce fut là, au point de vue social, un événement plein de conséquences. A la rencontre fortuite du
mâle et de la femelle, va succéder l'établissement de la
famille. En effet, librement, sous l'influence d'un attachement réciproque qui peut naître de causes physiques ou
morales, l'homme et la femme s'unissent et prennent
l'habitude de vivre ensemble sous le même toit. Il y a là de
part et d'autre un véritable consentement, un contrat tacite.
L'amour conjugal peut alors naître, et plus tard l'affection
paternelle. Bientôt la division du travail apparaît : les
femmes deviennent plus sédentaires, elles gardent la cabane
et les enfants, tandis que le mari va chercher la subsistance

1. Cf. Édit Hachette, I, 85.
2. Cf. Édit. Hachette, I, 93.

commune. La parole s'établit ou se perfectionne insensiblement dans chaque famille, (il s'agit du langage par geste
d'abord), et l'on se procure peu à peu toutes sortes de commodités, qui malheureusement amollissent à la fois le corps
et l'esprit [1].

Mais cette vie de famille n'est d'abord qu'une vie close,
fermée à tout le reste de l'univers, puisque les familles
vivant éparses sur la face de la terre ne connaissent que les
membres qui les composent : « Elles avaient l'idée d'un
père, d'un fils, d'un frère et non pas d'un homme. Leur
cabane contenait tous leurs semblables, un étranger, une
bête, un mouton étaient pour eux la même chose : hors eux
et leur famille, l'univers entier ne leur était rien. Il y avait
des familles, mais point de nations [2]. »

C'était pourtant un siècle d'or, et cela « parce que les
hommes vivaient séparés », en d'autres termes, parce qu'ils
étaient libres de pouvoir suivre les impulsions de leur
nature. Ils n'étaient ni timides, ni hardis. S'ils s'attaquaient
parfois en se rencontrant, en revanche ils se rencontraient
rarement. Partout « régnait l'état de guerre, et toute la
terre était en paix [3]. »

S'il en est ainsi, il est donc impossible que la famille
soit à proprement parler l'élément social, la cellule dont le
développement naturel engendre la société, puisqu'elle est
comme une monade fermée, n'ayant ni portes, ni fenêtres.
Il faudra que la réunion des familles soit le résultat d'in-
fluences en quelque sorte externes leur arrachant pour
ainsi dire leur consentement.

3° Comment donc la dispersion primitive des hommes et

1. Cf. Édit. Hachette, I, 108.
2. Cf. Édit. Hachette, I, 384, 392.
3. Cf. Édit. Hachette, I, 86.

la dispersion des familles ont-elles été suivies de leur réunion? Ce fut une œuvre lente : deux facteurs, les accidents de la nature et la nécessité de vivre, amenèrent peu à peu les familles à former des nations.

Déjà, dans le *Discours sur l'inégalité*, J.-J. Rousseau avait laissé entendre que, sous l'influence d'inondations ou de tremblements de terre, des portions du continent purent être coupées en îles. De cette manière, se trouvent réunies fortuitement un certain nombre de familles, qui, l'instinct de conservation et la pitié aidant, se rapprochent, sont forcées de vivre ensemble, prennent les mêmes mœurs et les mêmes caractères, sous l'influence des aliments et du climat identiques. Cette liaison entre les familles s'augmente ou se resserre par le commerce passager, la fréquentation mutuelle, l'amour enfin entre jeunes gens des deux sexes.

J.-J. Rousseau revient sur cette idée et prend plaisir à la développer dans l'*Essai sur l'origine des langues* : « Les associations des hommes sont en grande partie l'ouvrage des accidents de la nature [1] ». Toutes les causes fortuites, qui ont pu rassembler les hommes épars à la surface de la terre, sont invoquées et brillamment imaginées. Ce sont les déluges, les mers extravasées, les éruptions des volcans, les grands tremblements de terre, les incendies. On croirait presque que ces maux ont été permis par la Providence, pour amener un rapprochement entre les êtres humains; c'est du moins une hypothèse que J.-J. Rousseau soulève, soit par conviction, soit plutôt pour se mettre d'accord avec le dogme. A ces accidents extraordinaires, on peut ajouter des causes plus naturelles, plus nécessaires encore, telles que l'influence de la température. Sous les climats où l'hi-

1. Cf. Édit. Hachette, I, 389.

ver est rigoureux et le sol aride, la difficulté de s'approvi-
sionner, ou même le besoin de dissiper l'ennui résultant de
l'inactivité forcée, aident encore à la réunion des familles.
Aussi, est-ce dans les contrées peu favorisées que la société
humaine dût se former le plus tôt. Même dans les pays
chauds, les sources et les rivières furent les lieux où se ren-
contrèrent les habitants.

Cette théorie suppose bien entendu que l'homme est
aiguillonné par la nécessité de vivre, par l'instinct de conservation, sans cela il ne lutterait pas contre les obstacles
qui surgissent devant lui. Il y a ici, comme en présence,
une façon de pessimisme qui s'arrête avec complaisance
aux cataclysmes de la nature, et d'autre part un optimisme
qui s'intéresse avec plaisir à tous les efforts tentés par
l'homme pour en triompher. C'est un point de ressemblance avec l'évolutionnisme contemporain.

Or, devant ces difficultés que nous avons énumérées et
pour les raisons indiquées, les familles isolées se sont sen-
ties trop faibles; « comme elles ne pouvaient engendrer de
nouvelles forces, mais seulement unir et diriger celles qui
existaient, elles n'ont eu d'autres ressources pour se conserver que de former par agrégation une somme de forces
capable de l'emporter sur la force adverse. » C'est dire
qu'entre elles s'est produit un véritable accord, une sorte
de confédération. Et J.-J. Rousseau ne manque point d'insister sur ce premier engagement. Tous les hommes
recherchent leur bien-être; or, il se présente certains cas
où, pour le défendre ou l'atteindre, ils doivent mettre en
commun leurs forces: l'intérêt les pousse à s'associer librement, autant que dure le besoin passager. De cette manière,
les hommes « ont pu insensiblement acquérir quelque idée
grossière des engagements mutuels et de l'avantage de les

remplir, mais seulement autant que pouvait l'exiger l'intérêt présent et sensible, car la prévoyance n'était rien pour
eux et loin de s'occuper d'un avenir éloigné, ils ne songeaient même pas au lendemain [1]. »

4° C'est donc « le besoin naturel qui unit les hommes [2] »,
mais bientôt apparaît un conflit des désirs humains. Dans
cette société primitive en effet, dont l'agriculture est la
grande occupation, la richesse et la pauvreté ne tardent pas
à naître avec le développement de la force ou l'amour de
l'indolence. Çà et là, les fortunes consistant en terres et en
bestiaux augmentent, et si vous tenez compte de ce fait
que l'homme en société cherche à s'étendre, vous assistez
bientôt à un choc des avidités. Un affreux désordre se produit, que d'autres appellent un état de guerre. Entre les
riches et les pauvres, entre le droit du plus fort et le droit
du premier occupant, éclate une lutte qui se termine d'habitude par des violences et des meurtres. Aussi, dans ces circonstances, les riches, sans doute, proposent de recourir « à
un pouvoir suprême qui gouverne selon de sages lois, qui
protège et défende tous les membres de l'association [3] ».

Malheureusement, cette institution imaginée dans ces
conditions, fut mal conçue et plus mal réalisée encore :
aussi, loin de mettre fin aux dissensions nées des rivalités de
fortune, elle ne servit au contraire qu'à les perpétuer. Nous
avons vu en effet apparaître en ce moment l'inégalité politique, sous l'influence de laquelle s'accusèrent encore
davantage les distinctions sociales. Le despotisme, s'appuyant sur les différences du rang et des richesses, surgit
alors ; tous les hommes se trouvèrent divisés en maîtres et

1. Cf. Édit. Hachette.
2. Cf. Édit. Hachette, I, 394.
3. Cf. Édit. Hachette, I, 115.

en esclaves : pour sauver un reste de liberté, on s'était forgé de nouveaux fers!

C'est de cette manière que J.-J. Rousseau dépeint le passage de l'état de nature à l'état social; telles sont les phases qu'il distingue dans la déchéance humaine. Nous savons à présent comment la servitude et l'oppression ont pu réussir à peser aussi lourdement sur l'humanité. « L'homme était né libre et partout il est dans les fers! »

V. — Que cette contradiction se trouve ainsi expliquée dans le *Discours de l'inégalité* par l'histoire hypothétique des origines de ce qu'on appelle la civilisation, la chose est possible, mais non justifiée. La conjecture n'est pas la vérité, et puisque tous les individus sont naturellement libres et égaux, c'est qu'ils doivent toujours l'être. Il est donc nécessaire de réorganiser les sociétés humaines d'après ce principe fondamental qu'elles ont violé; nous avons vu comment l'homme a pu tomber, recherchons maintenant les moyens de le relever. Or, le retour à l'état de nature, lequel est d'ailleurs plutôt une fiction qu'une réalité, est impossible, parce que l'habitude de la vie civilisée est trop forte : bornons-nous donc simplement à déterminer les vraies bases du droit politique. Comment faut-il concevoir la nation où seront le mieux sauvegardés les privilèges de l'humanité? tel est le véritable problème qui s'impose à ce moment à J.-J. Rousseau. Il ne s'agit plus d'une question de fait, mais d'une question de droit. Comment pourra-t-on assurer la sécurité des citoyens et leur procurer la liberté et l'égalité auxquelles ils ont droit par nature? Quelles sont les conditions d'existence de cet État idéal?

1° Peut-être répondra-t-on, en premier lieu, que seule la société politique conçue sur le modèle exact de la famille, où l'autorité sera semblable à celle du père, réalisera cette conception de l'État. Mais J.-J. Rousseau, en différents endroits de ses œuvres, s'élève vigoureusement contre cette théorie soutenue par les plus ardents défenseurs de la royauté. Et d'abord, entre la famille et la nation, il existe une telle différence de grandeur qu'elles ne peuvent être administrées de la même façon. Le père observe tout par lui-même, le roi ne voit rien que par les yeux d'autrui. En toute justice, il faudrait donc « que l'âme d'un puissant monarque fût à celle d'un homme ordinaire comme l'étendue de son empire est à l'héritage d'un particulier [1] ».

De plus, les membres de la famille, les enfants et la femme elle-même sont dans un état de faiblesse qui suffit à justifier le pouvoir paternel; la famille est, en somme, une association temporaire de personnes inégales. Au contraire, dans la société politique qui doit être permanente, tous les hommes, y compris le monarque, dont la nature n'est pas supérieure à celle des sujets, sont véritablement égaux.

Si l'on ajoute enfin que le père obéit, dans son administration, à des sentiments naturels d'amour et de douceur, tandis que dans l'État, le chef, parfois « d'esprit féroce », n'est guidé que par son intérêt, par le plaisir de commander, on sera entièrement convaincu que la comparaison de l'autorité paternelle avec l'autorité royale, loin de justifier celle-ci, ne peut aboutir qu'à la condamner.

2° Nous en sommes réduit à chercher, sous nouveaux frais, un autre principe plus exact de la société politique. La volonté de Dieu est souvent invoquée comme un argument capital par les partisans de la royauté paternelle. Mais c'est là une doctrine bien discutable. N'est-il pas d'abord

1. Cf. Édit. Hachette, III, 279.

bien difficile à l'homme de connaître les ordres que l'Être suprême lui dicte? Et celui qui se déclare le représentant de la Divinité ne risque-t-il pas d'abuser d'une délégation dont le fondement échappe à tout contrôle humain? Si cela se produisait, nous aurions bien raison de nous écrier avec J.-J. Rousseau : « J'ignore si cet Être juste ne punira point un jour toute tyrannie exercée en son nom [1]. » Le Droit divin, en toute sincérité, est un droit céleste, mystique, qui, n'étant pas de ce monde, ne peut rigoureusement s'appliquer sur terre. Aussi, cette théorie, à supposer du moins qu'on l'admette, ne pourrait-elle avoir dans la pratique aucune valeur. On ne peut en déduire, en effet, « qu'il faut préférer tel gouvernement à tel autre, obéir à Jacques plutôt qu'à Guillaume [2] ». Et pourtant, n'est-ce pas là le point important?

3° D'autres philosophes ont soutenu, avec Hobbes, que l'origine de l'État pouvait s'expliquer par la force, que ce mot désigne d'ailleurs la puissance née de la conquête, ou le droit d'esclavage qui, tous deux, peuvent s'y réduire.

Mais, s'écrie J.-J. Rousseau, la force n'est qu'une puissance physique et brutale; elle ne peut donc en aucun cas engendrer un droit, c'est-à-dire un pouvoir moral.

En outre, le droit du plus fort n'est même pas un principe, c'est-à-dire une base stable et inébranlable sur laquelle puisse s'établir l'association politique; car toute force supérieure à la première aurait par là même un droit supérieur et la détruirait. Ce serait la lutte toujours ouverte, l'état de guerre, la ruine de la nation. Aussi le sujet, véritable esclave, redeviendrait-il brusquement le maître, du jour où il le pourrait, en s'écriant : « Vous m'aviez soumis

1. Cf. Édit. Hachette, X, 131.
2. Cf. Édit. Hachette, III, 202, note.

par force, et tant que vous avez été le plus fort, je vous ai fidèlement obéi. Maintenant la raison qui m'assujettissait à vous ayant cessé, mon assujettissement cesse, et vous ne sauriez dire pourquoi je vous obéissais, sans dire en même temps pourquoi je ne vous obéis plus [1]. »

4° L'histoire nous présente enfin une dernière théorie. On a soutenu — c'est Puffendorf — qu'un homme peut se dépouiller de sa liberté en faveur d'un autre; et que — c'est Grotius qui l'ajoute — un peuple peut agir de même pour se soumettre au roi. Ainsi pourrait peut-être s'expliquer la constitution du pouvoir.

Mais, aux yeux de l'auteur du *Contrat social*, cette doctrine est encore plus inexacte que les précédentes.

Aucun homme en effet ne peut renoncer à son indépendance, car s'il le fait, « il dégrade son être et commet une folie [2] ». Quant à dire la même chose d'un peuple, » c'est supposer un peuple de fous, et la folie ne fait pas droit ». Voyez plutôt : pour qu'une nation se privât de sa liberté, il faudrait tout au moins que ce fût par intérêt. Supposons dès lors que ce soit pour obtenir du roi la subsistance. Mais quelle chimère! ne sait-on pas que c'est le monarque au contraire qui se nourrit et s'entretient sur le compte de ses sujets? — Direz-vous que cette aliénation apportera au peuple la tranquillité? Mais il paiera largement celle-ci par les guerres qu'il sera obligé de faire ou de subir. Par conséquent, l'utilité elle-même ne saurait pousser les hommes à se donner à un maître, à supposer que cela fût possible.

Ces diverses théories, invoquées surtout par les partisans de la royauté, ne sauraient donc expliquer l'origine de l'État.

1. Cf. Appendice, manuscrit de la bibliothèque de Neuchâtel, n°ˢ 7869-7871.
2. Cf. Édit. Hachette, I, 119 et III, 309.

Mais elles apportent avec elles de précieuses indications ; elles nous apprennent, par la distinction de la famille et de l'État, que l'association politique n'est pas une réunion naturelle d'individus ; elle est donc l'œuvre de l'art. D'autre part, nous voyons qu'aucune puissance supérieure à l'humanité ne peut lui imposer une forme de gouvernement ; que la force brutale ne réussit pas davantage à fonder le droit politique ; enfin, qu'aucun État ne se constitue par la ruine des libertés humaines. La volonté nous apparaît donc comme l'unique principe, capable de donner naissance à cet État idéal, où la vie et les biens de chaque individu seront défendus et protégés, et sa liberté assurée.

VI. — En réalité, puisque le fondement juridique de la société civile ne peut être ni le droit paternel ou divin, ni le droit du plus fort, ni le sacrifice des libertés, et puisque d'autre part les hommes sont par nature libres et égaux, le problème politique se présentait ainsi à Rousseau : « Trouver une forme d'association qui défende et protège de toute la force commune la personne et les biens de chaque associé, et par laquelle chacun s'unissant à tous, n'obéisse pourtant qu'à lui-même, et reste aussi libre qu'auparavant [1]. »

La solution ne pouvait se trouver que dans le libre consentement de tous les membres de la cité à s'associer entre eux, sous certaines conditions. Le *Contrat social* est le seul principe légitime de l'association politique.

Analysons donc ce pacte. Si nous envisageons d'abord les contractants, nous verrons qu'il s'agit ici de tous les individus, sans distinction de qualité. Dans cette concep-

1. Cf. Édit. Hachette, III, 313.

tion il n'y aura plus ni riches, ni pauvres, ni puissants, ni faibles : l'unité sociale sera l'être humain tout simplement.

Or, c'est entre eux que les hommes vont établir une convention. Nous ne rencontrons plus ici d'un côté le pouvoir, de l'autre les sujets, il n'y a que des êtres égaux. Le Contrat est dès lors réciproque : c'est par rapport à chacun de nos semblables que nous nous engageons, et ce que l'un promettra, l'autre le promettra également dans les mêmes termes. Si donc l'on considère un individu pris isolément, on pourra dire qu'il s'oblige vis-à-vis le reste de la société, et que par suite tous s'obligent envers lui.

Mais quel est l'objet de ce Contrat? C'est, dit J.-J. Rousseau, « l'aliénation de chaque associé avec tous ses droits à toute la communauté [1] ». Faut-il prendre à la lettre cette formule? Exprime-t-elle véritablement la pensée de l'auteur? Et s'il en était ainsi, ne pourrait-on prétendre justement qu'elle entraîne l'absorption des individus par l'État, par suite le communisme?

Cette conclusion serait certainement exagérée ; en effet, nous ferons d'abord remarquer que J.-J. Rousseau atténue immédiatement la portée de ses expressions, en déclarant que chacun se donnant à tous ne se donne à personne : ce qui est peut-être une mauvaise raison, mais ce qui prouve que son intention n'était pas celle qu'on lui prête. Plus loin, il présente l'aliénation comme partielle. « On convient que tout ce que chacun aliène par le pacte social de sa puissance, de ses biens, de sa liberté, c'est seulement la partie de tout cela dont l'usage importe à la communauté. » Il est vrai que nous lisons ensuite ces mots, qui détruisent en partie ce qui précède : « il faut convenir que le souverain seul est juge de cette importance. »

1. Cf. Édit. Hachette, III, 313.

Mais voici d'autres arguments plus solides. L'aliénation est toujours présentée dans le *Contrat social* comme une affaire avantageuse. Or, l'acte qui anéantirait les droits de l'individu au profit de l'État ne peut être envisagé ainsi, il serait au contraire un acte de folie, ce serait la dégradation de l'humanité, J.-J. Rousseau l'a déclaré contre Puffendorf et Grotius. D'ailleurs, ne s'agit-il pas ici des hommes considérés à l'état de nature, possédant simplement la liberté primitive ou mieux l'indépendance : qu'ils renoncent à celle-ci en entrant en société, cela est évident, puisque l'association de ce point de vue est une dépendance. Dira-t-on qu'ils abandonnent leurs biens pour constituer l'État? Mais la propriété à vrai dire n'existe pas encore, de sorte que l'aliénation ne se comprend réellement pas. L'expression a dépassé certainement la pensée de J.-J. Rousseau. Peut-être a-t-il suivi de trop près ici les traces de Hobbes qui, lui, pouvait employer ce terme. Peut-être est-il victime de l'artifice, par lequel il s'efforçait d'opposer les inconvénients de l'état de nature aux avantages de l'état civil? Toutes ces raisons qui ne s'excluent pas sont plausibles, et nous amènent à conclure qu'il ne s'agit pas d'une aliénation réelle.

La question reste donc intacte : quel est l'objet du contrat? A notre avis, il se réduit exactement aux termes suivants : « Chacun de nous met en commun sa personne et toute sa puissance sous la suprême direction de la volonté générale ». En d'autres termes, les hommes, sacrifiant leur indépendance et leur puissance naturelles, conviennent de s'unir dans l'unique dessein de se conserver et de se défendre [1]. La nécessité de le faire entraîne l'assentiment

---

1. Cf. Édit. Hachette, III, 312.

de tous, de sorte que les contractants s'accordent à poursuivre cette fin, c'est-à-dire le bien commun. Le moyen pour parvenir à ce résultat, c'est l'union contractuelle de tous les membres, et l'obligation qui va s'imposer à chacun sera de renoncer à son indépendance primitive, pour se soumettre aux décisions de la communauté. Le contrat est en dernière analyse un pacte d'union.

Il nous apparaît ainsi comme l'œuvre de la volonté générale. Mais ces derniers mots ne désignent pas seulement l'accord unanime, ils désignent plutôt la liberté éclairée par la raison. « La volonté générale est un acte pur de l'entendement qui raisonne dans le silence des passions [1] ». On ne peut donc pas soutenir, à la suite de MM. Bluntschli et Taine, que J.-J. Rousseau a compromis la stabilité de la société politique, en faisant dépendre celle-ci du caprice de chacun ; la volonté qui conclut le pacte social obéit à la raison, et par suite elle le maintiendra sans fin par une sorte de création continuée.

Le consentement de tous les individus engendre donc la société politique, qui naît ainsi de l'union de leurs volontés et de leurs forces. Or, on appelle précisément souveraineté l'exercice de la volonté générale. « La volonté générale personnifiée est ce que j'appelle le souverain [2]. » Tel est le fameux principe de la souveraineté du peuple, auquel J.-J. Rousseau dut surtout sa célébrité ; la Révolution française s'ouvrira en effet par le serment du Jeu-de-Paume et revendiquera pour la nation le droit d'être l'unique maîtresse de ses destinées.

De la théorie qui précède, il résulte immédiatement que la souveraineté est inaliénable, c'est-à-dire qu'elle ne peut

1. Cf. *Encyclopédie*, article *droit*.
2. Cf. Édit. Hachette, III, 203 et 318.

se donner, ni se vendre, elle ne peut même être représentée. La volonté générale ne doit dépendre que d'elle-même. On devine ici la secrète préoccupation de soustraire le peuple à toute autorité qui ne sera pas lui, à tout despotisme, même au despotisme des représentants. « La souveraineté ne peut être représentée par la même raison qu'elle ne peut être aliénée, elle consiste essentiellement dans la volonté générale, et la volonté ne se représente point, elle est la même ou elle est autre [1]. » Dans ce passage, J.-J. Rousseau critiquait ouvertement l'institution des députés, telle qu'elle existait notamment dans la constitution anglaise.

La souveraineté, de plus, est indivisible, c'est-à-dire qu'elle demeure toujours tout entière dans toute la nation, alors même qu'elle s'exerce par des pouvoirs séparés l'un de l'autre, comme le pouvoir législatif et le pouvoir exécutif. Il ne faut pas prendre dans ce cas pour « des parties de cette autorité ce qui n'en est que des émanations [2] ».

Enfin, la volonté générale est toujours droite et tend toujours à l'utilité publique. C'est déclarer qu'elle est presque infaillible. Quoi qu'on en ait dit, cette formule n'est peut-être exagérée qu'en apparence. Remarquons en effet que cette volonté est préalablement éclairée. De plus, comme elle doit être non seulement générale, mais porter sur un objet universel, elle est alors conforme à la raison et se confondra avec le devoir et le droit. Le philosophe allemand Kant ne dira pas autre chose, il ne fera sur ce point que développer la pensée de celui qui fut souvent son maître.

Ainsi définie et caractérisée, la volonté générale agit par la loi; celle-ci doit avoir par suite un objet universel

1. Cf. Édit. Hachette, III, 361.
2. Cf. Édit. Hachette, III, 319.

puisque le but poursuivi, c'est le plus grand bien de tous. « La loi est une déclaration publique et solennelle de la volonté générale sur un objet d'intérêt commun ».

Le peuple, c'est-à-dire le souverain, possède ainsi la puissance législative. Va-t-il détenir également le pouvoir exécutif? C'est ce qu'il nous reste à examiner. En quoi consiste donc ce dernier? En des actes particuliers. Mais alors la volonté générale ne pourra les accomplir, puisqu'elle ne doit porter que sur un objet universel. Il faut par conséquent au souverain un ministre, ce sera le gouvernement dont le rôle consiste à faire exécuter les lois, et à maintenir la liberté. « Le gouvernement est un corps intermédiaire établi entre les sujets et le souverain pour leur mutuelle correspondance, chargé de l'exécution des lois et du maintien de la liberté tant civile que politique [1]. »

Rousseau distingue donc nettement — et en cela, il est peut-être le premier — l'État et le gouvernement. Celui-ci, c'est le pouvoir exécutif, quel qu'il soit. Mais de toute manière il n'est que le délégué, l'officier, le commis du souverain qui est l'État, c'est-à-dire tout le monde. En ce sens, entendez par l'origine de sa délégation, « tout gouvernement légitime est républicain [2] », car il est au service de la volonté générale.

Si l'on envisage d'autre part le pouvoir exécutif, non plus dans sa source et dans sa raison d'être, mais en lui-même, si l'on considère uniquement les membres qui le composent, on peut distinguer plusieurs formes de gouvernement. Est-il aux mains de tous? vous avez la démocratie; aux mains d'un seul? vous avez la monarchie; aux mains de

1. Cf. Édit. Hachette, III, 203.
2. Cf. Édit. Hachette, III, 326.

quelques-uns? vous avez l'aristocratie. Cette dernière forme, lorsqu'elle sera élective, aura les préférences de J.-J. Rousseau. C'est ainsi que se présentent chez lui la doctrine de la séparation des pouvoirs et la prédominance de la puissance législative sur la puissance exécutive.

Nous venons d'exposer les théories politiques de J.-J. Rousseau, telles qu'il les a présentées surtout dans le *Contrat social*. Son but était d'établir que l'État idéal devait avoir pour rôle une sorte de police universelle, destinée à garantir les droits des individus [1]. Ces droits sont-ils réellement sauvegardés par J.-J. Rousseau? C'est ce qu'il recherchait lui-même rapidement de la manière suivante. Faisons remarquer d'abord que les citoyens n'ont pu évidemment conserver dans l'état civil les droits qu'ils possédaient dans l'état de nature. Mais cette réserve faite, quels sont les avantages qu'ils ont obtenus?

Au point de vue moral ou plutôt social, au lieu d'agir suivant l'impulsion physique, d'après ses appétits et ses instincts, l'homme civil obéira désormais au devoir et à la Justice, en même temps qu'il respectera le Droit.

Au point de vue politique, au lieu « de la liberté naturelle qui n'avait pour bornes que les forces de l'individu », il obtient par le *Contrat social* « la liberté civile qui n'est limitée que par la volonté générale [2] », et qui consiste dans l'obéissance à la loi. Cette liberté, c'est en un mot la participation à la souveraineté, c'est la liberté selon la conception antique.

Au lieu de l'Égalité naturelle, « le pacte social établit entre les citoyens une telle égalité, qu'ils s'engagent tous

1. Cf. *Œuvres et Correspondance inédites de J.-J. Rousseau*, publiées par Streckeisen-Moultou, p. 141.
2. Cf. Édit. Hachette, III, 315.

sous les mêmes conditions et doivent jouir tous des mêmes droits » [1]. Nul n'a proclamé plus fort que J.-J. Rousseau cette vérité capitale, dont il est juste de lui faire honneur.

Au lieu « de la possession qui n'est que l'effet de la force ou de la première occupation », le citoyen acquiert « la propriété qui ne peut être fondée que sur un titre positif [2] », ou plus exactement qui doit être consacrée par l'État, sans qu'elle devienne pour cela un don révocable [3].

Enfin, l'homme civil acquiert la sûreté en échange de l'indépendance : sa vie et ses biens sont protégés par la force publique.

Aussi, grâce au Contrat social, la situation de l'homme se trouve-t-elle réellement préférable à ce qu'elle était auparavant. Et cependant dans le *Discours sur les sciences*, J.-J. Rousseau ne mettait-il pas l'état de nature bien au-dessus de l'état civil ? Cela est certain, mais c'est qu'alors il parlait de l'état civil réel, où dominaient la servitude et l'inégalité, tandis qu'ici il s'agit de l'État idéal établi d'après les principes du droit politique.

VII. — Nous pouvons à présent comprendre dans son ensemble le système de politique intérieure de J.-J. Rousseau, tel qu'il se trouve présenté, surtout dans le *Contrat social*. Il a pour point de départ l'examen de la société et de la civilisation : parmi les maux que celles-ci engendrent, l'esclavage et l'inégalité des individus sont les plus pressants et les plus terribles.

La Raison cependant déclare que les hommes sont nés libres et égaux, et qu'ils doivent toujours l'être.

1. Cf. Barni, *Histoire des idées morales et politiques en France au XVIII* siècle, tome II, p. 291.
2. Cf. Édit. Hachette, III, 315.
3. Cf. Taine, *L'Ancien Régime*, p. 321.

Comment s'explique cette contradiction entre le fait et le droit? Par la réunion accidentelle, sous la pression des circonstances, des familles humaines.

Au sein de cette société née du hasard, les plus habiles ont abusé de leurs qualités pour usurper le pouvoir : la distinction des faibles et des puissants, des pauvres et des riches, a fait son apparition, entraînant à sa suite ce cortège de malheurs dont les plus tristes sont la servitude et l'inégalité.

Pour les éviter, puisque le retour à l'état de nature est impossible, la société doit donc être réorganisée suivant les principes du droit, tels que le *Contrat social* les expose. Dans cet ouvrage, J.-J. Rousseau établit que la société politique, loin de pouvoir se former naturellement ou divinement, ou brutalement, doit être une association volontaire, garantissant à chacun les droits auxquels il peut prétendre en vertu de son caractère d'homme. Elle sera l'œuvre d'un contrat réciproque, acte d'union plutôt que d'aliénation ; de cette manière, tous les citoyens seront vraiment libres sous l'obéissance aux lois qu'ils se sont accordés à proclamer ; ils seront véritablement égaux, en participant dans la même mesure à la souveraineté, qui choisira le gouvernement le plus propre à les protéger tous également. C'est ainsi que le pacte social, en créant et en organisant solidement l'État, assure cette « police universelle qui dirige les soins publics à l'avantage de tous les hommes ».

CHAPITRE II

Le système de politique intérieure de J.-J. Rousseau est incomplet ou inachevé. Raisons a priori; raisons de fait.

I. — L'œuvre politique de J.-J. Rousseau, telle que nous
venons de la résumer, peut-elle être envisagée comme complète? A-t-il tracé le plan d'une association qui puisse être
considérée comme parfaite? N'y a-t-il pas dans le *Contrat
social* certaines parties qui réclament des compléments
indispensables? C'est ce qu'il s'agit d'examiner attentivement.

1° Et d'abord, ce principe que J.-J. Rousseau formulait
dès le début de sa carrière, à savoir que tous les hommes
naissent libres et égaux, et que le *Contrat social* doit leur
assurer en échange la liberté et l'égalité civile et politique,
était gros de sous-entendus et de conséquences. Ce n'était
pas là une affirmation restreinte, mais bien plutôt une sorte
de dogme universel, qui dans la pensée de l'auteur ne s'appliquait pas spécialement à un peuple ou à un pays déterminés, mais à l'univers entier. Le philosophe genevois ne
songeait pas plus à la France qu'à la Suisse, pas plus à la
Suisse qu'à la France, il pensait à l'humanité. Et si l'on voulait en chercher les raisons, on pourrait facilement indiquer
les suivantes. La première se trouve dans le caractère de
J.-J. Rousseau : ami de la généralisation plutôt que de la
restriction, il parle et il écrit pour tous, pour tous les temps

et pour tous les lieux : naturellement expansif, il jette ses idées tout entières et d'un seul bloc sans vouloir les atténuer. Cette remarque s'applique surtout à ses théories politiques : c'est que dans ce domaine plus que partout ailleurs, il est animé d'un ardent enthousiasme. Soit qu'il critique les doctrines de ses adversaires, comme au début du *Contrat social*, soit qu'il expose au contraire ses propres vues, il prend les airs d'un tribun farouche et violent, qui aime les solutions radicales, qui déteste les compromis et les demimesures. Aussi n'est-ce pas trop préjuger, que d'affirmer qu'en lançant à la face de tous les pouvoirs le principe d'universelle liberté, J.-J. Rousseau pensait vraiment à l'humanité tout entière. C'était conforme à son tempérament, mais cela s'accordait aussi avec les idées en honneur au xviiie siècle, qui était bien l'époque de l'humanité et du cosmopolitisme. Rappelons-le rapidement. Le xviie siècle était plutôt le siècle des frontières : le despotisme qui pesait sur les esprits ne leur permettait guère de s'occuper de ce qui se passait en dehors du royaume. L'homme se réduisait au citoyen. Après la mort de Louis XIV, tout change : l'idée de patrie, étroitement liée à celle de royauté, subit les vicissitudes de celle-ci, et les attaques portées au régime monarchique atteignent par delà le patriotisme. En même temps, on se rend compte que la raison appartient à tous les hommes, et établit entre eux une indéniable identité de nature : l'idée d'humanité s'élève ainsi peu à peu sur les ruines de la notion de la patrie. « Chacun, écrira Gœthe, voulait absolument être humain ». Et Schiller : « J'écris comme un citoyen du monde, j'ai de bonne heure perdu une patrie pour l'échanger contre le vaste monde [1]. »

1. Cf. Sorel, *L'Europe et la Révolution*, t. I, 100.

La Révolution française, consacrant en quelque sorte ces aspirations, sera cosmopolite avant d'être française, elle songera à l'humanité plutôt qu'à la patrie. Le patriotisme ne réapparut que lorsque le territoire fut envahi. Sous la double influence de son tempérament et de son époque, J.-J. Rousseau, en affirmant que tous les hommes naissent libres et égaux, parlait donc bien pour toute la terre. Dès lors, ce principe, dont il se sert pour déterminer les fondements de la société politique, devenait en même temps une pierre d'attente, sur laquelle devait s'élever la société humaine. En posant les bases d'une association limitée, il jetait du même coup les fondations d'une association plus étendue, peut-être même universelle, entre tous les hommes, citoyens du même monde. Après avoir proclamé l'existence des titres imprescriptibles et inaliénables de la personne humaine, il ne se contentait pas de vouloir les faire respecter par tous les membres d'une nation, il désirait encore qu'ils fussent reconnus chez tous les peuples. Le droit naturel n'appelle pas seulement à son aide le droit politique, mais encore le droit des gens. Cette déclaration des droits « de l'homme », prononcée par J.-J. Rousseau, est de ce point de vue semblable à ce que seront plus tard les déclarations américaines et françaises, qui d'ailleurs en sont sorties : les droits qu'elles établissent ne sont des droits ni français ni américains, mais des droits universels, supérieurs à toute idée de nation, parce qu'ils sont le privilège de l'humanité partout où elle se rencontre. Le *Contrat social* postulait le *Contrat international*.

2° On peut l'établir aussi en s'appuyant sur d'autres arguments. Nous avons vu que la véritable fin de la société politique était la sûreté de tous ses membres; il s'agissait de « trouver une forme d'association qui défendît et proté-

geât de toute la force commune la personne et les biens de
chaque associé » : c'est, avant la lettre, la conception allemande
de « l'État de Droit », de « l'État-gendarme » comme
l'on dit encore. Mais s'il en est ainsi, la solution apportée
par J.-J. Rousseau n'est qu'une demi-solution. En effet, il
a établi que les hommes devaient mettre en commun leurs
forces et leur volonté, que le peuple devenait ainsi le souverain,
qu'il choisissait ses délégués pour gouverner à sa
place. Mais en fondant ainsi l'État, il ne l'a étudié que dans
ses rapports avec les citoyens, ou plus exactement, il n'a
envisagé que la manière dont la sécurité de ces derniers
pouvait être garantie au sein de la nation. Sous l'empire de
cette préoccupation, il est allé jusqu'à prétendre que l'État
avait droit de vie et de mort sur les sujets. Mais tout cela
admis, est-il vrai que les hommes en devenant citoyens
aient obtenu par le *Contrat social* toute tranquillité? N'ont-
ils plus désormais rien à craindre pour leur vie et pour
leurs biens? Il serait puéril de le croire. En effet, cette
société politique, si admirablement organisée qu'elle soit,
n'est pas la seule qui existe sur la terre. Il y a au contraire
un grand nombre de nations, dont les unes sont peut-être
éprises à jamais de la paix, dont les autres certainement
caressent des désirs de guerre et de conquête. Aussi, pour
des causes que nous aurons à indiquer, la lutte peut-elle
éclater entre différentes puissances, et de ce jour la sûreté
intérieure des citoyens d'un pays ne sera plus accompagnée
de la sécurité extérieure. La vie, les biens, la liberté des
hommes seront attaqués et peut-être mis en danger. La
guerre, en effet, amène toujours à sa suite le pillage, la
servitude, la mort. Mais alors, quelle peut être l'utilité
réelle du *Contrat social*? Nous accordons qu'il réussit à
nous procurer la tranquillité vis-à-vis de nos concitoyens,

mais elle était relativement facile à obtenir, et l'on a peine
à comprendre que pour atteindre un résultat aussi mince,
il ait fallu construire ce laborieux échafaudage politique.
Puisque nous n'en restons pas moins exposés aux caprices
belliqueux des nations étrangères, ou même des hordes
barbares, nous avons fort peu gagné à conclure le pacte
d'association. Ce raisonnement fort juste, on l'opposerait
avec raison à J.-J. Rousseau, s'il avait considéré son œuvre
politique comme terminée avec le *Contrat social* ; mais il
n'en est rien, il n'a pas voulu faire l'ouvrage à demi, et
après avoir indiqué les moyens d'obtenir la sûreté intérieure, il devait logiquement rechercher la manière dont un
État peut se mettre à l'abri des violences des nations voisines. Le principe admirable de la souveraineté du peuple
n'était pas un talisman capable d'arrêter ou de repousser les
attaques des ennemis extérieurs.

3° Et même si l'on examine à fond ce dogme capital, on
arrive bien vite à cette conclusion, que l'œuvre politique de
J.-J. Rousseau est réellement inachevée. Celui-ci a soutenu
en effet que la volonté générale des contractants fait loi,
que le pouvoir législatif appartient à tous, sans qu'aucun
puisse confier à autrui le soin de voter pour lui. On reconnaît ici, du premier coup d'œil, l'influence des constitutions antiques : à Sparte, à Athènes et même à Rome,
l'assemblée générale des citoyens, régulièrement convo-
quée, était appelée à donner son avis et prenait part aux
discussions. Ici et là, la loi était l'œuvre de tous. Mais alors,
le chiffre des membres de l'État doit être peu élevé, si l'on
veut qu'ils puissent se réunir facilement, discuter entre eux
et prendre des décisions? L'exemple des cités anciennes
prouve la vérité de cette conséquence. Il faut donc de toute
nécessité que l'État soit très petit, à moins qu'on ne sous-

crive à ces paroles de Montesquieu, partisan de la constitution anglaise : « Il faudrait que le peuple en corps eût la
puissance législative ; mais comme cela est impossible dans
les grands États et est sujet à beaucoup d'inconvénients
dans les petits, il faut que le peuple fasse par représentants
ce qu'il ne peut faire par lui-même [1] ». Mais J.-J. Rousseau s'élève avec force contre cette idée de représentation :
« à l'instant qu'un peuple se donne des représentants, il
n'est plus libre, il n'est plus ». « Tout bien examiné, je
ne vois pas qu'il soit désormais possible au souverain de
conserver parmi nous l'exercice de ses droits, si la cité n'est
très petite [2]. » Telle est la conclusion rigoureuse du principe
de la souveraineté du peuple, d'après J.-J. Rousseau, qui
s'oppose sur ce point à Montesquieu, et qui insiste très souvent sur cette idée, par exemple dans le troisième dialogue :
« J'ai travaillé pour ma patrie et pour les petits États constitués comme elle. » « L'État devrait se borner à une seule
ville tout au plus. »

C'est donc chose convenue. L'association politique sera
peu étendue. Mais autour d'elle se rencontrent des nations
très grandes, constituées différemment, où la multitude
obéit au lieu de commander, où le monarque ne songe qu'à
s'étendre au dehors. Comment les petits États, dont la
nécessité est liée au principe fondamental de la souveraineté du peuple, pourront-ils être en mesure de résister à
l'ambition des puissances supérieures en force ? N'est-il pas
à craindre qu'ils soient facilement ruinés et anéantis ? Et
ne voit-on pas que les grandes nations s'agrandissant sans
cesse, le Droit politique ne pourra jamais se constituer ?

1. Cf. *Esprit des Lois,* liv. XI, ch. vi.
2. Cf. Édit. Hachette, III, 362.

Mais la Raison se refuse à accepter ces tristes conséquences :
après avoir établi que les petits États sont les seuls dont la
réalité puisse se justifier, elle a le devoir de leur assurer du
moins l'existence. Pour vivre, qu'ils s'unissent donc entre
eux comme se sont associés les hommes pour former les
sociétés politiques ; que celles-ci mettent en commun leurs
forces respectives non pour attaquer les plus grandes, mais
pour leur résister. Au lieu d'être livrés sans défense à l'ambition des nations plus fortes, les petits États, se rapprochant, verront leur puissance s'augmenter de toutes leurs
puissances alliées, et pourront enfin de cette manière
repousser toute agression. C'est ainsi que le peuple restera
souverain, qu'il soit ou non entouré d'ennemis ambitieux.
Pour n'y avoir pas exposé cette théorie, J.-J. Rousseau n'a
donc pas achevé le *Contrat social*.

Tel est le résultat auquel nous arrivons par trois voies différentes, en étudiant simplement les théories politiques de
J.-J. Rousseau. Il nous a semblé d'abord que ce dernier,
sous la double action de son caractère et de son siècle,
devait être amené à étendre et à généraliser ses doctrines,
pour considérer au delà des sociétés restreintes la société
humaine, et au delà des nations, l'humanité. Il ne pouvait
songer au rapprochement volontaire des individus, sans que
son imagination ardente lui fît entrevoir, sous quelque
forme que ce fût, l'union des États.

Bien plus — c'est notre deuxième argument — l'association
politique, dans la pensée de J.-J. Rousseau, devait avoir surtout pour but d'assurer à ses membres le respect de leur
vie, de leurs biens, de leurs droits, en un mot la sécurité.
Mais cet idéal est-il réellement atteint par le seul fait que
la protection de tous les autres est acquise à chacun ? Les
citoyens sont en sûreté, pourrait-on dire, les uns vis-à-vis

des autres : mais on n'a tenu aucun compte des dangers qui peuvent les assaillir du dehors !

Et ce péril, enfin, est d'autant plus à craindre que l'auteur du *Contrat social*, partisan fanatique de la souveraineté absolue du peuple, accorde sa préférence aux nations peu étendues. Or, les petits États sont naturellement exposés à l'ambition de ceux qui sont plus puissants : par suite les citoyens qui composent les premiers ne possèdent pas la tranquillité. J.-J. Rousseau devait donc, pour consolider son édifice politique, assurer à l'extérieur, comme il croyait l'avoir fait à l'intérieur, la sécurité des sujets, en indiquant aux petits États les moyens de résister à l'ambition des grands.

Pour ces trois raisons — elles sont *a priori*, en ce sens qu'elles se tirent du simple examen de l'œuvre politique de J.-J. Rousseau — nous n'hésitons pas à affirmer dès ce moment que cette œuvre est inachevée.

II. — Par une seconde méthode plus positive, plus probante peut-être encore, et cela parce qu'elle s'appuie sur des faits ou sur des textes précis, nous arrivons aux mêmes conclusions.

4° A l'appui de nos raisonnements et de nos conjectures, nous avons en effet les propres paroles de J.-J. Rousseau. Il s'était proposé lui-même d'indiquer comment les petites nations pouvaient, en s'unissant, arriver à se soustraire à l'ambition des peuples puissants. Nous lisons en effet ce qui suit dans le *Contrat social* : « Mais si la cité est très petite, elle sera subjuguée ? Non, je ferai voir ci-après comment on peut réunir la puissance extérieure d'un grand peuple avec la police aisée et le bon ordre d'un petit État. » « C'est, dit-il en note, ce que je m'étais proposé de faire dans la suite de cet ouvrage, lorsqu'en traitant des relations

externes, j'en serais venu aux confédérations, matière toute
neuve, et où les principes sont encore à établir[1]. » A-t-il
abordé ce problème? A quelle époque de sa vie l'a-t-il fait?
Nous avons sur ce point un témoignage fort curieux du
comte d'Antraigues, qu'on a pris l'habitude de joindre au
chapitre xv du livre III du *Contrat social*. Nous allons le
citer entièrement : il se trouve à la fin d'une brochure
publiée par lui en 1790 à Lausanne — où il venait d'émi-
grer après avoir été député à l'Assemblée nationale de 1789
— sous ce titre : *Quelle est la situation de l'Assemblée nationale.*

« J.-J. Rousseau avait eu la volonté d'établir, dans un
ouvrage qu'il destinait à éclaircir quelques chapitres du
Contrat social, par quels moyens de petits États pouvaient
exister à côté des grandes puissances, en formant des confédérations. Il n'a pas terminé cet ouvrage, mais il en avait
tracé le plan, posé les bases et placé à côté des seize chapitres de cet écrit quelques-unes de ses idées, qu'il comptait
développer dans le corps de l'ouvrage. Ce manuscrit de
trente-deux pages, entièrement écrit de sa main, me fut
remis par lui-même, et il m'autorisa à en faire, dans le courant de ma vie, l'usage que je croirais utile.

Au mois de juillet 1789, relisant cet écrit, et frappé des
idées sublimes du génie qui l'avait composé, je crus (j'étais
encore dans le délire de l'espérance) qu'il pouvait être infi-
niment utile à mon pays, et je me déterminai à l'imprimer.

J'eus le bonheur, avant de le livrer à l'impression, de
consulter le meilleur de mes amis, que son expérience
éclairait sur les dangers qui nous entouraient, et dont la
cruelle prévoyance devinait quel usage funeste on ferait des

---

1. Cf. Édit. Hachette, III, 362.

écrits du grand homme, dont je voulais publier les nouvelles idées. Il me prédit que les idées salutaires qu'il offrait seraient méprisées, mais que ce que ce nouvel écrit pouvait contenir d'impraticable, de dangereux pour une monarchie, serait précisément ce que l'on voudrait réaliser, et que de coupables ambitions s'étaieraient de cette grande autorité pour saper et peut-être détruire l'autorité royale.

Combien je murmurai de ces réflexions ! Combien elles m'affligeaient ! Je respectai l'ascendant de l'amitié unie à l'expérience et je me soumis. Ah ! que j'ai bien reçu le prix de cette déférence ! Grand Dieu, que n'auraient-ils pas fait de cet écrit ? Comme ils l'auraient souillé, ceux qui, dédaignant d'étudier les écrits de ce grand homme, ont dénaturé et avili ses principes, ceux qui n'ont pas vu que le *Contrat social*, ouvrage isolé et abstrait, n'est applicable à aucun peuple de l'univers ; ceux qui n'ont pas vu que ce même J.-J. Rousseau, forcé d'appliquer ces préceptes à un peuple existant en corps de nation depuis des siècles, pliant aussitôt ses principes aux anciennes institutions de ce peuple, ménageait tous les préjugés trop enracinés pour être détruits sans déchirements ; qui disait, après avoir tracé le tableau le plus déplorable de la Constitution dégénérée de la Pologne : « Corrigez, s'il se peut, les abus de votre constitution, mais ne méprisez pas celle qui vous a fait ce que vous êtes. » Quel parti d'aussi mauvais disciples d'un si grand homme auraient tiré de l'écrit que son amitié m'avait confié, s'il pouvait être utile !

Cet écrit, que la sagesse d'autrui m'a préservé de publier, ne le sera jamais : j'ai trop bien vu et de trop près le danger qui en résulterait pour ma patrie. Après l'avoir communiqué à l'un des plus véritables amis de J.-J. Rousseau, qui habite près du lieu où je suis, il n'existera plus que dans nos souvenirs. »

Que faut-il penser de cette déclaration du comte d'Antraigues? Avant de répondre à cette question, il est prudent
de se demander quelles ont été exactement ses relations
avec J.-J. Rousseau. La réponse se trouve dans l'excellent
ouvrage de M. Léonce Pingaud, *Un agent secret sous la
Révolution et l'Empire.*

« Le comte d'Antraigues s'était lié avec l'auteur du *Contrat social*, probablement à Bourgoin et dans la région du
Lyonnais, chez le marquis de la Tourette, leur ami commun, ou chez Anglanier de Saint-Germain, le pieux catholique qui eut le privilège de ne jamais porter ombrage au
philospohe genevois. Leurs relations, bien qu'étroites, pas-
sèrent inaperçues pour les contemporains, car d'Antraigues
a été le seul à nous les faire connaître. Il s'est dit le dernier
ami, le dernier disciple de J.-J. Rousseau, et il l'a été, en
effet, de 1771 à 1778. Il reçut de lui, à ce titre, plus de
deux cents lettres aujourd'hui perdues, et recueillit dans
des pages, qui ont également disparu, ses dernières vues sur
la politique et la religion. Rousseau n'épargna point au
jeune gentilhomme les injustes soupçons dont il était coutu-
mier envers ses meilleurs amis, et il lui prodigua les rebuf-
fades comme les conseils, il refusa d'aller continuer auprès
de lui, en Vivarais, les « rêveries d'un promeneur solitaire » ;
mais il le reçut fréquemment dans sa mansarde de la rue
Plâtrière et lui donna, le 14 mars 1774, en signe d'amitié,
un dessin de Lesueur représentant la mort de Socrate, en
attendant qu'il lui léguât quelques-uns de ses manuscrits,
des traductions de Salluste et de Tacite, et une suite du
Contrat social. D'Antraigues lui offrit en retour un portrait
où il était représenté sous le costume allégorique de Pygmalion. Peut-être avait-il interprété à Lyon, sur quelque
théâtre de société, la scène lyrique de Rousseau, intitulée

Pygmalion, et voulut-il ainsi rappeler à l'auteur une cir-
constance qui avait décidé ou consacré leur amitié. Jusqu'à
la fin de sa vie, dans un autre monde et sous l'empire
d'autres opinions, il restera un admirateur indulgent de
Rousseau... Celui-ci avait écrit, dans ses *Considérations sur
le gouvernement de Pologne*, un traité de politique expéri-
mentale. Il suggéra à d'Antraigues l'idée d'un travail semblable sur l'empire turc et lui en aurait même tracé le plan.
Le jeune homme fit mieux : il alla sur place recueillir les
éléments. Ce voyage donna lieu à un livre demeuré manuscrit, *Voyages en Orient*. »

Ce récit est des plus instructifs : il y a d'abord et en effet
une chose bien certaine ; c'est que nous ne connaissons que
par d'Antraigues ses relations avec J.-J. Rousseau. Celui-ci
n'en a jamais parlé, il n'y fait même aucune allusion dans ses
œuvres. On peut étendre la même remarque aux écrits contemporains, où l'on ne relève aucun renseignement sur ce
point. Nous en sommes donc réduit au témoignage du
comte d'Antraigues. Pouvons-nous y ajouter foi ? Au premier abord, on se prend à hésiter : c'est que la vie de ce
personnage est celle d'un aventurier politique et littéraire,
d'abord ami des lettres et voyageur curieux, puis homme
politique sous la Révolution, enfin politicien cosmopolite,
toujours dissimulant ou dissimulé, au point d'être parfois
dupe de ses propres mensonges. Néanmoins, il nous a paru
impossible de douter qu'il eut des rapports avec J.-J. Rousseau. Celui-ci semble bien, en effet, lui avoir offert un dessin de Lesueur, et lui avoir confié une traduction de Salluste, qu'il était question d'imprimer à Londres vers le
8 avril 1805. Bien plus, cela est indéniable, le comte d'Antraigues, dès 1771 jusqu'à la Révolution française, eut

l'esprit si pénétré des idées de J.-J. Rousseau qu'il semble bien avoir vécu réellement dans son intimité. « Il se posait en homme de la nature, concevant la politique selon le *Contrat social*, la religion selon le *Vicaire savoyard* et l'amour selon la *Nouvelle Héloïse*[1]. Ses *Voyages en Orient* le montrent clairement : au point de vue politique, le comte d'Antraigues attaque la monarchie française comme tyrannique et l'assimile au despotisme turc[2] ; il dénonce en Turquie les conquérants russes que Voltaire transformait trop aisément en libérateurs de l'Orient ; il est indigné du démembrement de la Pologne en 1772. De retour en France, en acceptant un brevet de colonel de cavalerie, il déclare qu'il abhorre la carrière des armes, et, loin de paraître au régiment, il reste à la campagne, où il n'oublie pas de se ménager dans ses parcs un ermitage en souvenir de J.-J. Rousseau. A la veille de la Révolution, il s'écrie que la « noblesse est le fléau qui dévore sa patrie[3]. » Dans son

1. Cf. le remarquable ouvrage de M. Pingaud, *Un agent secret sous la Révolution et l'Empire, passim.*

2. Citons, par exemple, le passage suivant emprunté au discours préliminaire des *Voyages en Orient* : « Montesquieu avait des préjugés, voulait être de l'Académie, plaire aux rois. Il a voulu trouver des différences entre le gouvernement des rois et celui des tyrans. Pour moi, je crois à mon épigraphe : « ubi rex, in populo tyrannus... » Parmi les opprimés, celui qui arme son bras et perce la poitrine du tyran est le dieu de sa patrie... L'honneur envoie des nobles verser leur sang pour un lâche oisif dans l'enceinte de son palais, occupé à corrompre les femmes de ses sujets, et à violer leur patrimoine... Versailles, foyer de corruption, d'infamie et de bassesse où végète un imbécile tyran... Que l'aspect des excès du despotisme nous ramène la liberté... que la nation se pénètre de l'absolue nécessité de rassembler les États Généraux, et qu'elle sente que c'est le seul moyen d'éviter la tyrannie. Ce fut, je l'avoue, le seul vœu que je formais en écrivant ces Mémoires. »

3. « Comment, s'écriait-il dans ce même ouvrage, comment ne pas approuver le mépris qu'inspire aux Turcs la noblesse héréditaire, mépris si profond qu'ils ne peuvent même la concevoir, et qu'ils ont toujours su se garantir de ce fléau que je regarde comme la plaie de l'humanité. La

Mémoire sur les États généraux, il se pose en républicain déniant au roi le pouvoir législatif, il flétrit à nouveau la noblesse, et conçoit sa république sur le modèle de la Suisse. « Il l'avait vue en Suisse au milieu de la Landsgemeinde de Schwyz ou d'Uri, c'est-à-dire chez des populations simples, réunies sur un territoire restreint, se gouvernant par elles-mêmes sans l'intermédiaire de députés élus. Celle-là, il l'admirait sur la foi de J.-J. Rousseau ; après lui, comme lui, il manifeste plus de confiance dans la droiture du simple citoyen né bon que dans les plus sublimes talents des députés [1]. » Sa thèse favorite est, en effet, celle de l'inanité des formes parlementaires, ou plus simplement celle de la nécessité des mandats impératifs. A la fin de ce Mémoire, il propose de substituer à l'armée royale, instrument de despotisme, une armée « citoyenne » purement défensive contre l'étranger. Longtemps après, il protestera contre toute immixtion des autres puissances dans les affaires d'une nation ; il glorifiera la paix perpétuelle de 1516, le pacte de famille de 1761.

Or, tous ces passages sont des plus significatifs : ils établissent qu'il y eut entre le comte d'Antraigues et J.-J. Rousseau une communion d'idées assez parfaite pour rendre très vraisemblable l'existence de relations étroites entre eux. Par suite, il est possible que J.-J. Rousseau ait confié à cet ami de passage ce manuscrit de trente-deux pages relatif à la sûreté des petits États : d'humeur si capricieuse et si

noblesse, dit-on en France, est le soutien de la monarchie. Vraiment, je le crois, c'est bien le moins que lui doivent les nobles de la soutenir, puisqu'elle les élève au-dessus de leurs égaux, qu'ils cesseraient d'opprimer si le peuple rentrait dans ses droits. Voyez ce qu'est un noble en Suisse, et imaginez si les nobles de France ne préfèrent pas la tyrannie qui les nourrit au pouvoir légitime qui les placerait simplement au rang des citoyens. »

1. Cf. l'ouvrage de M. Pingaud, p. 54.

changeante, dans un de ces moments de tristesse où il pensait à sa mort prochaine et au sort de ses œuvres, il peut avoir remis à d'Antraigues, vers lequel il a pu d'ailleurs se sentir attiré, ce qui n'était à ses yeux qu'une ébauche peu satisfaisante.

Mais celui-ci a-t-il réellement anéanti, comme il l'affirme, ce précieux dépôt? Nous n'avons aucune raison bien sérieuse d'en douter. On imaginera peut-être qu'il se trouve encore à l'heure actuelle, au fond d'un pays quelconque, une collection particulière de papiers inconnus, au milieu desquels pourrait se trouver le fragment de J.-J. Rousseau? Nous souhaitons ardemment que la découverte de cet écrit se produise un jour, mais peut-on l'espérer ! Insinuera-t-on qu'au lieu de détruire le manuscrit, le comte d'Antraigues s'en est approprié les idées? Mais dans ses œuvres, on ne trouve pas indiqués « ces moyens par lesquels de petits États pouvaient exister à côté des grandes puissances, en formant des Confédérations ». Et cependant, si d'Antraigues l'eût voulu, il aurait pu parfaitement, en gardant le silence sur le dépôt de J.-J. Rousseau, présenter comme siennes les pensées de son maître qu'il qualifie de sublimes. Les contemporains n'auraient pu dénoncer la supercherie, puisqu'ils sont muets sur les relations des deux écrivains. Nous acceptons donc comme vraisemblable la déclaration de d'Antraigues, d'autant plus que nous avons été frappé d'un fait assez significatif, qui semble être une présomption en faveur de notre opinion : ce qui a empêché le comte d'Antraigues de publier, en juillet 1789, l'ouvrage de J.-J. Rousseau, c'est, dit-il, le danger qu'il pouvait occasionner à la monarchie française et à l'autorité royale. Or, en avril 1790, au moment où cette note est écrite, d'Antraigues avait renié véritablement les principes, assez conformes aux théories de J.-J. Rousseau, qu'il avait émis deux ans auparavant dans son fameux *Mémoire sur les États Généraux* ; il était devenu un partisan sincère de la royauté, avec laquelle il avait noué des relations secrètes, et qu'il allait essayer de secourir à l'étranger. Convaincu que l'ouvrage de J.-J. Rousseau pouvait être nuisible au roi, il devait réellement, dans l'intérêt de la monarchie, l'anéantir. En nous appuyant sur les paroles de d'Antraigues, que nous n'avons aucune raison de révoquer en doute, nous pouvons donc admettre que le *Contrat social* est inachevé, et qu'il doit se compléter par cette étude dont J.-J. Rousseau nous indique lui-même le sens à la suite du chapitre xv du livre III.

Aussi, acceptons-nous comme à peu près certaine la déclaration du comte, et nous admettons qu'il a réellement détruit le manuscrit. Cela ne nous empêchera pas d'ailleurs plus tard de chercher à tirer parti des idées qu'il jeta dans ses ouvrages, lorsque nous essaierons de deviner les théories de J.-J. Rousseau. On n'admire et on ne cultive jamais un auteur sans lui emprunter, volontairement ou non, quelque chose.

5° Nous ne possédons donc pas, dans leur ensemble, les œuvres politiques du philosophe genevois, nous n'en avons que des fragments. Aussi bien lui-même a-t-il déclaré souvent, que l'exposition complète de ses théories était une tâche trop vaste pour ses modestes forces. De bonne heure, en effet, il avait songé à composer, sous le titre d'*Institutions politiques*, l'ouvrage entier dont le *Contrat social* n'est qu'un simple extrait, ou mieux une section. Il nous l'apprend dans le passage suivant des *Confessions*[1] :

« Des divers ouvrages que j'avais sur le chantier, celui

1. Cf. Édit. Hachette, VIII, 288.

que je méditais depuis longtemps, dont je m'occupais avec
le plus de goût, auquel je voulais travailler toute ma vie, et
qui devait, selon moi, mettre le sceau à ma réputation, était
mes *Institutions politiques*. Il y avait treize à quatorze ans
que j'en avais conçu la première idée, lorsqu'étant à Venise
j'avais eu quelque occasion de remarquer les défauts de ce
gouvernement si vanté. Depuis lors, mes vues s'étaient
beaucoup étendues par l'étude historique de la morale.
J'avais vu que tout tenait radicalement à la politique, et que,
de quelque façon qu'on s'y prît, aucun peuple ne serait
jamais que ce que la nature de son gouvernement le ferait
être ; ainsi, cette grande question du meilleur gouvernement
possible me paraissait se réduire à celle-ci : « Quelle est la
nature du gouvernement propre à former le peuple le plus
vertueux, le plus éclairé, le plus sage, le meilleur enfin, à
prendre ce mot dans son plus grand sens? » J'avais cru que
cette question tenait de bien près à cette autre-ci, si même
elle en était différente : « Quel est le gouvernement qui,
par sa nature, se tient toujours le plus près de la loi? » De
là, qu'est-ce que la loi? et une chaîne de questions de cette
importance. Je voyais que tout cela me menait à de grandes
vérités, utiles au bonheur du genre humain, mais surtout à
celui de ma patrie... Quoiqu'il y eût déjà cinq ou six ans
que je travaillais à cet ouvrage, il n'était encore guère
avancé. Les livres de cette espèce demandent de la méditation, du loisir, de la tranquillité. De plus, je faisais celui-là,
comme on dit, en bonne fortune, et je n'avais voulu communiquer mon projet à personne, pas même à Diderot. Je
craignais qu'il ne parût trop hardi pour le siècle et le pays
où j'écrivais... »

Et plus loin dans les *Confessions* [1], J.-J. Rousseau, racon-

---

1 Cf. Édit. Hachette, VIII, 370.

tant sa vie à Montlouis vers 1758 ou 1759, écrit ce qui suit :

« L'*Émile* était fort avancé... J'avais encore deux ouvrages sur le chantier. Le premier était mes *Institutions politiques*. J'examinai l'état de ce livre, et je trouvai qu'il demandait encore plusieurs années de travail. Je n'eus pas le courage de le poursuivre et d'attendre qu'il fût achevé, pour exécuter ma résolution (celle de se faire une petite rente viagère qui pût le faire subsister sans plus écrire). Ainsi, renonçant à cet ouvrage, je résolus d'en tirer ce qui pouvait se détacher, puis de brûler tout le reste ; et poussant ce travail avec zèle, sans interrompre celui de l'*Émile*, je mis en moins de deux ans la dernière main au *Contrat social*. »

Dans l'*Émile*, sous forme de note additionnelle aux pages dans lesquelles le précepteur s'entretient avec son élève du droit politique, et qui sont comme le sommaire du *Contrat social*, nous lisons encore ceci :

« Ces questions et propositions sont la plupart extraites du Traité du *Contrat social*, extrait lui-même d'un plus grand ouvrage, entrepris sans consulter mes forces et abandonné depuis longtemps [1]. »

Enfin, dans une lettre adressée à M. Moultou le 18 janvier 1761, J.-J. Rousseau lui écrivait :

« Je dois vous dire que je fais imprimer en Hollande un petit ouvrage qui a pour titre *Du Contrat social ou Principes du Droit politique*, lequel est extrait d'un plus grand ouvrage intitulé *Institutions politiques*, entrepris il y a dix ans, et abandonné en quittant la plume, entreprise qui d'ailleurs était certainement au-dessus de mes forces [2]. »

De ces principaux textes relatifs « à ce grand ouvrage »

1. Cf. Édit. Hachette, II, 434.
2. Cf. Édit. Hachette, X, 249.

que devons-nous conclure ? Si nous laissons de côté quelques légères différences de détail, il ressort des passages que nous avons cités, que les *Institutions politiques* n'ont jamais pu être terminées, et que le *Contrat social* ne forme pas un tout qui se suffise à lui-même. Il appelle des compléments, et J.-J. Rousseau les indique ainsi dans sa conclusion [1] :

« Après avoir posé les vrais principes du Droit politique et tâché de fonder l'État sur sa base, il resterait à l'appuyer par ses relations externes : ce qui comprendrait le Droit des gens, le commerce, le Droit de la guerre et les conquêtes, le Droit public, les ligues, les négociations, les traités, etc. Mais tout cela forme un nouvel objet trop vaste pour ma courte vue : j'aurais dû la fixer toujours plus près de moi. »

Dans le célèbre passage de l'*Émile* [2], qui présente avant la lettre une sorte de résumé du *Contrat social*, nous trouvons les mêmes indications. J.-J. Rousseau se proposait de traiter dans ce dernier volume, qui devait paraître un peu plus tard, la question des rapports entre les États. En renonçant à cette étude, dans ses *Principes du droit politique*, il changea donc brusquement d'avis. Mais il s'était déjà rendu compte, comme il l'avoue à la fin du *Contrat social*, que l'ouvrage serait inachevé, s'il ne traitait pas des relations internationales.

Nous sommes ainsi conduit à supposer que les *Institutions politiques*, en dehors du *Contrat social*, devaient contenir — non seulement l'étude du meilleur gouvernement au point de vue moral, problème d'ailleurs souvent abordé par J.-J. Rousseau — mais surtout l'étude des relations entre les divers États et des moyens de les

---

1. Cf. Édit. Hachette, III, 389.
2. Cf. Édit. Hachette, II, 438.

maintenir en bonne harmonie. Cette hypothèse nous paraît incontestable. Qu'on veuille ensuite avec M. Streckeisen-Moultou, faire rentrer dans le même ouvrage, non seulement des fragments sur la grandeur des nations et sur les lois, ce qui est exact, mais aussi des notes relatives aux aliments, aux abus de la société, cela nous semble exagéré. Ce que nous pouvons raisonnablement admettre, c'est que les *Institutions politiques* comprenaient avant tout l'étude des rapports entre les diverses nations. Ce sujet préoccupait vivement J.-J. Rousseau, qui craignait, en le laissant de côté, qu'on ne trouvât son œuvre inachevée et contradictoire par endroits. Aussi, qu'il eût anéanti réellement ou non ses notes, il se crut obligé sans doute de réunir plus tard les idées qu'il avait sur cette question, et ce fut peut-être, en effet, le comte d'Antraigues qui les recueillit.

6º D'ailleurs, J.-J. Rousseau avait eu de bonne heure l'occasion de toucher à cette étude, à l'époque où il songea, sous l'inspiration de l'abbé de Mably, à étudier et à publier les œuvres de l'abbé de Saint-Pierre, qui lui furent remises par son neveu à la sollicitation de Saint-Lambert. Ce fut des ouvrages de politique qu'il s'occupa surtout; il en fit même « un examen approfondi », comme il nous l'indique lui-même dans ce passage des *Confessions* [1] :

« Je fis mon essai sur la Paix perpétuelle... et avant de me livrer à mes réflexions, j'eus le courage de lire absolument tout ce que l'abbé avait écrit sur ce beau sujet, sans jamais me rebuter par ses longueurs et ses redites. Le public a vu cet extrait, ainsi je n'ai rien à en dire. Quant au jugement que j'en ai porté... il fut fait en même temps que l'extrait.

---

1. Cf. Édit. Hachette, VIII, 303.

Je passai de là à Polysynodie... J'achevai ce travail comme le précédent, tant le jugement que l'extrait. Mais je m'en tins là, sans vouloir continuer cette entreprise que je n'aurais pas dû commencer... En m'avisant de répéter les censures de l'auteur, quoique sous son nom, je m'exposais à me faire demander un peu rudement, mais sans injustice, de quoi je me mêlais... Cette maxime, qui me fit abandonner l'abbé de Saint-Pierre, m'a fait souvent renoncer à des projets beaucoup plus chéris. »

Cette page, comme il est juste de le remarquer, nous apprend que J.-J. Rousseau s'était livré « à des réflexions » sur ce « beau sujet », qui est une face du problème des rapports entre les nations. Dans l'appréciation dont il fait suivre l'Extrait, il nous livre déjà quelques-unes de ses idées sur ce point, et nous aurons soin d'en tenir le plus grand compte. Mais ce jugement ne pouvait renfermer ses propres théories, car l'auteur examine uniquement et en elles-mêmes celles de l'abbé de Saint-Pierre. D'ailleurs, il se hâte de nous annoncer qu'il est obligé à la plus grande prudence, et par suite, qu'il se garde bien de présenter sa doctrine personnelle. En déclarant en outre qu'il a souvent « renoncé à des projets beaucoup plus chéris », il est bien près de nous avouer qu'un de ces rêves par lui caressés était justement celui de s'occuper, à son tour, de l'union des différents peuples.

Mais « le sujet » était vraiment trop « beau » pour que J.-J. Rousseau, devenu bien vite plus hardi, n'y revînt pas. Il ne pouvait toutefois l'aborder qu'après avoir terminé les *Principes du droit politique*, c'est-à-dire après avoir exposé la nature de l'État et son origine juridique. Aussi, dès qu'il eut rempli cette tâche, il comprit qu'il lui était désormais possible de revenir à ce problème si intéressant, qui se pré-

sentait comme le complément nécessaire du *Contrat social*.
Il commença donc à le traiter dans ce manuscrit, qu'il ne
devait pas achever, et qu'il confia au comte d'Antraigues.
Au témoignage de celui-ci, s'ajoutent les propres paroles de
J.-J. Rousseau, pour établir que son système social est
incomplet.

Après avoir ainsi mis en lumière les raisons à priori et
les faits, qui ne permettent pas un seul instant de douter
que le *Contrat social* est inachevé, nous pouvons clore le
débat : Ce qui manque à l'œuvre politique de J.-J. Rousseau, c'est l'étude des principes qui doivent diriger les relations des différentes nations. Nous allons donc essayer de
déterminer le plus exactement possible comment J.-J. Rousseau, après avoir cru procurer aux citoyens dans l'État idéal
conçu comme une association volontaire, la sécurité à l'intérieur, pouvait espérer la leur faire obtenir encore au
dehors. En cherchant avec le plus grand soin des indications à travers tous ses ouvrages publiés ou inédits, peut-
être pourrons-nous reconstituer sa pensée définitive.

CHAPITRE III

Comparaison des différentes sociétés politiques d'après l'état de l'Europe au XVIII° siècle. L'existence des nations trop grandes et des monarchies est la source habituelle de la guerre. La guerre, telle qu'on la pratiquait à cette époque ; ses conséquences.

Les hommes, en s'associant librement, peuvent former un État au sein duquel ils vivront en sûreté. Mais cette tranquillité est loin d'être complète : elle risque en effet d'être troublée inopinément par les rivalités et les guerres qui éclatent entre les nations. Cette vérité, que nous avons établie dans notre premier chapitre, frappa vivement J.-J. Rousseau : esprit pratique, songeant sans cesse au bonheur humain, il devait bientôt se préoccuper de trouver le remède à cet état de choses. Il le déclare lui-même dans ce texte très important de l'*Émile* :

« Après avoir ainsi considéré chaque espèce de société civile en elle-même, nous les comparerons pour en observer les divers rapports ; les unes grandes, les autres petites ; les unes fortes, les autres faibles ; s'attaquant, s'offensant, s'entre-détruisant ; et dans cette action et réaction continuelles, faisant plus de misérables et coûtant la vie à plus d'hommes que s'ils avaient tous gardé leur première liberté. Nous examinerons si l'on n'en a pas fait trop ou trop peu dans l'institution sociale ; si les individus soumis aux lois et aux hommes, tandis que les sociétés gardent entre elles l'indépendance de la nature, ne restent pas

exposés aux maux des deux états, sans en avoir les avantages, et s'il ne vaudrait pas mieux qu'il n'y eût point de
société civile au monde que d'y en avoir plusieurs. N'est-ce
pas cet état mixte qui participe à tous les deux et n'assure
ni l'un ni l'autre, « per quem neutrum licet, nec tanquam
in bello paratum esse nec tanquam in pace securum » ;
n'est-ce pas cette association partielle et imparfaite qui produit la tyrannie et la guerre? et la tyrannie et la guerre ne
sont-elles pas les plus grands fléaux de l'humanité [1] ».

Dans ce passage, nous trouvons d'abord l'indication de
la marche suivie par J.-J. Rousseau. Il existe, c'est un fait,
un grand nombre d'États, et bien différents les uns des
autres, — et de cette diversité résultent le plus souvent
la tyrannie et la guerre, qui sont les plus grands malheurs
de la société. S'il avait poursuivi l'exposition de ses théories
politiques, le philosophe genevois aurait donc certainement
commencé par la comparaison des nations. Et, chose
curieuse, ce point de départ qui va devenir le nôtre, est
absolument semblable à celui d'où est sorti le *Contrat
social*. Les recherches de l'auteur s'ouvraient alors par
l'examen de la société; — elles vont commencer cette fois
par l'étude des diverses sociétés politiques. Et cette analogie ne doit nullement nous étonner, car c'est la conséquence naturelle de la méthode adoptée par J.-J. Rousseau :
celle-ci se présente partout parfaite et si régulière que,
d'après une image de l'*Émile*, l'édifice construit semble
bâti avec du bois plutôt qu'avec des hommes, tant chaque
pièce est exactement alignée à la règle [2]. L'architecte du
Contrat social se devait à lui-même d'employer une seconde
fois un procédé qui, à l'épreuve, lui avait paru excellent.

1. Cf. Édit. Hachette, II, 438.
2. Cf. Édit. Hachette, II, 439.

I. — Comparons donc les différentes sociétés politiques.
Aussi bien J.-J. Rousseau n'avait qu'à jeter les yeux sur
l'état de l'Europe au xviiie siècle, pour y constater la plus
curieuse diversité. Il connaissait, pour y avoir voyagé ou
séjourné, non seulement la Suisse et la France, mais aussi
l'Italie, la Prusse et l'Angleterre. Les affaires de la Corse et
de la Pologne, dont il s'était occupé pour écrire à l'usage
de chacun de ces pays une constitution idéale, l'avaient
amené à étudier avec eux les contrées environnantes. S'il
est vrai, enfin, qu'il avait suggéré au comte d'Antraigues le
plan d'un ouvrage sur la Turquie, il devait également connaître cette nation. Nous savons, d'autre part, qu'il s'intéres-
sait vivement à tout ce qui se passait autour de lui. « J'ai
peine à me désaccoutumer tout d'un coup, écrivait-il à du
Peyrou en 1765, de lire la *Gazette*, — il était habitué à
cette lecture depuis 1733 — et à ne plus rien savoir des
affaires de l'Europe. Comme vous prenez et gardez, je
crois, quelques *gazettes*, si M. Jeannin voulait bien me les
envoyer suite après suite dans les occasions, je serais très
attentif à n'en point égarer... Je ne me soucie point de
gazettes récentes... il me suffira seulement qu'il n'y ait
point d'interruption dans la suite [1]. » Non seulement les
journaux, mais encore les lettres que J.-J. Rousseau rece-
vait de ses nombreux correspondants l'instruisaient des
événements, sur lesquels on lui demandait d'ailleurs le plus
souvent son opinion. Aussi ne faut-il pas s'étonner de le
voir très exactement renseigné. Tantôt il s'entretient des
guerres livrées pour la succession de Pologne, ou la succession d'Autriche, des désastres résultant pour la France
de la Guerre de Sept ans ; tantôt il se réjouit du pacte de

1. Cf. Édit. Hachette, VIII, 129.

famille de Choiseul, ou de la paix conclue par Frédéric, qu'il félicite aussi de l'affranchissement des paysans de Poméranie ; ici, il donne son avis sur l'Angleterre et sa constitution, là il parle de l'organisation politique de la Suisse et de la médiation ; il flétrit enfin, dans une de ses lettres, la tentative d'assassinat commise sur Louis XV par Damien. En un mot, J.-J. Rousseau, instruit par ses voyages, ses lectures ou ses amis, connaissait la Constitution des États européens.

Or, ce qui dirigeait à cette époque la politique, c'était uniquement l'intérêt ; les peuples ne songeaient qu'à s'étendre : puisque l'utilité était la règle, s'agrandir à tout prix était le mot d'ordre de la diplomatie. La force primait le droit, le succès décidait de tout, l'habileté à saisir les occasions, à forger les prétextes était l'unique vertu des cours. Aussi, pour considérer l'état de l'Europe à ce moment, peut-on s'en rapporter à la puissance comme à une sorte de mesure, et distinguer des nations fortes et des nations faibles. Les premières luttaient entre elles pour s'affaiblir mutuellement ou pour se partager cyniquement les dépouilles des vaincus ; les autres, effrayées et tremblantes, suivaient avec anxiété les progrès de cette coutume qui les menaçait toutes. La France ne pouvait plus essayer de sauver les États secondaires, comme au xviie siècle, ce qui lui avait alors valu la prépondérance dans toute l'Europe ; elle avait compromis depuis cette royauté politique, d'abord sur terre, où, pendant les guerres de la succession d'Autriche et de Sept ans, elle avait servi tour à tour la cause de la Prusse et de l'Autriche ; puis, dans les colonies, où elle avait laissé échapper ses plus importantes possessions. Si elle conserve la suprématie littéraire ou scientifique, elle a perdu l'hégémonie politique.

L'Angleterre surtout lui dispute le premier rang. Devenue le Royaume-Uni de Grande-Bretagne et d'Irlande
depuis 1706, disposant en maîtresse des destinées de l'Écosse
depuis 1707, elle entraîne en outre dans ses vues la Hollande, semblable « à une chaloupe qui suit l'impression du
vaisseau de guerre auquel elle est attachée[1] ». Dans le
Nouveau-Monde et en Asie, les Anglais possèdent un vaste
domaine colonial, qui s'enrichit encore chaque jour d'un
pays conquis par la surprise ou par la diplomatie. Et,
suprême adresse, ils réussissent à dissimuler cette puissance
grandissante, à tel point que des esprits comme Mably et
J.-J. Rousseau crient à la décadence, quand il s'agit simplement d'une crise naturelle, semblable à celles qui accom-
pagnent le développement trop rapide d'un corps politique.
« Il est très aisé, écrivait ce dernier en 1760, de prévoir
que, dans vingt ans d'ici, l'Angleterre sera ruinée et de plus
aura perdu sa liberté[2] ».

Mais s'il se trompait sur ce point, J.-J. Rousseau comprenait mieux les progrès d'une nation, qui se formait com-
pacte, cohérente et vigoureuse au nord de l'Allemagne.
Rien de plus bizarre, au premier aspect, que ce pays divisé
géographiquement en dix cercles, morcelés à leur tour à
l'infini. Toutefois, au milieu de principautés peu étendues,
à côté de territoires ecclésiastiques, deux puissances étaient
prépondérantes. C'était d'abord l'antique maison d'Autriche qui, forte du prestige attaché au sceptre impérial et
fière des vieux souvenirs du Saint Empire romain, domi-
nait encore dans l'Allemagne méridionale catholique. Mais
cette suprématie d'une maison, dont les domaines étaient

1. Cf. *Les Mémoires de Frédéric II* (Introduction) ; cf. aussi Sorel, *L'Europe et la Révol. franç.*
2. Cf. Édit. Hachette, V, 317.

disséminés, les ressources insuffisantes et le gouvernement
enchevêtré, s'affaiblissait alors dans la guerre de succession
et dans la Guerre de Sept ans, à la suite de défaites irrépa-
rables. Les avantages de ces luttes tournent au profit d'un
royaume, qui s'est formé d'une façon insensible mais pro-
gressive, en exploitant les dissensions politiques et religieuses, et dont l'existence a été reconnue officiellement au
début du siècle. C'est, dans l'Allemagne septentrionale pro-
testante, la Prusse qui, par la virilité de son organisation
intérieure et par ses succès militaires, s'élève jeune encore
au rang des grandes puissances, en même temps qu'elle
fait l'admiration jalouse des peuples voisins.

Il en va de même d'une autre nation, dont la croissance
a été analogue et dont la vitalité est aussi forte. C'est la
Russie, qui est à la veille de devenir un grand État depuis
que Pierre le Grand, quoi qu'en dise J.-J. Rousseau, l'a
pour ainsi dire créée, en l'administrant habilement, et en
l'agrandissant au dehors de provinces enlevées à la Suède,
à la Turquie, à la Perse. Il indiquait de la sorte à ses successeurs — et Catherine II l'oubliera si peu qu'elle atta-
quera en outre la Pologne — la recette infaillible pour
faire de la Russie la première puissance, dans le nord de
l'Europe.

Telles sont les nations dont l'importance se maintient,
s'établit, ou grandit au xviiie siècle. Et cette prépondérance, qu'elle soit continentale ou maritime, qu'elle résulte
de l'étendue du territoire ou de l'organisation intérieure,
présente toujours ce caractère : elle a été acquise par la
force armée, elle s'affirme à toute occasion par la lutte.
C'est que la guerre est devenue une habitude, je dirais
presque un besoin : elle est juste du moment qu'elle est
utile et peut produire la conquête. Telle est la maxime

courante du siècle, et l'on comprend qu'elle effraie les États secondaires qui ont tout à craindre. Ils sont d'ailleurs nombreux à cette époque. C'est d'abord l'Espagne, dont la décadence est incontestable. Sans doute, elle possède encore les colonies peut-être les plus étendues, mais cette source de richesse est du même coup une cause de ruine, car pour les conserver il faut une marine puissante. Aussi, les Espagnols sont-ils sans cesse occupés à protéger les côtes pendant la guerre, l'intérieur pendant la paix, pour y réprimer la contrebande des Anglais et des Hollandais. Ils sont en outre obligés d'escorter les vaisseaux, qui apportent à la métropole l'or des mines américaines. Aussi cette flotte est-elle un lourd fardeau pour l'Espagne, privée d'hommes et d'argent.

En Portugal, c'est pis encore. Si ce pays est toujours en possession d'un grand empire colonial, il n'est plus guère, depuis le traité de Methuen (1704), qu'une place de commerce anglaise.

Quant à l'Italie, elle est à la merci des puissances européennes, qui la considèrent comme un débouché, comme un « lieu de placement pour les princes en disponibilité ». Les fils de Philippe V d'Espagne, et plus tard le duc de Lorraine, y seront pourvus d'un gouvernement. L'Italie comprend d'ailleurs toutes sortes d'États, des principautés, une royauté dont l'avenir est brillant, celle de Sardaigne, des républiques et la papauté. Loin d'être une nation, elle n'est qu'une juxtaposition de petits peuples.

La même remarque s'applique à la Suisse, avec cette différence capitale cependant que la Suisse est respectée, et qu'on n'ose pour ainsi dire attenter à sa dignité. Elle comprend une confédération de treize cantons, avec des pays de dépendance commune. Sa neutralité s'était trouvée garantie par l'Europe dès 1648. Les constitutions de chaque canton présentaient la plus curieuse variété ; à Berne, par exemple, l'aristocratie triomphait ; à Uri, c'était la démocratie qui l'emportait. Genève avait conservé son autonomie, et venait encore de la faire reconnaître par la maison de Savoie, au traité de Turin en 1754. Cette petite république brillait alors d'un si vif éclat, que J.-J. Rousseau, en la révélant à l'univers, la comparait à Sparte et à Athènes. Enfin, non loin d'elle, la principauté de Neuchâtel appartenait au roi de Prusse.

A côté de la Suisse, J.-J. Rousseau cite parfois la république des Provinces-Unies. Traînée à la remorque de l'Angleterre pendant tout le xviiie siècle, cette dernière puissance est déchue même sur mer. Les sept provinces qui la composent s'administrent à leur guise ; ce sont de petits États distincts, mais ils s'unissent pour gérer les affaires communes, et pour lutter contre les prétentions du Stathouder qui, non content d'exercer le pouvoir militaire, ambitionne encore le pouvoir politique. « Cette république, lisons-nous dans Favier, autrefois le foyer des guerres, le centre des négociations, attend désormais en tremblant son sort de celui de l'Europe. Sa sûreté, son existence dépendent à l'avenir du choc des grandes puissances, parmi lesquelles on a cessé de la compter[1]. »

On pourrait en dire autant de la Suède, de la Turquie et de la Pologne. La Suède, épuisée par les folles guerres de Charles XII, a renversé la monarchie, et s'est érigée en république aristocratique. L'autorité a passé du roi au sénat et aux États, où la noblesse a la prépondérance. Pendant cinquante-trois ans, c'est l'anarchie la plus complète. L'agricul-

---

1. Cf. Sorel, *ouvrage cité*, p. 364.

ture et l'industrie sont ruinées, le commerce anéanti, les ressources épuisées. Le pays est à la merci de l'Europe.

Il en est de même de la Turquie et de la Pologne, que leur position géographique et leur constitution intérieure prédestinaient à être convoitées et attaquées. Aussi l'idée de les démembrer est-elle courante. On ne se fera aucun scrupule de la mettre à exécution.

Telle est l'Europe au xviiie siècle. A côté de puissants États, on en trouve de très faibles, et, suivant le caprice des intérêts et des circonstances, la puissance et la faiblesse se déplacent constamment. Une nation importante apparaît tout à coup, pendant qu'une autre s'affaisse inopinément. Si le hasard explique en partie ce bouleversement des États, ce qui le fait mieux comprendre encore, c'est l'ambition des monarques. Ceux-ci observent attentivement les moindres signes de décrépitude, pour profiter des éventualités; les plus forts, sous le plus futile prétexte, attaquent les plus faibles; ils s'unissent volontiers au besoin pour partager les dépouilles. C'est ainsi que la Suède, la Turquie et la Pologne, épuisées par des guerres ou des dissensions intestines, ne cessent d'exciter toutes les convoitises. La raison d'État, ou mieux l'intérêt ne connaît aucun scrupule et foule aux pieds toutes les convenances. Les puissances victorieuses à la guerre disposent des pays et des petits États, sans se soucier des droits acquis, sans admettre ni respecter la liberté des citoyens. L'Italie, par exemple, reçoit de l'Europe ses souverains. Aussi faut-il s'habituer à rencontrer, de par le monde, des princes détrônés rejoignant leur nouveau royaume, — ou s'attendre à dîner, comme Candide, en compagnie de rois étrangers.

Il est une autre remarque capitale : c'est que les nations puissantes sont toutes des monarchies. La France, l'Autriche, la Prusse, la Russie sont soumises à l'autorité d'un seul chef. L'Angleterre elle-même a un monarque à sa tête, bien que le gouvernement parlementaire y fonctionne presque régulièrement. Aussi, dans les esprits du temps, les idées de puissance et de monarchie se trouvent-elles fatalement associées. Que la royauté vienne à disparaître, aussitôt on crie à la décadence. « La Suède, écrivait Frédéric, éprouve le sort de tout État monarchique, qui se change en république : elle s'affaiblit [1]. » On estime que la démocratie ne peut être que le partage des petits États, car elle préfère la paix à la conquête. Montesquieu le déclare au livre IX, chap. II de l'*Esprit des Lois*. « L'esprit de la république est la paix et la modération. »

L'Europe comprenait donc des nations faibles et des nations puissantes, et ces dernières avaient à leur tête des monarques. Cette situation politique avait certainement frappé l'esprit de J.-J. Rousseau ; elle devait dès lors servir de point de départ aux théories abstraites, qu'il aurait formulées plus tard dans la suite du *Contrat social*. « De l'existant au possible », la conséquence en effet lui paraissait bonne ; par suite, les observations qu'il avait faites au cours de ses voyages, au hasard de ses lectures et à la faveur de ses relations, étaient destinées à soutenir, en la nourrissant, son imagination, au moment où elle s'appliquait à l'étude des rapports possibles entre les nations. Aussi serons-nous peu étonné de le voir, dans sa comparaison des sociétés politiques, distinguer surtout des grands États et des petits États. Suivons-le dans l'étude comparée des uns et des autres.

La grandeur d'un État se définit assez exactement par la

---

1. Cf. Sorel, *ouvrage cité*, p. 16.

proportion qui existe entre son territoire et sa population [1].
Il est facile de le comprendre : puisque c'est le terrain qui
produit la nourriture des hommes, il faut, d'un côté, qu'il
puisse suffire à leur subsistance, et que, de l'autre, il y ait à
peu près autant d'habitants que le sol peut en nourrir. Tel
est le rapport qui permet de juger de la puissance d'un
peuple. Mais, à ce compte, une nation dont la surface est
peu étendue, mais suffisante pour l'entretien des habitants,
pourrait être une « grande » nation? J.-J. Rousseau sous-
crirait avec enthousiasme à cette proposition, qui résulte de
la définition même de la véritable grandeur de la société
politique, et qui est l'image exacte de ce petit État, dont il
n'a jamais cessé de préconiser la supériorité. Inversement,
il pourrait se rencontrer des pays dont l'étendue et la
population seraient à la fois très grandes, et exactement
proportionnées l'une à l'autre. Mais cette hypothèse est
d'abord peu vraisemblable, et de plus elle est loin d'être
embarrassante : cet État serait trop grand pour pouvoir être
bien gouverné, car l'administration y serait trop pénible et
trop onéreuse, le gouvernement manquerait de vigueur et de
solidité, et le peuple n'y pourrait exercer par lui-même la
souveraineté.

En réalité, les nations véritablement « trop grandes »
sont celles où l'on ne rencontre pas la proportion que nous
avons indiquée précédemment. Ce sont, en premier lieu,
les États dont le territoire est trop vaste, par rapport au
nombre des habitants. Ces pays se trouvent naturellement
exposés aux guerres défensives : « S'il y a du terrain de
trop, la garde en est onéreuse, la culture insuffisante, le
produit superflu [2]. »

1. Cf. Édit. Hachette, III, 332.
2. Cf. Édit. Hachette, III, 332.

Il faut ranger, enfin, au nombre des puissances « trop
grandes », celles où le chiffre des citoyens est trop élevé
par rapport à l'étendue du territoire. Comme le sol ne peut
suffire à les nourrir, l'État se trouve réduit à attaquer ses
voisins : c'est la source habituelle des guerres offensives.

Après les avoir ainsi définis, J.-J. Rousseau instruit vigoureusement le procès des « États trop grands », dont l'organisation intérieure est d'abord fort opposée aux principes
de la morale et du Contrat social. Il ne faudrait pas s'imaginer que l'étendue de la nation fût indifférente aux mœurs
des citoyens ; depuis son *Discours de l'Inégalité*, J.-J. Rousseau, estimant que la morale et la politique sont deux alliées
naturelles, n'a cessé d'affirmer le contraire. A l'un de ses
adversaires, il répond à ce sujet que la vertu se rencontre
plutôt dans les petites Républiques, où chacun peut la constater facilement, et surtout l'admirer en l'imitant [1]. Il croit
si fermement à ce principe, que plus tard il trouve prodi-
gieux « que la vaste étendue de la Pologne n'ait pas déjà
cent fois abâtardi les âmes des Polonais, et corrompu la
masse de la nation [2] ». Car, dans un pays trop vaste, la
moralité se trouve cachée et les talents enfouis ; le luxe, si
dangereux, s'étale au grand jour, défiant toute censure, les
vertus individuelles sont ignorées ou méprisées. L'amour
d'autrui ne s'y fait pas davantage remarquer, la haine y règne
plutôt en maîtresse : « dans les grandes sociétés on n'apprend qu'à haïr les hommes [3] ».

Au point de vue politique, c'est pis encore. Aucun des
principes établis comme des axiomes par le *Contrat social*
ne peut être appliqué dans les nations très grandes. Le

1. Cf. Édit. Hachette, I, 59.
2. Cf. Édit. Hachette, V, 252.
3. Cf. Édit. Hachette, IV, 6.

peuple n'y est plus le souverain, il est obligé de se faire
représenter, sinon par des députés, du moins par des mandataires le plus souvent infidèles à leur mission, et facilement
corruptibles, et « comment retenir celui qui se vend [1] ? ».
S'il est impossible aux citoyens, dont l'importance politique diminue en raison inverse de la grandeur de la cité,
de contrôler les actes de leurs représentants, ils peuvent
moins encore surveiller le pouvoir exécutif, et cependant il
faudrait que les mains qui le détiennent « n'agissent, s'il est
possible, que sous les yeux du législateur, et que ce soit lui
qui les guide ». De plus, le gouvernement est obligé de placer, sur les différents points du territoire, des chefs nombreux, qui d'ordinaire ne voient rien par eux-mêmes, mais
par les yeux de leurs agents. Aussi, est-il occupé sans cesse
à maintenir l'autorité générale, à laquelle la multitude des
chefs subalternes, souvent fort éloignés du centre, peuvent
essayer de se soustraire [2]. Ces derniers sont, en effet, toujours prêts à oublier qu'ils ne sont que des commis, bien
qu'ils se donnent toujours comme des maîtres absolus. Il
résulte, de tout ce qui précède, que dans les grands États
l'administration est plus pénible, plus onéreuse, plus lente,
plus faible et moins uniforme. Le peuple n'a aucune
affection pour « ses chefs qu'il ne voit jamais, pour la
patrie qui est à ses yeux comme le monde, et pour ses concitoyens dont la plupart lui sont étrangers ». Il ne lui reste
qu'une seule chose à faire, c'est de payer : à cette condition
seulement, on le laisse en paix. Si l'on ajoute, enfin, que le
gouvernement doit sans cesse transmettre, dans toutes les
parties de la nation, les décisions de ce qui devrait être

1. Cf. Édit. Hachette, V, 257.
2. Cf. Édit. Hachette, III, 331.

l'expression fidèle de la volonté générale, on sera convaincu que ces occupations multiples peuvent fort bien l'empêcher de veiller, le cas échéant, à la défense du territoire. Que l'ennemi vienne attaquer ce grand corps, celui-ci aura beaucoup de peine à résister à ses coups, il se trouvera toujours surpris et mal préparé à la guerre défensive.

Ces considérations s'appliquent même aux nations très grandes, dans lesquelles cependant le chiffre de la population peut se trouver proportionné au territoire : elles atteignent, à plus forte raison, celles dont les habitants sont en petit nombre, eu égard à la vaste superficie du pays. Dans cette hypothèse surtout, le pouvoir, usé déjà par les soins publics, éprouvera les plus nombreuses difficultés à préserver les citoyens de l'ambition des puissances voisines. On sait que les peuples sont tous poussés, par une espèce de force centrifuge, à agir les uns sur les autres pour s'agrandir aux dépens de leurs voisins, comme les tourbillons de Descartes. D'autre part, le vide n'existe pas plus dans le monde politique que dans l'univers physique : toutes les places sont occupées. Dès lors, comment cette nation trop grande, au sens où nous prenons actuellement ces mots, pourra-t-elle défendre son territoire trop étendu ? elle manque par elle-même d'habitants, un grand nombre s'y trouvent absorbés par l'administration intérieure, de sorte qu'elle est prédestinée à être attaquée, sans pouvoir vraiment se défendre. La lutte pour la défense du sol national est inévitablement compromise.

Envisageons à présent, et plus spécialement, ces nations dont la surface territoriale est trop restreinte pour le nombre des habitants qu'elles renferment. Comment ceux-ci peuvent-ils y vivre ? Ce n'est pas en cultivant la terre, dont la fécondité, naturellement limitée, ne pourra leur procurer les ali-

ments indispensables. Il ne leur reste donc, pour unique
ressource, que le commerce. Mais en s'y livrant, ils courent
au contraire à leur perte ; les relations qu'ils nouent avec les
étrangers sont autant de chaînes dont ils se chargent, elles
les privent de leur indépendance, en même temps qu'elles
les préparent à la servitude; de toute manière, c'est la ruine
à brève échéance. Il y a cependant, ne l'oublions pas, une
autre solution plus logique encore, c'est la guerre. Mais
il s'agit moins, dans ce cas, de se défendre que d'attaquer ; puisqu'on ne peut vivre sur le sol de la patrie, il
faut envahir les pays étrangers, pour y chercher la nourriture. La lutte pour la vie entraîne à sa suite la lutte entre les
nations; la guerre offensive devient alors une nécessité.
Nous aboutissons fatalement et de toute manière à cette
conclusion : « Grandeur des nations, étendue des États : première et principale source des malheurs du genre humain [1] ».

C'est ainsi que l'existence des grandes puissances, de
quelque manière qu'on les définisse, est une menace perpétuelle pour les nations moins importantes. Et cependant, si
l'on en croit J.-J. Rousseau, ce sont les premières qui ont
le plus grand besoin des autres. Il le répète souvent, par
exemple dans sa correspondance, et même dans sa réponse
à Bordes, il va jusqu'à s'écrier : « La hauteur de mes adversaires me donnerait à la fin de l'indiscrétion, si je continuais
à disputer contre eux. Ils croient m'en imposer avec leur
mépris pour les petits États. Ne craignent-ils point que je
ne leur demande une fois, s'il est bon qu'il y en ait de
grands [2] ». Il n'a d'ailleurs jamais varié dans sa prédilection
pour les petits États, car toujours il les a représentés et

1. Cf. Édit. Hachette, V, 252.
2. Cf. Édit. Hachette, X, 237 et I, 59, note.

dépeints sous les plus brillantes couleurs. Aux critiques qu'il a dirigées contre les nations trop grandes, répondent, exactement opposés dans son œuvre, les avantages des plus petites. Il règne dans ces dernières la moralité la plus parfaite possible ; tous les habitants se connaissent, se respectent, s'aiment, et l'amour de la patrie s'identifie avec l'amour des citoyens. On y remarque, dès le premier coup d'œil, une vitalité puissante, une prospérité indéniable.

Le peuple y peut exercer par lui-même la souveraineté, et les chefs auxquels il confie le pouvoir exécutif, agissant sous ses yeux, administrent le pays économiquement et sagement, parce qu'ils voient tout par eux-mêmes. On n'y est occupé que du bien de la cité, on ne songe donc pas à engager des hostilités avec les voisins ; la possibilité des guerres offensives n'y est même pas soupçonnée. Les petits États ne sont exposés en réalité qu'à un seul danger : celui d'être attaqués injustement par les nations plus puissantes, dont l'ambition est la seule règle. Cela peut en effet se produire ; mais alors les citoyens combattront plus énergiquement que partout ailleurs, car, seuls ils savent être vraiment courageux pour défendre la liberté, qui leur paraît aussi précieuse que la vie. La supériorité morale et politique des petits États sur les plus grands est donc indiscutable : d'un côté, règnent la vertu et l'amour de la paix ; de l'autre, le vice et le penchant à la guerre.

II. — Si l'inégalité en étendue et en force des diverses nations peut amener la lutte entre les peuples, celle-ci peut naître également de la différence des gouvernements. J.-J. Rousseau qui, dans ce nouvel aspect de la question, pouvait également être éclairé par ce qui se passait autour de lui en Europe, examine, au point de vue théorique et

abstrait, les diverses formes possibles du pouvoir. Nous
avons vu dans le *Contrat social* que la puissance exécutive
peut être confiée, par une sorte de délégation ou de commission, soit à un seul individu, soit à plusieurs, soit à tout
le peuple ou seulement au plus grand nombre. Dans le
premier cas, nous sommes en présence d'une monarchie,
dans le second d'une aristocratie, dans le troisième d'une
démocratie. Or, si chacune de ces formes prise en elle-
même peut avoir ses avantages, elle est, si on la compare
aux autres, sujette à des inconvénients. C'est ce qui arrive
surtout pour la monarchie. En principe, elle ne convient
qu'aux grands États, et puisque ceux-ci sont par leur nature
exposés à la guerre ou disposés à la faire, le roi apparaît
plutôt sous les traits d'un général, ou d'un chef d'armée
que sous ceux d'un administrateur. Il se considère d'ailleurs comme tel, et sous le moindre prétexte, pour satisfaire
son ambition ou pour punir des attaques dirigées contre sa
personne, il n'hésite pas à ouvrir les hostilités. Il est d'ailleurs
monarque absolu, ne souffrant aucun conseil, aucun avertis-
sement, et de lui-même, il décide de la paix et de la guerre.
D'ailleurs, les ministres qu'il pourrait consulter ne feraient
qu'encourager ses projets belliqueux. « Sans cesse abusés
par l'apparence des choses, les princes rejetteraient donc
la paix, quand ils pèseraient leurs intérêts eux-mêmes ;
que sera-ce quand ils les feront peser par leurs ministres,
dont les intérêts sont toujours opposés à ceux du peuple, et
presque toujours à ceux du prince ? Les ministres ont besoin
de la guerre pour se rendre nécessaires, pour jeter le prince
dans des embarras dont il ne puisse se tirer sans eux, et
pour perdre l'État, s'il le faut, plutôt que leur place ; ils en
ont besoin pour satisfaire leurs passions, et s'expulser mutuellement ; ils en ont besoin pour s'emparer du prince en le

tirant de la cour, quand il s'y forme contre eux des intrigues dangereuses [1] ».

S'il en est ainsi, si les ministres n'empêchent pas plus sur ce point que sur les autres le monarque d'entreprendre de lui-même les hostilités, on doit reconnaître que la monarchie peut dégénérer facilement en despotisme. J.-J. Rousseau s'est plu, à la fin du *Discours sur l'Inégalité* et de l'*Essai sur l'origine des langues*, à faire la critique vigoureuse de ce régime redoutable. C'est qu'il s'est rendu compte du lien naturel qui existe entre la tyrannie et le militarisme. Lisez de même son article sur l'Économie politique ; il fait remarquer que, si les rois ont établi des troupes armées, c'est plutôt pour opprimer les habitants que pour repousser l'étranger. Aussi n'hésite-t-il pas à voir, dans cette institution, la cause de la dépopulation prochaine de l'Europe et de la ruine des nations. C'est que le despotisme et la discipline militaire s'unissent dans une sorte de complot, pour donner à un peuple une grande force offensive, et le pousser à la lutte contre les autres puissances. Et par une curieuse coïncidence, la guerre et les conquêtes d'un côté, les progrès de la tyrannie de l'autre, arrivent à s'entr'aider mutuellement. Le monarque, à la moindre occasion, jette son peuple d'esclaves sur les nations voisines, et la guerre qu'il a volontairement allumée lui permet, à l'intérieur, de se livrer impunément aux exactions pécuniaires. Le gouvernement d'un seul homme est donc loin d'être favorable à la paix [2].

La démocratie, au contraire, et pour des raisons exactement opposées à celles que nous venons d'indiquer, est plutôt l'ennemie-née de la guerre. Le peuple, en effet,

---

1. Cf. Édit. Hachette, V, 331.
2. Cf. Édit. Hachette, V, 330.

recherche avant tout son intérêt, il ne peut donc vouloir
de gaieté de cœur la ruine de l'État. Comme il tient avant
tout à conserver sa liberté, il ne peut songer à attaquer
les autres puissances, il s'exposerait à être soumis, ou si,
plus heureux, il réalisait des conquêtes, il serait sans cesse
préoccupé du souci de les conserver. Aussi, reconnaîtra-
t-on aisément « que l'état de liberté ôte à un peuple la force
offensive ». Par malheur, le gouvernement démocratique
est sujet aux agitations intestines, et c'est pour cette raison
sans doute que J.-J. Rousseau arrive à lui préférer l'aristocratie élective [1]. Grâce à l'élection, le pouvoir peut être
confié à des hommes dont la probité, l'expérience et les
lumières sont les garanties de la plus sage administration.
Ces élus auront surtout à cœur le bonheur des citoyens,
auxquels ils s'efforceront d'assurer la paix ; par ce moyen
seront écartées la tyrannie et la guerre, ces fléaux de
l'humanité.

Ainsi se termine chez J.-J. Rousseau l'examen des diverses
sociétés civiles, « les unes grandes, les autres petites; les
unes fortes, les autres faibles [2] ». L'oppression des États
les uns par les autres, l'inégalité des nations : tels sont les
maux qui désolent l'univers. De même que nous avons
signalé, dans les groupes politiques, la servitude et l'inégalité des individus, de même nous avons constaté, au sein de
la grande société humaine, l'esclavage et l'inégalité des
États. Toutefois, lorsqu'il s'agit des nations, le danger
devient plus pressant que jamais ; car un fait, terrible en
lui-même, terrible en ses conséquences, surgit nécessairement de cet état de choses : nous voulons parler de la guerre.

1. Cf. Édit. Hachette, III, 204, 345.
2. Cf. Édit. Hachette, II, 438.

III. — Qu'est-donc que la guerre? quels en sont les dangers? Tel est le problème qui allait se poser devant l'esprit de J.-J. Rousseau, au moment où il achevait l'examen des différentes sociétés civiles. Et de suite, il donne cette définition dans un précieux fragment inédit :

« J'appelle guerre de puissance à puissance, l'effet d'une disposition mutuelle constante et manifestée de détruire l'état ennemi, et de l'affaiblir au moins par tous les moyens possibles [1] .»

Ce qui nous frappe surtout dans cette formule, c'est cette idée qui paraît essentielle : la guerre est une disposition mutuelle constante. C'est établir en principe qu'à l'existence des États est liée nécessairement la réalité de ce fléau ; il y a des nations, elles sont toujours en état de guerre. On voit que le sens de ce mot est très large ; il ne désigne pas seulement les hostilités qui éclatent tout à coup, qui durent un certain temps et qui se terminent par un traité, il indique un rapport constant qui existe entre les peuples. En d'autres termes, et ce sont les expressions propres de J.-J. Rousseau, l'état de guerre est naturel entre les puissances.

Il est facile d'en comprendre la raison, pour peu que l'on veuille bien tenir compte de la force des États. Nous avons vu, en effet, qu'il pouvait se rencontrer d'abord des nations trop grandes, — l'analyse nous en a même révélé plusieurs espèces, — et qu'elles étaient toutes exposées à la guerre, soit défensive, soit offensive. Qu'une puissance ait un nombre d'habitants trop élevé pour son étendue, elle est obligée pour leur assurer l'existence d'attaquer les autres États ; qu'une nation ait un territoire trop vaste, elle sera

---

1. Cf. Fragment inédit de J.-J. Rousseau : l'état de guerre naît de l'état social, dans l'Appendice.

sans cesse contrainte de le défendre contre les invasions. En un mot, dans tous les cas que nous venons d'envisager, la guerre est naturelle. Un État, si puissant soit-il, cherche encore à s'agrandir, il ne se trouve jamais assez fort, car sa force est toujours relative. « L'État, étant un corps artificiel, n'a nulle mesure déterminée, la grandeur qui lui est propre est indéfinie, il peut toujours l'augmenter ; il se sent faible tant qu'il en est de plus forts que lui ; sa sûreté, sa conservation demandent qu'il se rende plus puissant que ses voisins. Il dépend de tout ce qui l'environne, et doit prendre intérêt à tout ce qui s'y passe, car il aurait beau vouloir se tenir au-dedans de lui sans rien gagner en grand, ni perdre, il devient faible ou fort, selon que son voisin s'étend ou se répare, se renforce ou s'affaiblit [1] ». La force est donc le seul principe qui règle les rapports des États, ceux-ci par suite, sont toujours entre eux à l'état de guerre possible ou réelle.

Non seulement toutes les nations se trouvent ainsi exposées à la lutte, mais il en est parmi elles qui la désirent ardemment. Nous voulons parler des monarchies. Le roi, qui de parti pris identifie sa puissance avec celle de son royaume, songe uniquement à étendre sa domination au loin. Il croit que la grandeur est indispensable au bonheur de l'État, et, fasciné par cet idéal trompeur, il expose la vie de ses sujets, au lieu de la sienne, pour satisfaire au fond son ambition. Il n'imite pas la sagesse des gouvernements, soit aristocratique, soit démocratique, qui se préoccupent avant tout de l'intérêt public et de la paix.

Aussi peut-on déclarer, d'une manière générale, que la véritable cause de la guerre entre les nations, c'est le désir

---

1. Cf. même fragment.

effréné de la puissance. Que cette passion tourmente l'une d'elles, comme elles sont toutes en rapport les unes avec les autres, les contrecoups pourront s'en faire ressentir dans tout le monde politique. L'amour des conquêtes est donc le danger qui menace l'univers, puisqu'il inspire toutes les guerres. Qu'on prenne les armes « pour disputer de puissance, de richesse ou de considération », qu'on cherche à s'approprier « toutes ces dépouilles qui sont la terre, l'argent, les honneurs », qu'un État s'entête jusqu'à refuser à un autre État les titres qui lui sont dus, qu'il méconnaisse les droits et rejette les prétentions de son rival, qu'il entrave la liberté du commerce et suscite des hostilités : sous tous ces motifs se cachent l'intérêt, le désir de dominer. Les États luttent donc entre eux pour s'approprier les biens, les propriétés, le territoire des plus faibles, l'utilité seule les guide ; ils ne songent qu'à s'arracher mutuellement ce qu'ils possèdent. L'avidité anime les corps politiques comme les individus. Et, à la limite, les nations ne cherchent qu'à s'anéantir, et c'est la plus forte qui recueillera les dépouilles des vaincus : « La fin de la guerre est la destruction de l'État ennemi [1] ». La même idée est reproduite dans le passage suivant : « Quand il n'est plus question de détruire, l'état de guerre est anéanti [2]. »

Aussi, puisque tel est l'objet de la lutte, les peuples belligérants recourent-ils souvent à la ruse et à la surprise. Ils se soucient fort peu de faire, avant l'ouverture des hostilités, une déclaration de guerre, puisqu'ils se considèrent comme naturellement et constamment ennemis. Ils se lancent les uns contre les autres, comme des animaux furieux qui ne respectent rien. Le massacre des combattants, des

1. Cf. Édit. Hachette, III, 311.
2. Cf. Fragment relatif à l'état de guerre.

femmes, des vieillards, des enfants sera de règle ; l'incendie
et le pillage seront les moyens les plus fréquents d'intimi-
dation. Lisez plutôt ces lignes si vigoureusement tracées :
« J'ai vu dans le vaste Océan deux grands vaisseaux se
chercher, se trouver, s'attaquer, se battre avec fureur. Je
les ai vus vomir l'un contre l'autre le fer et les flammes.
Dans un combat assez court, j'ai vu l'image de l'enfer ; j'ai
entendu les cris de joie des vainqueurs couvrir les plaintes
des blessés et les gémissements des mourants. J'ai reçu en
rougissant ma part d'un immense butin [1] ». Les traités
eux-mêmes, sous couleur de mettre fin aux hostilités, ne
sont le plus souvent qu'une trêve éphémère, pendant laquelle
on se prépare dans l'ombre à de nouveaux crimes. « Les
traités ne sont que la guerre continuée avec d'autant plus
de cruauté, que l'ennemi vaincu n'a plus le droit de se
défendre [2] ».

C'est ainsi que J.-J. Rousseau se représente la guerre,
et l'on devine bien qu'il était prédisposé à combattre de
tout son pouvoir cet état violent, qui arme les peuples et
les individus les uns contre les autres. Il n'en pouvait comprendre l'existence, et cependant il vivait à une époque où
les nations ouvraient les hostilités sous le moindre prétexte.
Il nous raconte pourtant, dans ses *Confessions*, que la
lecture de Brantôme, le récit des hauts faits des Clisson,
des Bayard, l'avaient un moment rempli d'admiration. A
l'époque où il se met en route pour aller à Paris, s'attacher
au neveu du colonel Godart, qui entrait fort jeune au service, il se croit un moment né pour la carrière des armes.
« Cette fois, dit-il, mes idées étaient martiales... j'allais
devenir militaire moi-même... Je croyais déjà me voir en

1. Cf. Édit. Hachette, IV, 288.
2. Cf. Fragment relatif à l'état de guerre, au début.

habit d'officier avec un beau plumet blanc. Mon cœur s'enflait à cette noble idée... Je m'échauffais tellement que je ne voyais plus que troupes, remparts, gabions, batteries, et moi, au milieu du feu et de la fumée, donnant tranquillement mes ordres à la lorgnette [1]. » Ce passage est amusant : on y surprend l'enthousiasme qui s'empare toujours de J.-J. Rousseau, à la seule pensée d'un idéal nouveau. Mais la note discordante n'est pas loin ; les rêves militaires y sont qualifiés de folies, et le récit se termine par un aveu sincère : « Je sentais au milieu de ma gloire que mon cœur n'était pas fait pour tant de fracas ; et bientôt, sans savoir comment, je me retrouvais au milieu de mes chères bergeries, renonçant pour jamais aux travaux de Mars. »

Il y avait en effet loin de la coupe aux lèvres ; l'obstacle infranchissable, c'était le tempérament de J.-J. Rousseau. Sans doute la guerre a sa poésie ; l'enivrement de la mêlée, la splendeur rouge du sang peuvent séduire les esprits en quête d'imprévu, mais à ce spectacle l'âme sensible reculera d'horreur. Or, J.-J. Rousseau était tout âme : d'une sensibilité maladive, il lui était impossible de songer à la guerre sans éprouver la plus poignante des douleurs, il ne pouvait imaginer, sans frémir, que des hommes se précipitassent les uns sur les autres pour s'entr'égorger. D'une nature aimante, il se refusait à comprendre que la haine — et le plus souvent une haine de commande — vînt animer les soldats, sur un champ de bataille. Épris d'humanité, il croyait que tous les hommes étaient frères, et il voulait qu'ils le fussent réellement. « Toutes les préférences de l'amitié, écrivait-il en 1758 à M. de Créqui, sont des vols faits au genre humain, à la patrie. Les hommes sont tous nos frères, ils doivent tous être nos amis [2] ».

1. Cf. Édit. Hachette, VIII, 112.
2. Cf. Édit. Hachette, X, 195.

Par tempérament, J.-J. Rousseau avait donc la plus grande
aversion pour la guerre, dont l'observation et le raisonnement lui avaient d'ailleurs révélé les tristes conséquences.
Aussi, pourvu qu'on veuille bien prendre à la lettre ses
déclarations, l'amour de la paix était-il devenu en lui plus
puissant encore que l'amour de la liberté. « Jadis, j'aimais
avec passion la liberté, l'égalité, écrit-il à plusieurs reprises
en 1767, maintenant j'ai changé de goût, et c'est moins la
liberté que la paix que j'aime [1] ». Et, à l'époque où il s'était
réfugié à Motiers-Travers, sur le territoire du roi de Prusse,
il apprend, nouvelle d'ailleurs prématurée, que celui-ci
vient de cesser les hostilités. Il témoigne aussitôt sa joie
« par une illumination de très bon goût ». Puis, voyant que
le monarque ne désarmait pas, il se permit de lui écrire à
ce sujet et de porter jusqu'à lui « la sainte voix de la
vérité, » c'est-à-dire de lui montrer les avantages de la paix.

IV. — C'était du reste, à son avis, besogne facile. Les
inconvénients de la guerre sont si nombreux, si graves,
qu'il serait vraiment dangereux de les méconnaître. Rousseau les a signalés à maintes reprises ; mais, à coup sûr, il
les aurait rassemblés en un tableau complet, s'il eût poursuivi l'exposition de ses théories. Puisque les maux attachés
à l'inégalité des sociétés politiques se résument dans ce
seul mot, la guerre, il eût été utile de dévoiler toutes les
tristes conséquences de ce fléau. Peut-être était-ce un moyen
d'amener les peuples qui veulent les éviter à s'entendre, à
s'unir pour vivre en paix !

Plaçons-nous d'abord au point de vue moral, pour envisager le métier militaire. Comment devenait-on soldat ? En

1. Cf. Édit. Hachette, XI, 420 et XII, 12.

se vendant. C'était la coutume du temps ; il existait, par exemple au bas du Pont-Neuf, des recruteurs, des « vendeurs de chair humaine », dont le métier était d'acheter des hommes qu'ils livraient aux colonels, et que ceux-ci, à leur tour, revendaient au roi. Les moyens employés étaient curieux ; tantôt les racoleurs conduisaient au cabaret, pour les enivrer, ceux qui aimaient à boire ; tantôt ils promenaient, les jours de fête, de grandes perches chargées de poulardes, de dindons, de cailles, pour exciter la gourmandise de ceux qui n'aimaient pas le vin. Ils recouraient à toutes les séductions, mais le plus souvent une pièce d'or triomphait des dernières hésitations.

J.-J. Rousseau ne se trompait donc pas, quand il traitait ces soldats de mercenaires. Avec quelle indignation dénonce-t-il cet odieux marché, ce trafic de la personne humaine ! D'après ses théories si profondes, aucun homme en effet n'a le droit de disposer ainsi de lui-même, de se rabaisser au niveau de l'animal, en se donnant pour de l'argent, d'aliéner enfin sa liberté pour devenir une sorte d'esclave. C'est faire du plus noble métier du monde, nous verrons en quel sens, celui d'un vil mercenaire [1].

La vie militaire n'était qu'une abjecte servilité. Considérons-en un instant les détails. En temps de paix, le soldat passe sa journée à s'habituer à toutes sortes d'exercices, qu'on lui enseigne le plus brutalement du monde. Les coups de canne le punissent de ses maladresses, et « les cinq sous de paye » qu'il reçoit sont la seule émulation capable de l'exciter [2]. Il est d'ailleurs mal nourri, et s'il tombe malade, ce qui n'est pas surprenant, il est plus mal soigné

1. Cf. Édit. Hachette, IV, 72.
2. Cf. Édit. Hachette, IV, 374.

encore. J.-J. Rousseau ne craint pas, à cette occasion, de flétrir les agissements des entrepreneurs de vivres et d'hôpitaux : « leurs manœuvres, non trop secrètes, par lesquelles les plus brillantes armées se fondent en moins de rien, font périr plus de soldats que n'en moissonne le fer ennemi [1]. » Comme occupation journalière, le soldat s'exerce froidement à tuer un jour des hommes, qu'il ne connaît pas, et qui ne lui ont jamais fait de mal [2]. Et dans ce métier pourtant si estimé, c'est encore le plus rampant, le plus servile qui est le plus honoré : ce n'est pas le plus intrépide. Peut-on même rencontrer le courage dans ces valets? C'est peu probable ; ils ignorent la puissance de ce sentiment si doux, qui est l'amour de la patrie, et qui rend capable des plus nobles exploits. Ils se battent simplement parce qu'ils sont payés, et ils mesurent leur ardeur à la rétribution qu'ils reçoivent ou qu'ils espèrent. Le hasard seul peut faire que la vaillance martiale brille parfois au sein des armées ; mais est-elle alors une qualité? Il est permis d'en douter, on pourrait même blâmer les peuples qui en font une vertu. C'est du moins ce que soutenait l'auteur du « *Discours sur la vertu* » la plus nécessaire aux héros ; l'héroïsme véritable n'éclate pas sur le champ de bataille, il consiste uniquement dans la force et la grandeur d'âme, qui s'exercent tous les jours, dans toutes les circonstances de la vie.

La bravoure n'est donc pas en réalité une source de mérite. Qu'est-ce en effet qu'un soldat courageux? C'est celui qui sait faire le plus de mal possible à l'adversaire, celui qui ramène beaucoup de prisonniers, celui qui est le

1. Cf. Édit. Hachette, I, 135.
2. Cf. Édit. Hachette, II, 428.

plus habile à « tuer les hommes [1] ». Le général le plus renommé est celui qui massacre le mieux et le plus vite les ennemis. Mais, par quelle étrange aberration de l'esprit humain peut-on arriver à célébrer, comme une qualité, l'habileté à égorger son semblable ? L'horreur physique de la mort et des blessures, les scènes de carnage, les laideurs funèbres du champ de bataille et les plaies saignantes des cadavres peuvent-elles faire illusion à ce point ? Hésitera-t-on à reconnaître l'immoralité de la guerre, dont les conséquences morales apparaissent déjà si graves et si néfastes, dont le véritable, l'unique effet n'est que le réveil chez l'homme des passions bestiales, de la partie la plus basse de sa nature. La guerre est une tare de l'humanité. Par elle, l'idée du devoir se trouve faussée, les sentiments moraux les plus élémentaires sont étouffés. Par la plus inexplicable méprise, on excuse des violations évidentes de la loi morale, et l'on glorifie des actes qui, en temps de paix, paraîtraient détestables, et qui le sont toujours aux yeux du moraliste.

Il y a là, enfin, un outrage aux sentiments de fraternité, d'humanité qui font la beauté et le prix de la vie. La formation des sociétés politiques, en amenant à sa suite la guerre, aurait-elle donc complètement anéanti en nous la répulsion instinctive à voir souffrir nos semblables ? J.-J. Rousseau ne peut le croire, et il s'efforce de réveiller, dans le cœur humain, la pitié qui en est le plus noble attribut. Il ne se lasse jamais de répéter que la guerre est horrible, parce qu'elle arme des frères les uns contre les autres ; elle les pousse à se donner brutalement la mort, sans raison personnelle. Elle est un raffinement de cruauté. Il le crie

1. Cf. Édit. Hachette, IV, 418.

bien haut, car, dans son ardent amour de l'humanité, il voudrait voir enfin disparaître ces luttes effroyables qui désolent les États. Il est si éloigné de prétendre, à la suite de certains moralistes complaisants, que la guerre autorise ou excuse le meurtre d'autrui, qu'il leur jette à la face ces paroles hardies : « Le sang d'un seul homme est d'un plus grand prix que la liberté de tout le genre humain [1]. » Il s'élève avec une amère ironie contre la coutume de ravager, pendant les hostilités et après la victoire, le territoire ennemi, pour en faire, s'il se peut, la conquête. Est-il rien de plus inique ? Et cependant, on n'ose désapprouver ni condamner les conquérants. « Comment des gens qui ont du canon, des cartes marines et des boussoles pourraient-ils commettre des injustices [2] ? » La morale pure doit pourtant opposer à ces faiblesses, à ces transactions, la voix austère de la justice : l'occupation du sol ennemi est une violation flagrante du droit de propriété. A ceux qui soutiennent que « la conquête a pour fondement la loi du plus fort [3] », il faut répondre que la force ne peut engendrer aucun droit. Et la basse avidité qui inspire pendant la guerre capitaines et soldats n'est pas moins odieuse ; en étendant la main sur tout ce qui peut tomber en leur pouvoir, d'ennemis et guerriers ils deviennent simplement des « voleurs ». L'expression n'a rien d'exagéré pour flageller cette conduite ; sous prétexte que la guerre devait nourrir la guerre, on pillait au xviie et au xviiie siècles tous les trésors, même ceux des églises, on rançonnait les habitants et l'on brûlait les maisons de ceux qui ne payaient pas assez vite. « Les guerres de cette époque

1. Cf. Édit. Hachette, XI, 392.
2. Cf. Édit. Hachette, I, 62.
3. Cf. Édit. Hachette, III, 311.

WINDENBERGER.   7

étaient célèbres par l'indiscipline des armées, les exactions des vainqueurs, les fortunes scandaleuses de plusieurs
chefs [1]. »

Si telles étaient les mœurs des guerriers, on comprend
aisément que J.-J. Rousseau les réprouvât, en se plaçant
ensuite au point de vue social. Il ne voyait pas, d'un œil
favorable, les soldats rentrer après leur engagement au sein
de la société. « Les garçons qui s'engagent dans un service
étranger croient valoir mieux, en rapportant dans leur vil-
lage, au lieu de l'amour de la patrie et de la liberté, l'air à la
fois rogue et rampant des soldats mercenaires [2]. » Ils
deviennent en effet un bien triste exemple pour la jeunesse,
dont la modestie et la fierté naturelle sont cependant les
plus beaux ornements. L'auteur de la *Nouvelle Héloïse*
considère comme une exception surprenante, qu'un jeune
homme puisse revenir du service, sans que son caractère se
soit dégradé. Il le laisse clairement entendre : « Claude
Anet, dont le bon naturel a résisté par miracle à trois
ans de service, en eût-il pu supporter encore autant
sans devenir un vaurien comme tous les autres [3]. »
Il faut reconnaître d'ailleurs que J.-J. Rousseau n'a
jamais guère aimé l'esprit guerrier. Encore bien jeune il
s'écriait :

> Point de ces fendants militaires
> Toujours prêts à battre ou à tuer [4].

Et plus tard, il estimait toujours que « les militaires,
dédaignant tous les autres états, sont insupportables de

---

1. Cf. Sorel, ouvrage cité, p. 81 et s.
2. Cf. Édit. Hachette, IV, 374.
3. Cf. Édit. Hachette, IV, 82.
4. Cf. Édit. Hachette, VI, 23.

bonne foi [1] ». A les rencontrer parfois dans le monde, le citoyen de Genève avait sans doute été blessé, dans sa simplicité, par les manières dures et importantes des gens d'épée. Ce travers, qui les caractérise, est d'ailleurs plus ridicule encore que dangereux. Aussi J.-J. Rousseau devait-il peu s'y arrêter, pressé d'arriver à d'autres critiques plus sérieuses.

A ceux qui se bornent aux considérations d'intérêt, on peut révéler, en outre, que la ruine morale et sociale des nations est souvent accompagnée de leur ruine matérielle, car la guerre a des conséquences économiques désastreuses. Et d'abord les dépenses qu'elle occasionne sont énormes. Il faut des sommes d'argent excessives pour l'achat des recrues, pour l'équipement, pour l'entretien et la solde des soldats et des chefs. Dès lors, pour faire face à ces frais, on est obligé de multiplier les impôts, et de demander sans cesse au peuple de lourds subsides. Le paysan se trouve écrasé par ces charges toujours croissantes, et le désespoir paralyse son énergie devenue inutile. Lorsque la guerre éclate, ce qui arrive souvent, la richesse du pays se trouve bouleversée ; le commerce est suspendu, les relations d'affaires interrompues, la vie de la nation semble s'éteindre. Même lorsque les hostilités sont terminées, le peuple vaincu est épuisé d'hommes et d'argent, et la nation victorieuse elle-même n'échappe pas à cette loi. Il s'agit de reformer bien vite des armées nouvelles, de remplacer les soldats tués ou prisonniers ; la seule ressource est de chercher dans les campagnes de nouveaux mercenaires, qui s'engagent à porter les armes. On enlève ainsi à la terre des bras qui lui étaient indispensables, et les produits du sol

1. Cf. Édit. Hachette, IV, 160.

moins cultivé diminuent d'année en année. La production de la richesse se trouve enrayée ; on prévoit « la dépopulation prochaine de l'Europe et la ruine des peuples qui l'habitent [1] ».

Si les défaites sont pour le pays qu'elles affaiblissent l'origine de sa décadence, les victoires elles-mêmes peuvent entraîner de funestes conséquences. Les soldats, qui reviennent couverts de butin, éprouvent et contractent peu à peu des besoins nouveaux, le luxe pénètre ainsi insensiblement au sein de l'État, où il exerce une déplorable influence :

> Vois... ces nations puissantes
> Fournir rapidement leur carrière brillante ;
> ..... leur vaste pouvoir, que l'art avait produit,
> Par le luxe bientôt se trouve détruit [2].

On peut dire que J.-J. Rousseau a été toute sa vie l'ennemi du luxe. Dans le *Discours sur les sciences et les arts*, il l'a condamné ouvertement, et jamais il n'a désavoué ses premières attaques. Son rêve a toujours été de voir les peuples aimer la simplicité, fuir le faste, et mépriser toutes les inventions superflues, par lesquelles l'art renie en quelque manière la nature.

Les conséquences politiques de la guerre sont peut-être plus terribles encore. Nous savons que l'état de guerre est naturel entre les puissances, et c'est pour cela que celles-ci sont obligées de tenir toujours sur pied une armée. Or, nous avons vu déjà les inconvénients moraux, sociaux, économiques, attachés à l'existence des troupes réglées. Au point de vue politique, il y en a d'autres peut-être plus

---

1. Cf. Édit. Hachette, III, 298.
2. Cf. Édit. Hachette, VI, 12.

graves encore. Tous les peuples s'imposent de très lourds sacrifices, pour avoir une armée capable de les protéger contre les agressions du dehors, nous l'avons établi ; mais sont-ils assurés d'avoir obtenu par ce moyen la tranquillité complète ? Il ne faudrait pas l'affirmer trop haut, sous peine de s'exposer aux démentis de l'expérience. La seule loi qui régisse les rapports des États est la loi du plus fort. Aussi, une puissance n'est-elle jamais en sûreté absolue, elle a tout à redouter des autres. L'armée, qu'elle entretient à grands frais, ne pourra jamais la préserver absolument du danger ; il peut s'en rencontrer une plus forte, il peut même arriver que plusieurs nations réunissent tous leurs soldats contre elle. Quelque considérable que soit la force militaire d'un pays, jamais il ne peut être certain d'avoir le dessus. D'ailleurs, à supposer même qu'il soit supérieur par le nombre, resterait-il supérieur par la discipline, par l'ardeur des soldats [1] ? L'événement seul peut le démontrer, c'est-à-dire la guerre.

Peut-être un peuple, plein de confiance en lui-même, invoquera-t-il, comme signe de sa puissance, le nombre de ses places fortes ? Quelle illusion ! L'invention de l'artillerie et des fortifications nuit plus qu'elle ne sert, car elle ne peut vraiment former « une nation libre, paisible et sage, qui n'a peur ni besoin de personne, qui se suffit à elle-même, et qui est heureuse [2] ». En réalité, comme le déclare J.-J. Rousseau, « les troupes réglées, peste et dépopulation de l'Europe, ne sont bonnes qu'à deux fins : ou pour attaquer et conquérir les voisins, ou pour enchaîner et asservir les citoyens. »

Montrons-le successivement. L'armée, en effet, peut être

1. Cf. Édit. Hachette, II, 428 et IV, 374.
2. Cf. Édit. Hachette, V, 275 et 282.

l'agent de la conquête, et par suite de l'agrandissement. Mais ce but est-il la fin véritable d'un État ? En aucune manière, car la victoire entraîne, comme résultat probable, l'esclavage qu'on ne saurait trop flétrir. Or, la guerre, en aucun cas, ne peut autoriser le vainqueur à massacrer les vaincus ; le succès ne lui donne aucun droit sur la vie des autres, le vaincu ne peut donc échanger sa liberté contre ce droit de vie et de mort que le conquérant n'a pas obtenu.

Jamais d'ailleurs un homme ne peut aliéner sa liberté. C'est un des principes inébranlables établis par le *Contrat social*. L'esclave volontaire signe sa déchéance, et ne fait plus partie de l'humanité [1].

Bien plus, cet esclavage, même temporaire, ne ferait que prolonger la guerre. Le vaincu s'est courbé devant la force du vainqueur, mais du jour où il se sentira capable de secouer le joug avec succès, il n'hésitera pas à vouloir se reprendre en quelque sorte lui-même, et reconquérir son indépendance. La servitude ne sera qu'une trêve, pendant laquelle il aiguisera sa haine et ramassera ses forces [2].

Si l'on ne peut se rendre maître des individus, est-il permis du moins de s'approprier leur pays ? C'est évident, un État peut en fait s'agrandir. Mais cet agrandissement, qui résulte de la victoire, est loin d'être un avantage. Sans envisager les petits États, trop sages pour songer aux conquêtes, considérons uniquement les nations puissantes. En acquérant de nouvelles possessions, elles deviennent trop grandes pour pouvoir se maintenir. Elles sont déjà par elles-mêmes exposées aux dangers de la guerre offensive, si la population est trop nombreuse ; de la guerre défensive, si le territoire est trop étendu. Les conquêtes rendent ces

1. Cf. Édit. Hachette, III, 311.
2. *Fragment relatif à l'état de guerre.*

périls plus pressants, la lutte devient permanente, et avec elle pèsent sur les citoyens tous les maux qu'elle engendre. L'armée instituée, entretenue pour attaquer et conquérir les voisins, est donc la source des plus grands malheurs.

L'armée est « bonne à une autre fin », déclare J.-J. Rousseau : elle peut servir à enchaîner et à asservir les citoyens. En d'autres termes, elle peut devenir l'auxiliaire du despostime. Celui-ci, nous l'avons dit, entraîne à sa suite la guerre ; — à son tour et réciproquement, la guerre peut aider à la naissance et au développement du despotisme. Le danger, ici encore, est des plus menaçants, et l'on sait de quelle haine J.-J. Rousseau a toujours poursuivi la tyrannie. La lutte contre les ennemis du dehors favorise surtout le despote ; elle lui fournit un prétexte suffisant pour avoir toujours de grandes armées, elle lui permet ainsi de tenir toujours son peuple en respect. « Chacun voit assez que les princes conquérants font pour le moins autant la guerre à leurs sujets qu'à leurs ennemis [1]. » Le *Contrat social* nous a préparés à le comprendre ; la liberté et l'égalité politiques sont étouffées par le tyran, puisque son gouvernement est arbitraire : c'est le règne du bon plaisir. Les citoyens ne sont plus que des esclaves, ils reçoivent les ordres au lieu de les donner.

On voit en quel sens J.-J. Rousseau soutenait « que les troupes réglées ne sont bonnes qu'à conquérir les États voisins, ou à enchaîner les citoyens ». Ces deux excès si dangereux, auxquels la guerre conduit, témoignent qu'elle ne peut se justifier par aucune raison. Elle est, pour les grands États, la cause de leur ruine complète ; pour les petits États, elle est de plus une menace perpétuelle. Elle est enfin un

---

1. Cf. Édit. Hachette, V, 330.

obstacle constant à la sécurité des citoyens, qui composent les uns et les autres. Les hommes peuvent-ils en effet s'estimer heureux d'avoir formé une société politique? En aucune manière. En renonçant à l'indépendance pacifique de l'état de nature, ils ont pu obtenir la sécurité à l'intérieur, mais leur sûreté n'est ni complète, ni absolue, puisqu'ils restent exposés aux agressions des peuples voisins. Aussi, peut-on dire de ce point de vue que « la guerre est née de la paix, ou du moins des précautions que les hommes ont prises, pour s'assurer une paix durable [1] ». Puisque l'état de guerre est l'état naturel entre les puissances, l'existence de toute société politique est toujours remise en question, et la tranquillité des sujets sans cesse menacée. Quelle triste situation pour l'humanité, exposée aux points de vue moral, social, économique et politique, aux terribles conséquences de la guerre ! J.-J. Rousseau a signalé tous ces dangers. « Les corps politiques, restant entre eux à l'état de nature, se ressentent bientôt des inconvénients qui avaient forcé les particuliers d'en sortir, et cet état est encore plus funeste entre ces grands corps, qu'il ne l'avait été auparavant entre les individus, dont ils étaient composés. De là, sortent les guerres nationales, les batailles, les meurtres, les représailles qui font frémir la nature et choquent la raison, et tous ces préjugés horribles qui placent au rang des vertus l'honneur de répandre le sang humain. Les plus honnêtes gens apprennent à compter parmi leurs devoirs celui d'égorger leurs semblables. On voit enfin les hommes se massacrer par milliers, sans savoir pourquoi ; et il se commet plus de meurtres en un seul jour de combat, et plus d'horreurs à la prise d'une seule

---

1. Cf. *Fragment relatif à l'état de guerre* (fin)

ville, qu'il ne s'en était commis dans l'état de nature, durant des siècles entiers, sur toute la face de la terre. Tels sont les premiers effets qu'on entrevoit de la division du genre humain en différentes sociétés [1]. »

La grandeur du mal ne doit cependant pas nous faire désespérer. Sans doute, il existe des nations trop grandes, gouvernées souvent par des monarques ambitieux; mais ceux-ci imposeront-ils toujours victorieusement leur volonté, sans qu'on ose leur résister? Et la guerre, si terrible, sèmera-t-elle aussi souvent, sans jamais se lasser, la désolation et la ruine au milieu des hommes? Les petits États, les seuls dont l'organisation intérieure puisse être parfaite, auront-ils toujours à redouter les attaques et à souffrir les offenses des peuples plus puissants? J.-J. Rousseau, dans son audacieux enthousiasme, ne le pensait pas : il ne signalait le péril que pour indiquer les moyens de l'éviter.

1. Cf. Édit. Hachette, I, 115.

CHAPITRE IV

Nous avons établi qu'il peut exister et qu'il existe en effet des nations très grandes, dont le territoire est trop vaste ou le nombre des habitants trop élevé, et au sein desquelles le peuple ne peut exercer par lui-même la souveraineté. Ces puissances sont fatalement poussées à la guerre, surtout lorsqu'elles sont gouvernées par un monarque. J.-J. Rousseau l'a constaté, en accumulant les critiques. Espérait-il donc qu'on en tiendrait compte ? Il n'était pas assez optimiste pour le penser, et jamais il ne crut sérieusement que ces États trop vastes se décideraient spontanément à resserrer leurs limites. Une semblable détermination ne peut être que l'œuvre de la sagesse, vertu bien rare dans les sociétés politiques. Les peuples sont gouvernés d'ordinaire par un prince, dont l'ambition est la règle, et à qui son pouvoir ne paraît jamais suffisant. Il songe sans cesse à s'agrandir, et comme il ne prend d'habitude conseil que de lui-même, personne ne peut l'éclairer sur les dangers des conquêtes. Envisageons même le cas improbable où ces puissances pourraient être de grandes républiques : les citoyens, ne pouvant y exercer directement le pouvoir législatif, doivent se résigner à le confier à des représentants, qui peuvent confondre leur intérêt particulier avec l'intérêt général, et soulever la guerre. Un gouvernement aristocratique seul comprendrait plutôt les bienfaits de la paix, mais il n'existe guère qu'en théorie, et si l'on ne peut espérer le voir se réaliser, on peut encore moins attendre de lui cette sage réforme, qu'il apporterait aux coutumes belliqueuses de l'époque.

I. — Néanmoins J.-J. Rousseau, après avoir indiqué le mal, suggère timidement un premier remède, mais sans se faire illusion. Il y a des nations trop étendues, il serait à désirer qu'elles fussent moins vastes, pour être mieux gouvernées et pour vivre en paix. Les inconvénients si nombreux des grands États pourraient ainsi disparaître, ou du moins diminuer. Mais, dira-t-on, « c'est vouloir contraindre un homme fort et robuste à bégayer dans un berceau, que de vouloir rappeler les grands États aux petites vertus des petites républiques ? Voilà, répond-il, une phrase qui ne doit pas être nouvelle dans les cours. Elle eût été très digne de Tibère ou de Catherine de Médicis[1]. » Un bon gouvernement, au contraire, se préoccuperait, sinon de restreindre l'étendue du pays, du moins de la partager en plusieurs petits États, en égalisant le mieux possible le nombre de leurs habitants. Dans l'ébauche du projet de constitution pour la Corse, on trouve cette idée assez fréquemment répétée. Cette division serait certainement suivie des plus heureux effets. Elle aurait d'abord tous les avantages de la décentralisation : l'administration serait plus facile, plus sage et moins onéreuse. La population, mieux répartie sur

1. Cf. Édit. Hachette, I, 58.

tous les points d'un territoire bien distribué, y trouverait
sa subsistance, en se contentant de peu, et saurait au besoin
le défendre courageusement contre toute agression. Et surtout, ce qui est le point capital, le peuple pourrait y recou-
vrer la souveraineté, il exercerait par lui-même le pouvoir
législatif, en se laissant uniquement diriger par l'intérêt
commun. Partisan de la paix, ses efforts pour l'obtenir ou
pour la conserver risqueraient moins d'être infructueux.
Bien plus, il serait maître du pouvoir exécutif, qu'il pourrait
confier par délégation à des chefs élus. Cette transformation
aurait ainsi les meilleures conséquences. Le monarque lui-
même, si on le maintient au pouvoir, « ce qui n'a rien de
contraire au droit et à la raison [1] » ne relèvera plus de lui-
même, mais du peuple : au point que son règne, son administration deviendront l'objet d'une sorte de plébiscite quo-
tidien. Personnellement il pourra aimer les combats, mais
il ne saurait plus satisfaire cette odieuse passion aux dépens
de ses sujets, car il leur doit compte de tous ses projets;
seuls les citoyens pourront, en les jugeant, les accepter ou
les répudier, et comme ils connaissent les terribles inconvénients de la guerre, ils feront tout pour la rendre moins
fréquente. — Ce raisonnement est rigoureux, on ne peut
le nier; mais qu'on veuille bien remarquer de suite au prix
de quel bouleversement, de quelle révolution il arrive à
diminuer le nombre des guerres! Aussi comprend-on l'hésitation de J.-J. Rousseau devant ces moyens violents. La division des grandes nations, la répartition de la population,
le changement de gouvernement, le renversement du
monarque, ou du moins le contrôle qui pèse sur lui, ne

· 1. Cf. Œuvres inédites de Rousseau, publiées par Streckeisen Moultou,
p. 122.

peuvent être véritablement la solution tant désirée. Ce remède échoue devant les difficultés de l'application.

II. — Après avoir essayé en vain de rendre la guerre moins fréquente, peut-être pourrait-on simplement s'efforcer d'en combattre les horreurs, et d'en diminuer les dangers? J.-J. Rousseau devait tenter cette entreprise. Au lieu de la lutte sans principes, sans pitié, aussi terrible que nous l'avons décrite, il aurait voulu que la guerre loyale s'établît, plus humaine, plus juste. Dans l'*Émile*, il nous le laisse pressentir, au moment où il se propose d'autre part d'indiquer, dans les confédérations, le remède aux dangers extérieurs qui menacent les États. « Nous poserons, déclare-t-il, les vrais principes du droit de la guerre, et nous examinerons pourquoi Grotius et les autres n'en ont donné que de faux [1]. » Qu'il eût songé sérieusement à ce travail, c'est ce que nous atteste encore une lettre, qu'il écrivit à son éditeur Marc Michel Rey le 9 mars 1758, et où nous relevons simplement ces mots : « Mes principes du droit de la guerre ne sont points prêts [2] ». Nous ne pouvons, par conséquent, douter que J.-J. Rousseau ait eu la noble ambition d'écrire une sorte de code de la guerre : essayons de le reconstituer, ou du moins de découvrir l'esprit qui devait l'animer.

Qu'est-ce donc que la guerre, ou plutôt que devrait-elle être, si du moins il est vrai qu'elle ne puisse disparaître entièrement?

III. — Le premier point à examiner, semble-t-il, c'est de

1. Cf. Édit. Hachette, II, 439.
2. Cf. **Lettres inédites de J.-J. Rousseau à Marc-Michel Rey**, publiées par Bosscha, p. 32.

rechercher si la guerre existe naturellement entre les hommes. Cette opinion, on le sait, avait été soutenue par le philosophe anglais Hobbes : il prétendait que l'état de nature, c'est-à-dire l'état de l'humanité considérée avant l'établissement de la société, était l'état de guerre. Voici d'ailleurs comment il s'était trouvé conduit à soutenir cette théorie. Le premier sentiment humain est la crainte mutuelle : elle est inspirée en partie par l'égalité naturelle des hommes, égalité brutale qui se définirait bien par l'égale puissance de se donner la mort, — en partie par l'universelle volonté de nuire, qui naît d'ordinaire des désirs communs. Ajoutez à cette passion primitive le droit de tous sur toutes choses : dans l'état purement naturel, il est permis à chacun de faire tout ce qui lui semble bon contre le premier venu, et l'on peut posséder tout ce qu'on est capable de s'approprier[1].

Il en résulte que l'état naturel des hommes, qui se haïssent et qui convoitent les mêmes biens, ne peut être que la guerre perpétuelle de tous contre tous. Mais cette situation violente est manifestement contraire à la conservation du genre humain ; et comme la raison les engage à rechercher la paix, quand ils espèrent pouvoir l'obtenir, les hommes ont songé à former des sociétés, pour mettre fin à l'hostilité naturelle qui caractérise leur condition primitive.

Telle est l'opinion de Hobbes : la guerre perpétuelle, et la guerre de tous contre tous, existe naturellement entre les hommes. Or, J.-J. Rousseau se refuse énergiquement à admettre cette doctrine, contre laquelle il se plaît à accumuler les objections. Elle heurte d'abord sa conviction fondamentale de la bonté originelle de l'homme. Rappelons-nous en effet la manière dont il se représente l'état de

---

1. Cf. Hobbes, De Cive, libertas, I, § 3, 10.

nature. Primitivement sans doute, les individus sont poussés par l'instinct de conservation à songer à eux-mêmes, mais l'égoïsme, qui pourrait en résulter, se trouve tempéré et contrebalancé par un penchant, qui les amène à prendre en pitié les souffrances de leurs semblables. L'homme, que la nature porte à s'intéresser aux autres, ne peut donc être réellement leur ennemi-né. Au lieu de les craindre, il les aimerait plutôt. La vie humaine n'est pas à la merci du premier venu, comme Hobbes paraissait l'indiquer par sa définition de l'égalité primitive. Le contraire serait plus exact, puisqu'il y a dans tout homme un commencement de respect d'autrui, dont l'origine paraît se rattacher à cette commisération naturelle. L'égalité digne de ce nom est toute différente : loin de pouvoir être l'objet d'une constatation banale, elle est un principe aussi absolu que la liberté dont elle est inséparable, c'est parce que nous sommes libres que nous sommes égaux.

On ne peut davantage admettre que l'homme, à l'état de nature, soit tourmenté par ses désirs. Nous l'avons déjà représenté dans toute la simplicité de sa condition primordiale, se nourrissant de rien, se contentant de tout. Le moindre fruit apaise sa faim, une goutte d'eau étanche sa soif, la terre lui fournit le plus doux des repos. Comment pourrait-il être exaspéré par le désir? Comment les convoitises humaines viendraient-elles se heurter? Des aliments aussi simples existent en quantité suffisante pour nourrir tous les êtres : ceux-ci sont donc bien éloignés de songer uniquement à se nuire, la lutte pour la vie ne les agite pas. Hobbes n'arrive pas plus ici que précédemment à expliquer, d'une façon satisfaisante, cette crainte mutuelle qu'il pose comme un principe évident.

Que faut-il penser enfin de ce droit de chacun sur tout?

A coup sûr, l'homme à l'état de nature peut étendre la main vers ce qui est nécessaire à son existence, mais nous avons fait remarquer déjà combien il est peu exigeant. De plus, peut-on parler, à vrai dire, de droit dans l'état de nature ? En aucune manière : sans doute, un individu à un moment donné peut jouir de telle ou telle chose, il peut même arriver à se construire une hutte, où il s'abritera avec sa famille. Ce n'est là toutefois qu'une simple jouissance, ce n'est point un droit véritable. La constitution de la société politique pourra seule transformer la possession du premier occupant en un droit de propriété, comme elle transforme l'indépendance naturelle en liberté.

Après avoir ainsi discuté point par point la théorie de Hobbes, J.-J. Rousseau arrive à cette conclusion bien différente : les hommes à l'état de nature sont plutôt pacifiques que belliqueux. Et nous ne devons point nous étonner : puisqu'ils vivent alors presque isolés, ils n'ont pas, à proprement parler, de relations avec leurs semblables, de sorte que la guerre ne peut les diviser. « Par cela seul que les hommes, vivant dans leur primitive indépendance, n'ont point entre eux de rapport assez constant pour constituer ni l'état de paix, ni l'état de guerre, ils ne sont point naturellement ennemis [1]. » Que si, par hasard, un individu en tue un autre soit par surprise, soit à force ouverte, cela ne peut constituer un état de guerre, c'est-à-dire une situation permanente, puisque ce n'est qu'un fait extraordinaire, un accident.

Et, comme si ces critiques ne suffisaient pas à J.-J. Rousseau pour établir que son adversaire s'est trompé, il veut à tout prix crier bien haut la cause de son erreur. Il l'accuse,

---

1. Cf. Édit. Hachette, III, 310.

sans détour, d'avoir vendu sa plume à la royauté. « Voilà jusqu'où le désir ou plutôt la fureur d'établir le despotisme, et l'obéissance passive ont conduit un des plus beaux génies qui ont existé. Un principe aussi féroce était digne de son objet[1] ». Et plus loin, la contre-épreuve de ce qui précède : « le peuple ne donne ni pensions, ni emplois, ni chaires, ni places d'académies : en vertu de quoi le protégerait-on ? » En un mot, Hobbes, dans sa vive préoccupation d'établir ou de fortifier la tyrannie, n'a pu s'élever jusqu'à la vérité.

D'ailleurs, poursuit J.-J. Rousseau, il employait une bien mauvaise méthode, « la méthode analytique », il ne voulait s'en rapporter qu'à ce qu'il voyait, au fait brutal. Il se trouvait ainsi fatalement conduit à prendre « un bourgeois de Londres ou de Paris » pour l'homme, et à confondre l'homme social avec l'homme naturel. S'il avait soutenu que, c'est au sein de la société seulement, que les individus ont tout à craindre les uns des autres, et qu'ils y rivalisent de méchanceté, il aurait eu cent fois raison. Mais en affirmant pareille chose des hommes à l'état de nature, en les condamnant à une guerre universelle et perpétuelle, il a commis la plus regrettable méprise.

IV. — Cette réfutation nous conduit à ce premier résultat : la guerre n'existe pas entre les hommes à l'état de nature. Ils sont alors plutôt indifférents qu'ennemis, et l'indépendance dont ils jouissent ne peut produire une relation constante telle que la guerre. Mais, ne pourrait-on soutenir que celle-ci surgit nécessairement entre eux, du jour où ils entrent dans la société ? On l'a prétendu en effet : Montesquieu,

1. Cf. Fragment relatif à l'état de guerre, dans l'Appendice.

dans l'*Esprit des Lois*, reproche à Hobbes « d'attribuer aux hommes, avant l'établissement de la société, ce qui ne peut leur arriver qu'après cet établissement, qui leur fait trouver des motifs pour s'attaquer et se défendre [1] ». Nous lisons également au début du chapitre III : « Sitôt que les hommes sont en société, ils perdent le sentiment de leur faiblesse ; l'égalité qui était entre eux cesse, et l'état de guerre commence... les particuliers, dans chaque société, commencent à sentir leur force ; ils cherchent à tourner en leur faveur les principaux avantages de cette société : ce qui fait entre eux un état de guerre. »

Cette théorie, pourtant différente de la précédente, n'en est pas moins vivement prise à partie par J.-J. Rousseau, et voici les arguments qu'il lui oppose. Le but essentiel de la société politique est la sûreté des individus qui la composent, et pour l'obtenir, ces derniers remettent en quelque manière le soin de leur vie entre les mains du pouvoir ; c'est la raison pour laquelle cette existence, qu'ils ont dévouée à l'État, doit en être continuellement protégée. La guerre ne peut donc exister entre les hommes civils ; elle suppose en eux le droit de disposer de leur vie, mais ce droit, ils ne l'ont plus, puisqu'ils l'ont abandonné à l'État. « Tous ont à combattre au besoin pour la patrie, mais aussi nul n'a jamais à combattre pour soi [2]. » Le souverain est le seul juge des circonstances, dans lesquelles le citoyen doit risquer sa vie, la guerre est désormais l'affaire de la nation.

En outre, les hommes sont devenus libres le jour où ils ont formé une société politique ; s'ils ont fait le sacrifice de

---

1. Cf. Montesquieu. *Esprit des lois*, livre I, ch. II.
2. Cf. Édit. Hachette, III, 323.

leur indépendance naturelle, ils ont obtenu en échange la liberté. De ce jour, la guerre ne peut plus « avoir lieu » directement entre eux. Elle est, en effet, un état manifeste de violence et de sujétion, puisque son but est l'assujettissement. Il serait par conséquent contradictoire que les citoyens, en devenant libres, fussent exposés, en tant qu'hommes, à la guerre, c'est-à-dire à la servitude. Le Contrat social serait une absurdité, ou mieux un marché de dupes. Mais, dira-t-on, les combats particuliers, les duels ne sont-ils pas de véritables guerres, qui atteignent l'homme civil? L'objection n'effraie pas J.-J. Rousseau, il l'a prévue, et il y répond à plusieurs reprises. Ces événements, qui sont la conséquence de la féodalité, ou l'abus illégitime et barbare d'une constitution toute militaire, ne sont que des faits accidentels, qui apparaissent en un lieu et en un instant déterminés, et qui se terminent de même en un moment et en un endroit limités. Ils ne peuvent donc engendrer un état de guerre, c'est-à-dire une relation permanente. Sans doute, il y va, dans ces cas, de la vie des individus ! mais il ne s'agit néanmoins pas de guerre, au sens propre du terme, qui ne comporte aucune relation individuelle ou particulière. Quant aux guerres privées, J.-J. Rousseau n'en dit qu'un mot : c'est un exemple unique dans l'histoire. Aussi, « maintenant que l'état de nature est aboli parmi nous, la guerre n'existe plus entre particuliers, et les hommes qui, de leur chef, en attaquent d'autres, même après avoir reçu d'eux quelque injure, ne sont point regardés comme leurs ennemis, mais comme de véritables brigands [1] ».

Les individus réunis en société ne peuvent donc être

1. Fragment inédit de J.-J. Rousseau, n° 7840, dans l'Appendice.

logiquement en état de guerre, pas plus qu'ils ne l'étaient
dans l'état de nature. Hobbes n'avait pas raison, Montesquieu pas davantage. « C'est le rapport des choses et non
des hommes qui constitue la guerre ; et l'état de guerre,
ne pouvant naître des simples relations personnelles, vient
seulement des relations réelles ; la guerre privée ou d'homme
à homme ne peut exister, ni dans l'état de nature où il n'y
a point de propriété constante, ni dans l'état social où tout
est sous l'autorité des lois [1]. » Et la critique qu'il vient de
faire de ces deux théories conduit J.-J. Rousseau à regarder comme fondamentale la proposition suivante : il n'y a
pas de guerre entre les hommes.

V. — On pourrait cependant soutenir encore que la
guerre peut naître d'un rapport entre les hommes, d'une
part, et les nations, d'autre part. Cette opinion était justement, au xviie siècle, celle de Grotius. On se rappelle, à ce
propos, que J.-J. Rousseau, à la fin de l'*Émile*, annonçait
qu'il établirait un jour pourquoi cet auteur — et d'autres qui
sont sans doute Hobbes et Montesquieu — ont donné de faux
principes des hostilités. Il aurait alors certainement examiné le système de celui qui, pendant la terrible guerre de
Trente ans, avait essayé de poser les principes du Droit
des gens.

Or, Grotius non seulement admettait l'existence des
guerres privées, c'est-à-dire d'homme à homme, et des
guerres publiques, c'est-à-dire d'État à État, mais encore
celle des guerres mixtes, qui se produisent entre les sujets
et le pouvoir. Sa théorie se trouve développée dans son
fameux traité *De Jure belli et pacis*..., où nous allons la
chercher.

1. Cf. Édit. Hachette, III, 310.

Il nous indique d'abord, et de la manière suivante, le motif qui le pousse à écrire. « Je voyais, dans l'univers chrétien, une débauche de guerres qui eût fait honte même aux nations barbares; pour des causes légères, ou sans motifs, on courait aux armes, et lorsqu'on les avait une fois prises, on n'observait plus aucun respect ni du droit divin, ni du droit humain, comme si, en vertu d'une loi générale, la fureur avait été déchaînée sur la voie de tous les crimes [1]. » Aussi, entreprend-il « non pas d'interdire toute espèce de guerre aux chrétiens, comme le voulait Érasme, mais, puisque la guerre est l'une des lois fatales de l'humanité, de la rendre simplement plus juste ». Il se propose donc ce qu'aucun auteur, « ni Victoria, ni Ayala, ni Gentili », n'avaient sérieusement tenté avant lui, d'établir dans un traité complet et méthodique les principes de « cette partie du Droit, qui règle les rapports des peuples ou des chefs d'États entre eux, dont les préceptes sont ou fondés sur la nature elle-même, ou établis par les lois divines, ou introduits par les coutumes et par une convention tacite [2] ». Les rapports des hommes entre eux sont réglés d'abord par les principes immuables du Droit naturel, dont le fondement se trouve dans la nature humaine, à la fois sociable et raisonnable, créée telle par la libre volonté de Dieu ; ensuite par les principes plus variables du Droit civil, qui dérivent à la fois du Droit naturel, et surtout de la considération de l'utilité. De même, les rapports des États sont déterminés, d'un côté par le Droit des gens naturel, qui repose sur la fiction d'une société, où les hommes vivent ensemble à l'état de nature, sans autre supé-

1. Cf. Grotius, *Le Droit de la guerre et de la paix*. Traduction Pradier-Fodéré, t. I, p. 30.
2. Cf. *Idem*.

rieur que Dieu, sans autre droit que la loi divine gravée dans le cœur humain, et annoncée par la voix de la conscience ; puis par le Droit des gens positif ou volontaire qui a pour base l'entente de toutes les nations, ou de la plupart d'entre elles, décidées à observer certaines règles de conduite dans leurs relations réciproques.

La source du Droit est donc réellement double : d'une part, il repose sur des principes rationnels, « par eux-mêmes clairs et évidents » ; d'autre part, sur les faits, conventions humaines ou coutumes. Grotius se sert d'ailleurs « pour prouver l'existence de ce Droit, du témoignage des philosophes, des historiens, des poètes, et enfin des orateurs, parce que, du moment où plusieurs individus, en différents temps et en divers lieux, affirment la même chose pour certaine, on doit rattacher cette chose à une cause universelle : cette cause ne peut être qu'une juste conséquence, procédant des principes de la nature, ou qu'un consentement commun. La première nous découvre le Droit de la nature, le second le Droit des gens [1] ». Après avoir ainsi défini l'objet de ses recherches, il les divise en trois livres. Dans le premier, il examinera surtout « la question générale de savoir s'il y a quelque guerre qui soit juste » ; dans le second « il exposera toutes les causes d'où elle peut naître » ; dans le troisième, « il recherchera surtout ce qui est permis pendant les hostilités ». Suivons-le dans cette étude.

Et d'abord, comment Grotius définit-il la guerre ? De la manière suivante : « c'est l'état d'individus qui vident leurs différends par la force ». C'est toute prise d'armes. Et de cette définition, il résulte qu'il peut y avoir trois espèces de guerre ; tantôt ce sont des hommes qui font appel à la

1. Cf. Grotius, *Le Droit de la guerre et de la paix*. Traduction Pradier-Fodéré, t. I, p. 40.

force, c'est la guerre privée ; tantôt ce sont les représentants de deux États, au nom des États, c'est la guerre publique, c'est-à-dire « celle qui se fait par l'autorité d'une puissance civile » ; les sujets, enfin, peuvent, dans certains cas, se soulever contre l'État, ou celui qui le représente, c'est la guerre mixte, « qui est d'un côté privée et de l'autre publique ». Mais cet état violent, sous quelque forme qu'il se présente, est-il juste ? Le Droit des gens naturel, d'abord, nous apprend que parmi les principes primitifs, il n'en est pas un qui soit contraire à la guerre ; bien plus, ils lui sont tous plutôt favorables, car le but de la lutte étant d'assurer la conservation de la vie ou des choses utiles à l'existence, l'emploi de la violence se justifie de la sorte par la nécessité de vivre, « d'autant plus que pour cela l'homme a été pourvu de mains comme de moyens de défense [1] ». Ce qui est interdit, ce sont uniquement les voies de fait, qui porteraient atteinte au droit d'autrui. Le Droit des gens positif, à son tour, est loin de condamner le recours à la force, comme le prouvent l'histoire, les lois et les mœurs de tous les peuples. L'Ancien Testament, l'Évangile, sur lesquels Grotius insiste assez longuement, ne sont pas davantage opposés à ce qu'ils appellent le Droit de glaive. Concluons donc que la guerre, qu'elle soit privée, publique ou mixte, a le plus souvent toute raison d'être ; non seulement les individus ont la faculté de repousser les injures par la force, non seulement les représentants de deux États, au nom de ces États, peuvent ouvrir les hostilités, mais encore les sujets eux-mêmes ont le droit de résister à leurs chefs, soit dans le cas de légitime défense, soit dans le cas plus rare encore d'une disposition hostile, poussant le prince à la destruction de son peuple.

---

1. Cf. Grotius, *Le Droit de la guerre et de la paix*. Traduction Pradier-Fodéré, livre I, ch. I et II, *passim*.

Aussi, peut-on dire que la guerre a parfois « des causes justificatives », dictées alors par un principe de justice et non d'intérêt [1]. Celles-ci se réduisent à trois principales : la défense de ce qui nous appartient, la poursuite de ce qui nous est dû, la punition des crimes. De sorte que, tout compte fait, pour qu'il y ait, suivant Grotius, un motif légitime de guerre, il faut qu'il y ait eu injure ou préjudice commis. Une agression, qui met en péril nos personnes et nos propriétés, nous autorise à la repousser elle-même par la force. Toutefois, par un excès de charité, Grotius, tout en reconnaissant le droit rigoureux de tuer celui qui pourrait nous frapper mortellement, déclare qu'il est beaucoup plus méritoire d'accepter l'alternative ! Mais, quand il envisage les guerres publiques, il retire bien vite cette affirmation, et se place uniquement au point de vue de la stricte justice, qu'il exagère même plutôt. Les États ont non seulement, comme les individus, le droit de punir les crimes commis contre leur existence, mais ils peuvent même faire justement la guerre, sinon aux idolâtres, du moins à ceux qui nient l'existence et la Providence de Dieu.

Tous ces motifs justifient l'appel à la force, tandis que les prétextes, agrandissement d'une nation voisine, construction de forteresses, ou les causes douteuses qui donnent le plus souvent naissance aux guerres, les réduisent à n'être que des brigandages honteux.

Durant les hostilités, les préceptes les plus élémentaires de la justice peuvent être également violés ; aussi Grotius étudie-t-il, dans un troisième livre, ce qui est alors permis ou proscrit, soit par le Droit des gens positif, soit par le Droit naturel. Et, chose bien curieuse, la distinction de ces deux

---

1. Cf. Grotius, *Le Droit de la guerre et de la paix.* Traduction Pradier-Fodéré, livre II, *passim.*

points de vue va entraîner, dans la solution, des différences si complètes, qu'elles iront jusqu'à l'opposition. Le même problème recevra deux réponses bien distinctes.

Et d'abord, que permet le Droit positif? Puisque la force est l'essence de la guerre, on peut contre l'ennemi l'employer sous toutes ses formes, et quelles qu'en soient, même pour les innocents, les tristes conséquences. Tel est le principe, voyons-en les plus importantes applications. Grotius admet la légitimité des ruses qui reposent sur des indications trompeuses, et l'emploi du mensonge, excepté dans les promesses, et bien qu'il y eût plus de simplicité chrétienne à s'en abstenir. Entre la déclaration de guerre, — qui n'est pas indispensable d'après la loi de nature, mais qui l'est devenue par l'usage des nations, — et l'ouverture des hostilités, il n'est pas nécessaire, ajoute-t-il, qu'il y ait le moindre intervalle de temps. Il est permis de nuire de toute manière à l'ennemi, dans sa personne et dans ses biens. Et comme tous les individus, dans l'État, doivent être considérés par l'étranger comme ennemis, en vertu de ce principe : « lorsque la guerre est déclarée à un peuple, elle est en même temps déclarée aux membres qui le composent [1] », il en résulte qu'on peut, d'après Grotius, massacrer non seulement les combattants, mais encore les femmes, les vieillards, les enfants. Seul, le viol est interdit. Le pillage est, par suite, également légitime : « il n'est pas contre nature de dépouiller celui qu'on peut honnêtement tuer ». On peut s'emparer même des choses sacrées, qui, comme les autres, deviendront la possession définitive du vainqueur. Quant aux prisonniers, ils deviennent, dès le jour de la conquête, des esclaves à perpétuité, ainsi que tous leurs descendants. Il

1. Cf. Grotius, *Le Droit de la guerre et de la paix*. Traduction Pradier-Fodéré, tome III, p. 98.

n'y a même rien, qu'on ne puisse impunément leur faire souffrir. Leurs biens tombent, avec eux, aux mains des conquérants. Le peuple victorieux acquiert en même temps la puissance civile sur le peuple vaincu, dont tous les membres deviennent les sujets de l'État qui a triomphé. Toutes ces conséquences des hostilités, si rigoureuses, si brutales, le Droit des gens positif les accepte, les déclare permises, parce que « en temps de guerre, tout ce qui n'est pas punissable par la loi, c'est-à-dire par l'usage des nations, peut être considéré comme légitime [1] ». Les droits de vie et de mort, d'esclavage, de pillage, d'assujettissement d'un peuple entier, deviennent, aux yeux de Grotius, les privilèges de ceux que le sort des armes a favorisés.

Mais le Droit naturel — c'est le second point de vue — va-t-il apporter au problème que nous étudions une solution aussi farouche ? Puisqu'il s'appuie à la fois sur la sociabilité et sur la raison humaine, éclairée de plus par la sagesse chrétienne, ses préceptes doivent profondément différer des coutumes suivies par les peuples. Et de fait, Grotius présente une série de tempéraments, de compromissions qui atténuent singulièrement les rigueurs du Droit positif. La brutalité pendant la guerre va faire place à la douceur, la justice à la charité, la vengeance à la clémence. Suivons Grotius sur ce nouveau terrain.

Il recommande d'abord aux belligérants d'épargner les femmes, les vieillards, les enfants, en un mot, tous ceux qui ne portent pas les armes ; de s'abstenir de tout dégât inutile ; de ne pas prendre à l'ennemi au delà de ce qu'il doit. Il formule le précepte suivant au sujet des prisonniers : ils ne sont personnellement responsables, en rigoureuse

---

1. Cf. Grotius, *Le Droit de la guerre et de la paix*. Traduction Pradier-Fodéré, livre III, ch. IV, *passim*.

justice morale, que dans la mesure nécessaire à la réparation du préjudice causé. L'esclavage, auquel on peut les astreindre, ne doit pas s'étendre au delà « d'une obligation de servitude perpétuelle, en retour de leur entretien perpétuel ». On ne peut exiger d'eux un travail trop pénible, ni leur infliger des châtiments disproportionnés aux fautes commises. Le pécule, qu'il leur est possible d'amasser, reste leur propriété ; leurs enfants ne sont pas en servitude. La sagesse conseille même d'accorder aux captifs le pouvoir de se racheter, moyennant une rançon. Quant à la conquête, elle ne donne pas au vainqueur le Droit de souveraineté sur les vaincus ; il faut leur laisser leur indépendance, et même une partie de leurs lois, surtout leur religion. Enfin, Grotius insiste sur la nécessité de la fidélité aux engagements et de la bonne foi, dans la conclusion de la paix [1].

On a pu se rendre compte, en suivant cet exposé rapide des théories de Grotius, qu'il s'appuie pour les présenter sur une division bien dangereuse : celle du Droit des gens positif et du Droit naturel, qu'il réduit en fin de compte à celle de la justice et de la charité. En justifiant, par l'usage des nations, les suites de la guerre, telles que le massacre des vaincus, l'esclavage, il contribuait à les perpétuer. Sans doute, il se placera ensuite au point de vue du Droit naturel, pour diminuer les horreurs et les tristes conséquences des hostilités ; mais ces tempéraments, ces adoucissements qu'il indique alors, il ne les présente point comme obligatoires, mais simplement comme plus conformes à la sagesse, à l'humanité, à la charité chrétienne. N'était-ce pas un procédé bien faible — et plutôt illusoire — pour amener les peuples à les introduire dans la pratique ? Le moraliste qui

---

1. Cf. Grotius, *Le Droit de la guerre et de la paix*. Traduction Prædier-Fodéré, livre III, ch. XI, XII, XIII, XIV et XV.

veut faire œuvre utile, efficace, doit frapper plus fort, présenter catégoriquement, sans ambages, sans ménagement pour les pouvoirs établis, les préceptes dont il veut amener la réalisation. C'est ce que paraît avoir mieux compris J.-J. Rousseau.

De bonne heure, il connut les théories de Grotius ; dès sa plus tendre enfance, il fut habitué à voir les ouvrages de cet auteur placés sur la table de son père, au milieu des instruments de travail. Il les appréciait même assez pour les mettre au nombre des livres, qu'il se proposait de faire lire à son élève, dans le but de lui donner quelques notions de morale et de Droit naturel [1]. Et cependant, il n'en ignorait pas les défauts : ce qu'il devait surtout critiquer, c'était cette séparation exagérée du Droit des gens naturel et du Droit positif, et la justification des rigueurs de la guerre par les usages des nations. Montrons-le en détail.

L'erreur capitale de Grotius, en ce sens qu'elle est la source de toutes les autres, se trouve, d'après J.-J. Rousseau, dans sa méthode. Si l'auteur du Droit de la guerre fait appel aux principes clairs et évidents de la raison, pour fonder le Droit naturel, il accepte en même temps l'autorité des faits et des coutumes des peuples, il leur accorde même une telle importance, si l'on en juge par les citations qu'il emprunte à l'histoire, à la poésie, qu'ils finissent par étouffer les principes rationnels du Droit, de sorte que Grotius arrive à « établir toujours le droit par le fait [2] ». Il rejoint ainsi malgré lui Hobbes, et ses principes deviennent semblables à ceux du philosophe anglais. S'ils paraissent tous deux différer par la méthode, comme ils ont au fond les mêmes principes, ils aboutissent au même résultat. Or,

1. Cf. Rousseau, Édit. Hachette, III, 44.
2. Cf. *Idem*, III, 307 ; II, 430.

c'est de ce mélange du droit et du fait, plus exactement encore de l'écrasement du droit sous l'amoncellement des faits, que proviendront les erreurs de Grotius. Au lieu « de fonder ses principes sur la raison et la nature des choses [1] », il se laisse aveugler par ce qu'il constate, et par l'autorité des poètes.

Ajoutez à cela chez lui la préoccupation, d'ailleurs semblable à celle de Hobbes, de plaire à la royauté. « Grotius, réfugié en France, mécontent de sa patrie, et voulant faire sa cour à Louis XIII à qui son livre est dédié, n'épargne rien pour dépouiller les peuples de tous leurs droits, et pour en revêtir les rois avec tout l'art possible [2]. » J.-J. Rousseau a fait remarquer en effet, au début du *Contrat social*, que Grotius, après avoir admis qu' « un particulier peut aliéner sa liberté et se rendre esclave d'un maître, » demande « pourquoi un peuple ne pourrait aliéner la sienne et se rendre sujet d'un roi ». On retrouve d'ailleurs la même opinion, sans aucune atténuation, dans cette proposition si grave. « Ce qu'est un esclave dans la famille, un sujet l'est dans l'État : il est par conséquent l'instrument de celui qui gouverne [3]. » Ces différentes affirmations semblent bien avoir été formulées pour établir la domination absolue du monarque sur son peuple, de sorte que la critique de J.-J. Rousseau est loin d'être dénuée de valeur. En même temps, il constatait, avec autant de vérité, que ce raisonnement de Grotius dénaturait tous les vrais principes de l'association politique, dont l'objet n'est pas le triomphe de la royauté et de la tyrannie, mais au contraire la protection de la vie et des biens des individus. Nous ne serons donc pas surpris de

---

1. Cf. Rousseau, Édit. Hachette, III, 311.
2. Cf. *Idem*, III, 319.
3. Cf. Grotius, t. I, p. 340.

voir Grotius, dans sa partialité pour ces monarques, qui sont d'habitude animés par l'esprit de conquête, soutenir une série de propositions inexactes. J.-J. Rousseau va l'établir.

D'après lui, Grotius se trompe d'abord sur la nature de la guerre. En reconnaissant qu'elle peut exister entre les individus, il commettait déjà l'erreur qui avait été celle de Hobbes, et qui sera celle de Montesquieu. Il est évident, au contraire, que la guerre ne peut éclater entre les hommes, d'abord, parce qu'il ne peut exister entre eux de relation assez permanente pour l'entraîner, ensuite, parce qu'elle est constituée plutôt par le rapport des choses que par celui des individus. Mais, c'est surtout dans sa théorie des guerres mixtes ou civiles, que Grotius, tout en se séparant des autres philosophes, s'éloigne de la vérité. Les sujets ne peuvent véritablement entrer en conflit avec les puissances, parce que les sujets sont « une chose », c'est-à-dire des personnes réelles et vivantes, tandis que les États ne sont que des personnes publiques. Cette doctrine des luttes civiles entre les citoyens et le pouvoir n'a donc, aux yeux de l'auteur du *Contrat social*, aucune raison d'être, elle tombe devant cet argument, en quelque manière mathématique. « Entre choses de diverses natures, on ne peut fixer aucun vrai rapport [1]. » Les hommes, qu'on les envisage à l'état de nature, comme Hobbes, ou dans l'état de société, comme Grotius, sont des êtres vivants, les États sont des êtres fictifs : il n'y a pas de rapport entre eux.

De même, lorsqu'il aborde l'examen des causes justificatives de la guerre, et surtout lorsqu'il assigne à celle-ci pour rôle la punition des crimes, Grotius va trop loin. Il s'écartait déjà de la réalité, en reconnaissant l'existence des

---

1. Cf. Rousseau, Édit. Hachette, III, 310.

guerres privées et des guerres mixtes, qui en réalité n'en
sont pas; si nous nous bornons aux guerres publiques, les
seules qui existent, nous voyons qu'il se trompe beaucoup
plus encore, parce qu'il n'indique pas exactement le rôle
de l'État. En réalité, ce dernier est chargé de la défense de
la vie, des biens, des droits des individus; c'est la raison de
son existence ; par suite, s'il entreprend la guerre, ce ne
peut être justement que la guerre défensive, dans le but de
sauvegarder les droits des citoyens. Dans ce cas et dans ce
cas seul, la lutte contre l'ennemi est un devoir pour l'État
envers les nations qu'il représente, et par suite cette obligation peut devenir la cause justificative de la guerre.
Qu'on ne soutienne pas que la légitime défense est un
devoir international, car elle ne procède pas d'obligations
réciproques des puissances les unes envers les autres ; de
sorte que la guerre n'est pas en ce sens un droit pour les
États. Elle n'est un devoir pour le souverain que par rapport aux membres qui le composent. Voilà ce que Grotius
n'a pas compris; la guerre ne peut être entreprise que
pour la défense nationale. Il commet la plus dangereuse
erreur, lorsqu'il essaie de la justifier par d'autres arguments, et notamment, lorsqu'il autorise l'emploi de la
force contre ceux qui nient l'existence et la Providence
de Dieu. Les peuples ne sont pas les ministres vengeurs
de la Divinité.

Mais, c'est surtout lorsqu'il arrive, dans le troisième livre,
à l'exposition des droits positifs de la guerre, que Grotius
commet des erreurs. Nous l'avons surpris, justifiant de ce
point de vue, le mensonge, la ruse, l'absence d'intervalle
entre la déclaration de guerre et les hostilités, le pillage, le
butin, le massacre des soldats, et même des femmes, des
vieillards, des enfants, l'assujettissement des hommes et des

nations. J.-J. Rousseau a peine ici à contenir son indignation. A ses yeux, le Droit positif ne peut pas plus tolérer
tous ces abus que le Droit naturel, et les tempéraments, les
adoucissements que Grotius apporte au nom de celui-ci,
loin d'être facultatifs, sont au contraire obligatoires. Ce n'est
pas la charité, c'est la justice stricte qui défend d'attenter à
la vie, non seulement de ceux qui ne portent pas les armes,
mais encore des soldats, quand on peut les faire prisonniers [1]. Et dans ce dernier cas, qu'on ne se méprenne pas
sur le droit d'esclavage. J.-J. Rousseau s'est élevé, dans le
Contrat social, contre la théorie de Grotius, en soutenant
qu'aucun homme n'a le droit d'aliéner sa liberté, bien
moins encore celle de ses enfants. « Renoncer à sa liberté,
c'est en effet renoncer à sa qualité d'homme [2]. »

A plus forte raison, un peuple ne peut-il se dépouiller de
son indépendance, et abdiquer en quelque manière sa souveraineté. La conquête n'entraîne donc pas la servitude,
qu'elle soit acceptée librement ou non. La force ne peut
fonder le droit. Grotius allait même jusqu'à soutenir que
le Droit naturel, c'est-à-dire la clémence, conseillait au vainqueur d'exiger du vaincu « la servitude perpétuelle en
échange de l'aliment perpétuel ». Et c'est la seule conces-
sion que la charité puisse dicter au conquérant! N'est-il
pas triste de voir l'auteur du Droit de la guerre et de la paix
aboutir à un si mince résultat? Aussi, J.-J. Rousseau n'hésite-t-il pas à se séparer complètement de son prédécesseur.
S'il a condamné les rigueurs du Droit positif, interprété
trop durement par Grotius, il ne peut même s'en tenir aux
tempéraments que celui-ci présente au nom de la charité.

---

1. Cf. Rousseau, Édit. Hachette, III, 311.
2. Cf. *Idem*, III, 309.

Il va donc reprendre à nouveau la théorie de la guerre, puisque Grotius lui-même, égaré par l'admiration de l'antiquité, par de vieux préjugés théologiques, et par ses préférences pour la monarchie, n'est, en dernière analyse, qu' « un enfant de mauvaise foi en politique ».

VI. — A travers les critiques qu'il a dirigées contre les systèmes de ses prédécesseurs, on a pu surprendre déjà la méthode, que J.-J. Rousseau suivra dans l'étude de la guerre, telle qu'elle doit être. Il se préoccupera peu de constater, comme l'a fait ouvertement Hobbes, ce qui est ou ce qui a été. Ce procédé « analytique » lui déplaît, et il ne s'est pas fait faute de le déclarer. Il évitera également d'accueillir, à la suite de Grotius, les coutumes établies par le Droit positif. Il prétend, au contraire, qu'au lieu de raisonner sur des événements, pour les justifier le plus souvent, il faut envisager « la nature » des choses, qui est comme la représentation idéale, logique de l'objet étudié, qui est l'essence première et immuable, exprimée dans les faits multiples par des lois nécessaires. La déduction, employée pour découvrir celles-ci, sera donc la meilleure méthode à suivre dans cette recherche, toutes les fois qu'elle sera praticable : « Pour connaître exactement quels sont les droits de la guerre, examinons avec soin la nature de la chose, et n'admettons pour vrai que ce qui s'en déduit nécessairement [1]. »

Qu'est-ce donc que la guerre, ou, plus exactement, que doit-elle être ? Mais d'abord, pourquoi apparaît-elle à certains moments, pour armer les hommes les uns contre les autres ? La réponse, nous l'avons vu, ne doit pas être cherchée dans la condition humaine considérée soit à l'état de nature, soit à l'état civil ; Hobbes, Montesquieu et Grotius

1. Cf. Fragment inédit, dans l'Appendice, n° 7840.

se sont trompés sur ce point. La solution est plus simple. Les hommes, au moment de former les sociétés politiques, ont fait abandon de leur indépendance naturelle, ils se sont unis entre eux par un pacte, dont l'objet est de garantir à chacun sa vie, ses biens, ses droits. Le résultat de cette association est la constitution de l'État, qui est une personne publique, représentant en quelque sorte la totalité de ses membres, chargée de la défense de leur existence et de leurs intérêts. A ce point de vue, l'État exprime comme en une seule figure la multiplicité des citoyens ; sa personnalité juridique représente l'existence réelle des associés ; il est revêtu de tous leurs droits ; il est maître de tous leurs biens, sans que cependant les possessions individuelles soient devenues propriétés entre les mains du souverain. Il en résulte que l'État a le devoir de défendre la vie et les biens des citoyens, puisqu'il n'a été formé que dans ce but ; selon le mot de J.-J. Rousseau, la Police est son premier rôle. Supposons dès lors que les droits des citoyens viennent à être attaqués par une puissance ambitieuse ou malveillante, ennemie de la paix : de ce moment, la légitime défense devient un devoir pour l'État envers la nation qu'il représente, et par suite la seule « cause justificative » de la guerre. Loin d'être un droit pour les États, qui, dans leur indépendance naturelle, n'ont pas les uns envers les autres d'obligations réciproques, la guerre n'apparaît donc, en toute justice, que comme un devoir des États envers les individus qui les composent. Ceux-ci ont conclu, dans l'intérêt de leur sûreté, un pacte qui a donné naissance à l'État : ce dernier ne peut se soustraire aux clauses du contrat, son devoir est d'assurer la sécurité de ses commettants [1].

1. Cf. *Précis du Droit des gens* par Funck-Brentano et Sorel, livre II.

Ainsi, la guerre ne se justifie que si elle est défensive. Et pourtant, elle éclate d'habitude, sous les moindres prétextes, en vertu « de causes douteuses », disait Grotius ; les nations trop grandes, les monarchies surtout, se font un jeu de refuser aux puissances plus faibles les titres qui leur sont dus, de méconnaître leurs droits, dans le but plus ou moins dissimulé de s'agrandir encore, et d'augmenter leur force. Tous ces motifs, avec le dessein secret qu'ils recouvrent, « annoncent l'intention de nuire » ; la guerre « offensive », soulevée par ces impudents agresseurs, est rigoureusement injuste, moralement condamnable. Au contraire, dans le camp opposé, le peuple, attaqué dans ses droits les plus chers, est autorisé à se défendre ; l'État qu'il a formé a contracté, vis-à-vis de lui, l'obligation de le protéger, son devoir lui impose la guerre défensive. Mais la fin que l'État doit poursuivre, en se déterminant à faire appel à la force, c'est uniquement de rappeler l'ennemi au respect de son droit ; loin de songer à la conquête, aux avantages qu'il peut recueillir, il ne doit employer les moyens violents que dans la mesure où il s'y trouve obligé, pour ramener l'adversaire au droit, pour provoquer le rétablissement des rapports de justice et d'égalité. « La guerre, déclare J.-J. Rousseau, est quelquefois un devoir, et n'est point faite pour être un métier. Tout homme doit être soldat pour la défense de sa liberté ; nul ne doit l'être pour envahir celle d'autrui [1]. »

Il ne faudrait cependant point s'imaginer que ce devoir de légitime défense appartienne, à rigoureusement parler, à l'homme, au citoyen ; ce serait autoriser les guerres « privées », et les guerres « mixtes » ou guerres civiles, que J.-J. Rousseau a condamnées, soit chez Hobbes, soit chez

1. Cf. Rousseau, Édit. Hachette, I, 55.

Montesquieu, soit chez Grotius. En réalité, et comme nous
l'avons établi, la guerre défensive est le devoir, mais en
même temps le privilège de l'État. Et de suite, nous voyons
se poser devant nous ce principe capital, qui est en même
temps la plus admirable découverte de l'auteur du *Contrat
Social*, en matière de Droit des gens : « *La guerre n'est
point une relation d'homme à homme, mais une relation
d'État à État* [1]. »

Cet axiome, qui s'explique par ce rôle de défenseur, de
policier, qui appartient uniquement à l'État, est de la plus
haute importance ; il va renouveler la théorie de la guerre.
Dans l'antiquité, en effet, les peuples considéraient les nations
avec lesquelles ils étaient en lutte, comme privées de tous
droits, et se croyaient tout permis à leur égard. Les Grecs,
par exemple, envisageaient les étrangers, « les Barbares »,
comme les ennemis naturels de la Grèce, et ils tenaient
pour impossible toute communauté de droits avec eux.
Toutes les ruses, toutes les violences semblaient permises
contre eux. Les Romains, sans doute, respectaient davantage
la religion, les usages des vaincus ; mais pendant la guerre,
ils agissaient encore le plus souvent avec cruauté et sans
ménagement : l'humanité, dont ils faisaient parfois preuve,
était toujours intéressée, elle n'était guère chez eux qu'un
moyen de conquête, en vue de cette domination absolue sur
tout l'univers, poursuivie sans relâche par Rome. Avec le
moyen âge, la guerre allait devenir plus humaine ; l'Église
chrétienne, d'une part, en faisant de Dieu le père des hommes,
et des hommes les enfants de Dieu, formulait le principe de
la confraternité des peuples, et sa loi de la charité allait
jusqu'à recommander l'amour des ennemis, mais ces mesures

1. Cf. Rousseau, Édit. Hachette, III, 310.

de clémence ne devaient s'appliquer qu'aux chrétiens. C'est dans les temps modernes que la définition de la guerre devait se purifier, et amener à sa suite plus de justice et d'humanité pendant les combats. Nous avons vu que Grotius, malgré ses erreurs, fit cependant beaucoup pour adoucir, au nom de la charité, les rigueurs des hostilités. Malheureusement, par sa distinction du Droit positif autorisant, légitimant la brutalité, et du Droit naturel recommandant simplement la clémence, la douceur ; ensuite par sa définition inexacte des belligérants, il se trouvait dans l'incapacité d'établir d'une façon définitive le Droit de la guerre. A J.-J. Rousseau se trouvait ainsi réservé l'honneur de préciser le sens du mot « ennemi ». L'ennemi, grâce à lui, ne sera plus un Barbare ; on devra le traiter avec ménagement, non plus, comme les Romains, dans l'espoir de lui faire accepter plus facilement la domination, non plus, comme l'Église, parce qu'il sera chrétien. Les mesures d'humanité, de justice vont devenir obligatoires, parce qu'elles seront rattachées à ce principe lumineux : il n'y a d'ennemis que les Puissances. En déclarant que la guerre n'est qu'une relation d'État à État, J.-J. Rousseau fondait une théorie nouvelle, acceptée depuis cette époque par les plus grands jurisconsultes, parce qu'elle entraîne les plus heureuses applications.

On s'en rendra facilement compte. Et d'abord, dans la guerre ainsi définie, les hommes ne sont plus, à vrai dire, des adversaires, comme J.-J. Rousseau le déclare expressément : « Quels sont ceux qui peuvent s'appeler réellement ennemis ? Je réponds que ce sont les personnes publiques, et qu'est-ce qu'une personne publique ? Je réponds que c'est cet être moral, qu'on appelle Souverain, à qui le pacte social a donné l'existence ». La guerre n'existe donc qu'entre deux États, entre deux puissances politiques ; elle n'est nullement la lutte entre les membres qui les composent, envisagés comme tels. Aussi, lisons-nous à la suite de ce texte : « Si la guerre n'a lieu qu'entre des êtres moraux, elle n'en veut point aux hommes (en principe), et l'on peut la faire sans ôter la vie à personne. Mais ceci demande explication [1]. »

L'explication est facile. Puisque ce sont les États qui s'attaquent entre eux, et puisqu'ils ne sont pas des êtres vivants, comme les hommes, la lutte n'est en réalité qu'une lutte entre deux conventions publiques. « Faire la guerre à un souverain, c'est attaquer la convention publique et tout ce qui en résulte, car l'essence de l'État ne consiste qu'en cela [2] ». Supposez, par suite, que les hostilités amènent la chute d'un État, c'est-à-dire la rupture du lien qui unit ses membres en un corps politique, l'État disparaîtrait « sans qu'il mourût un seul homme ». Pour le comprendre, il suffit d'envisager un instant les guerres de conquête, d'ailleurs si criminelles. Ce que l'ennemi poursuit, lorsqu'il les entreprend, c'est l'assujettissement d'un peuple, l'appropriation de ses biens ; par suite les efforts qu'il déploie tendent à faire disparaître l'association politique, pour que, sur ses ruines, il puisse devenir plus facilement le maître de la vie, des biens des sujets : le premier résultat serait ainsi une substitution de pouvoir. Ainsi s'explique cette pensée de J.-J. Rousseau, « que la plupart des sujets de guerre sont étrangers à la vie des hommes [3] ». Puisque la guerre est une lutte d'État à État, c'est-à-dire de souveraineté à souveraineté, la victoire peut se produire, sans qu'elle

1. Cf. Fragment relatif à l'état de guerre, dans l'Appendice.
2. Cf. *Idem.*
3. Cf. Fragment inédit, dans l'Appendice, n° 7840.

coûte la vie d'un seul homme ; il est possible qu'elle résulte simplement de la rupture du pacte social. Ce n'est donc pas le rapport des hommes qui constitue la guerre, c'est bien plutôt le rapport des choses [1]. Il y a des nations qui convoitent la suprématie, exercée par d'autres sur les biens des sujets : cela suffit à faire éclater la guerre. Celle-ci n'est pas et ne doit pas être la lutte entre des hommes, mais uniquement entre des États.

VII. — De ce principe général, que la guerre est une relation d'État à État, découlent les conséquences les plus importantes, qu'il s'agisse de la déclaration de guerre, des belligérants, des opérations militaires, de la paix et de ses résultats. Suivons J.-J. Rousseau dans ses déductions [2].

D'abord, la guerre doit être déclarée. Sans doute, si l'on se place sur le terrain des faits, l'état de guerre apparaît comme naturel entre les Puissances, puisque les unes cherchent constamment à s'agrandir aux dépens des autres. Mais le fait n'autorise pas le droit, et l'État, qui se propose d'attaquer un autre État, doit révéler expressément son intention. C'est que la guerre, comme tous les actes sociaux, ne peut résulter que « d'un libre consentement des parties belligérantes » ; elle ne peut se produire que si les deux nations, convaincues de ne pouvoir arriver pacifiquement à l'entente, se résolvent à faire appel à la force, à lui demander de décider laquelle d'entre elles, étant la plus forte, pourra, en raison de sa victoire, imposer sa volonté à l'autre. Ici encore, il doit se produire une sorte de pacte, d'entente, de quasi-contrat, sans lequel la guerre loyale ne peut exister ; la lutte doit être précédée d'une déclaration présentée

1. Cf. Rousseau, Édit. Hachette, III, 310.
2. Fragment relatif à l'état de guerre, *passim*.

par l'un des adversaires et acceptée par l'autre. Supposons
en effet, dit J.-J. Rousseau, qu'une puissance « veuille attaquer, et que l'autre ne veuille pas se défendre, il n'y aura
point d'état de guerre, mais seulement violence et agression ».
Cette remarque est des plus justes, elle établit à merveille
la distinction entre la guerre loyale et la guerre illégitime.
En considérant comme nécessaire cette déclaration et cette
acceptation, J.-J. Rousseau mettait un frein à l'ambition
des nations trop grandes, et aux visées orgueilleuses des
monarques, qui veulent, au mépris de toute justice, agrandir leurs possessions et leur puissance. Il est évident, en
effet, que les petits États, injustement attaqués, auraient
ainsi la ressource de refuser leur consentement à une déclaration de guerre, lancée dans le seul but de les anéantir.

J.-J. Rousseau va plus loin encore, et insiste sur la nécessité de ce que le Droit des gens actuel appelle « la publi-
cation de la guerre ». L'ouverture des hostilités, en effet, ne
doit pas être seulement connue des gouvernements, mais
encore de tous les citoyens, qui doivent, dans l'intérêt de
leur vie, de leurs biens, être soigneusement prévenus.
Lisons, pour nous convaincre, cette phrase remarquable du
Contrat social : « Les déclarations de guerre sont moins
des avertissements aux puissances qu'à leurs sujets [1]. »
L'appel à la force modifie en effet complètement les conditions de sécurité des individus, et, comme le besoin de
sûreté est la grande raison qui a fait naître l'État et qui le
maintient, il faut songer avant tout à la tranquillité des
membres de l'Association. Les citoyens, au moment où leur
repos peut être ainsi troublé, doivent être prévenus, afin
qu'ils se tiennent sur leurs gardes.

1. Cf. Rousseau, Édit. Hachette, III, 311.

La situation des sujets sera d'ailleurs bien différente, selon qu'ils porteront les armes, ou qu'ils ne les prendront pas. En principe, il n'y a de parties belligérantes que les puissances, et la raison en est évidente, si l'on se reporte au principe fondamental de J.-J. Rousseau : « que la guerre n'existe que d'État à État ». Il faudra donc considérer uniquement, comme ennemis, les citoyens que la nation arme pour sa défense, les soldats réguliers. Et même, ceux-ci en tant qu'hommes sont des êtres privés, et comme tels, ils ont un grand nombre de droits, en ce qui concerne leur personne, leur famille, leur fortune. Puisque la guerre ne se fait que d'État à État, et non pas entre individus, elle n'a point pour conséquence l'extinction de ces droits privés, qui ne peuvent jamais dépendre du bon plaisir de l'ennemi.

A plus forte raison, et d'après le même raisonnement, on ne doit pas, pendant les hostilités, envisager comme adversaires, les vieillards, les enfants, les femmes. La stricte justice impose, au contraire, le devoir de ne commettre à leur égard aucune violence. Nous sommes ici bien loin de Grotius. Le Droit des gens positif, à son avis, permettait de les traiter en ennemis, de les massacrer. Puffendorf, avec lui et après lui, acceptait encore comme une loi évidente, naissant de l'accord des peuples, que tous les membres des États belligérants, par suite les femmes, les enfants, les vieillards, les malades sont des ennemis, et par conséquent à la merci du vainqueur. Le seul adoucissement qu'on apportait à ces rigueurs, c'est qu'il ne faut pas abuser des femmes. J.-J. Rousseau eut la profonde originalité de réagir coutre ces pratiques terribles, en posant un principe lumineux, qui mettait désormais à l'abri de la violence la vie de tous ceux qui ne portent pas les armes, quels qu'ils soient. Les opérations de la guerre ne doivent pas

davantage les atteindre, puisqu'ils ne sont pas, à parler
exactement, des combattants. Elles ne peuvent concerner
que les soldats armés. Il ne faut donc s'occuper que de ces
derniers, lorsqu'on envisage les coutumes suivies pendant
les hostilités. Quels sont donc, parmi ces usages, ceux que
J.-J. Rousseau autorisait? Sa réponse se trouve dans ce
texte du *Contrat social* : « On a le droit de tuer les défenseurs de l'État, tant qu'ils ont les armes à la main ; mais,
sitôt qu'ils les posent et se rendent, cessant d'être ennemis
ou instruments de l'ennemi, ils redeviennent simplement
hommes, et l'on n'a plus de droit sur leur vie [1]. »

Il faut d'abord remarquer que ce droit de mort ne
s'explique pas par la cruauté, par la soif du sang, mais
uniquement par la nécessité de la défense : « La loi naturelle crie à l'homme, qu'il ne lui est permis de sacrifier la
vie de son semblable, qu'à la conservation de la sienne [2]. »

Aussi, dès que les membres d'un État se rendent et posent
les armes, ils ne peuvent plus être considérés comme ennemis, ils ne peuvent plus être mis à mort; la seule mesure
qu'il soit désormais permis de prendre à leur égard, c'est
de les faire prisonniers. Mais, il est indispensable de bien
s'entendre sur ce point, afin de ne pas tomber dans les
erreurs si maladroitement commises par Grotius : les vaincus
ne doivent être maintenus en captivité que pendant la durée
de la guerre. Et cette règle se justifie toujours par l'intérêt
de la défense : ils sont mis ainsi hors de combat, par suite
dans l'impossibilité de nuire.

Tels sont les préceptes, pleins d'humanité, que J.-J. Rousseau dicte au vainqueur. Nous sommes bien loin de Grotius,
aux yeux duquel le Droit des gens positif autorisait le mas-

1. Cf. Rousseau, Édit. Hachette, III, 311.
2. Cf. Fragment relatif à l'état de guerre dans l'Appendice.

sacre des captifs. « Grâce à Dieu, dit J.-J. Rousseau, on ne voit plus rien de pareil parmi les Européens. On aurait horreur d'un prince, qui ferait massacrer les prisonniers. On s'indigne même contre ceux qui les traitent mal, et les maximes abominables, qui font frémir la raison et révolter l'humanité, ne sont plus connues que des jurisconsultes, qui en font tranquillement la base de leurs systèmes politiques. » Et plus loin : « Quand mille peuples auraient massacré leurs prisonniers, quand mille docteurs vendus à la tyrannie auraient excusé ces crimes..., ne cherchons point ce qu'on fait, mais ce qu'on doit faire [1]. »

Et ce n'est pas la charité seulement, mais la stricte justice, qui ordonne à l'État vainqueur de respecter la vie des vaincus et de les bien traiter. Elle défend également de recourir, pendant les hostilités, au pillage, au butin, à l'incendie. Nous avons établi, déjà, que les droits privés sont à l'abri des rigueurs de la guerre. Les biens des particuliers doivent donc être préservés, puisqu'ils ne sont pas, à proprement parler, biens de l'État. Le *Contrat social* n'a pas en réalité dépouillé les individus de leurs possessions. « Loin qu'en acceptant les biens des particuliers, la communauté les en dépouille, elle ne fait que leur en assurer la légitime possession, et changer la jouissance en propriété. » Dès lors, il faut respecter les biens des individus.

« Même en pleine guerre, un prince juste s'empare bien, en pays ennemi, de tout ce qui appartient au public, mais il respecte la personne et les biens des particuliers [2]. »

Aussi, J.-J. Rousseau condamne-t-il rigoureusement toutes les pratiques, qui pourraient être contraires à son principe essentiel, que la guerre n'est jamais qu'une relation d'État

1. Cf. Fragment inédit dans l'Appendice, n° 7840.
2. Cf. Rousseau, Édit. Hachette, III, 317, 311.

à État. Écoutez, par exemple, l'ironie profonde qui perce à travers ces lignes. « J'ai vu l'incendie affreux d'une ville entière sans résistance et sans défenseurs. Tel est le droit de la guerre, parmi les peuples savants, humains et polis de l'Europe : on ne se borne pas à faire à son ennemi tout le mal dont on peut tirer du profit, mais on compte pour un profit tout le mal qu'on peut lui faire à pure perte [1]. »

J.-J. Rousseau demande, au contraire, que les opérations militaires s'inspirent des principes de la plus pure justice, que les combattants répudient toutes les mesures qui ne sont pas commandées par l'intérêt de la défense nationale, et que la guerre, loin d'entraîner les belligérants à toutes sortes d'excès, « anime leur valeur sans exciter leur colère [2] ».

La lutte doit d'ailleurs se terminer le plus rapidement possible, c'est-à-dire dès l'instant où l'un des États se reconnaît vaincu par la force. Aussitôt la paix doit mettre fin aux hostilités. Or, de même que la guerre ne pouvait s'ouvrir que par le consentement des parties belligérantes, de même, pour qu'elle prenne fin, « leur libre et mutuel consentement est aussi nécessaire [3] ». De cette manière, on pourra constater que les puissances sont résolues à respecter le Droit. Il faut, bien entendu, que cette paix soit sincère, qu'elle mette réellement fin aux combats, et qu'elle ne soit pas simplement une trêve, pendant laquelle une nation se hâte de réparer ses forces, pour reprendre l'offensive avec des chances de succès. Ici, comme précédemment, la bonne foi des deux parties est requise, elle est exigée par la sécurité des citoyens qui composent les États.

Voilà les règles de justice qui doivent être observées pen-

1. Cf. Rousseau, Édit. Hachette, IV, 287.
2. Cf. *Idem*, V, 139.
3. Cf. Fragment inédit dans l'Appendice, n° 7840.

dant la guerre; nous les retrouvons aussi fermes, aussi élevées, lorsque J.-J. Rousseau étudie les suites légitimes des hostilités. Nous avons dit que la seule conséquence de la lutte devait être d'assurer, à l'un des États, la jouissance paisible de ses droits, reconnus alors et respectés par l'autre. Tous les résultats différents sont condamnables. Qu'il s'agisse, par exemple, des prisonniers : nous avons vu qu'on n'avait pas la faculté de les massacrer, ni de les maintenir perpétuellement en captivité. La victoire ne peut donc servir d'origine et de fondement à l'esclavage. J.-J. Rousseau l'a déclaré hautement contre Grotius; il a soutenu, avec raison, que la servitude ne devait pas punir les combattants de leur dévouement à la patrie, et surtout, il a montré que les enfants des captifs conservaient toute leur indépendance. Il a même pris le soin d'ajouter, qu'on ne pouvait aucunement forcer les vaincus à « se naturaliser dans un État étranger ». Ce serait, en effet, porter atteinte à leur liberté, en même temps qu'à leur droit au bonheur. « Il répugne à la raison de dire à autrui : « Je veux que vous soyez heureux autrement que vous ne voulez vous-même [1]. »

Et que dirons-nous du « Droit de conquête » ? J.-J. Rousseau s'élève, à plusieurs reprises, vigoureusement contre la théorie soutenue alors par la plupart des penseurs, et s'appuie pour cela sur les principes énoncés par le *Contrat social*. Du moment qu'on n'a pas le droit d'asservir les prisonniers, ni de les forcer à habiter dans un pays, on ne peut établir sur eux une nouvelle souveraineté. Liés, par un contrat antérieur, à leur patrie, les captifs lui restent attachés, et la contrainte ne peut les en séparer. Il faut bien se garder, en effet, d'oublier ce qui a été souvent répété par

1. Cf. Fragment inédit de J.-J. Rousseau, dans l'Appendice, n° 7840.

J.-J. Rousseau, que chaque peuple dispose de lui-même,
de même que chaque individu est maître de sa propre
liberté. La conquête, en assujettissant les vaincus à
d'autres lois, ferait donc violence à ce droit sacré et imprescriptible. D'ailleurs, loin de mettre fin à la guerre, elle ne
ferait que la perpétuer. Le peuple conquis, en effet, « n'est
tenu à rien du tout envers son maître, qu'à lui obéir autant
qu'il y est forcé [1]. » L'état de guerre subsisterait donc indéfiniment, puisque le règne de la force n'est pas celui du
Droit.

Nous venons d'indiquer les heureuses applications que
J.-J. Rousseau a tirées de ce principe, qui est la source de
son originalité : « La guerre est une relation d'État à État ».
Cette proposition capitale lui a permis de placer en pleine
lumière les droits de la guerre. Les hommes, à l'état de
nature, quoi qu'en dise Hobbes, ne sont pas ennemis les
uns des autres, pas plus que ne le sont, et quoi qu'en
pense Montesquieu, les hommes en société. Grotius lui-
même a tort de soutenir que les sujets peuvent se soulever
contre le pouvoir : la guerre civile n'existe pas, à rigoureusement parler; il n'y a que des guerres publiques, divisant et
armant les uns contre les autres les États. Or, s'il en est
ainsi, la raison exige que les hostilités soient ouvertes, conduites et terminées, suivant les règles de la plus étroite justice ; c'est ce que, le premier, J.-J. Rousseau a compris,
comme nous l'avons fait voir, en rapprochant un grand
nombre de textes épars dans son œuvre, et qui sont comme
le canevas du livre, qu'il s'était proposé d'écrire sur ce
sujet.

Tel devait être l'esprit de ses « Principes du Droit de la

1. Cf. Rousseau, Édit. Hachette, III, 311.

guerre ». Pourquoi n'a-t-il donc pas rédigé cet ouvrage, qu'il
annonçait à son éditeur ? La réponse ne nous paraît pas douteuse : il s'était rendu compte que ce livre serait inutile, que
les sages préceptes, dont il l'aurait rempli, ne seraient jamais
appliqués. Sur l'efficacité de ce second remède, qu'il aurait
proposé contre la guerre sans merci, telle qu'elle était pra-
tiquée, telle que nous l'avons dépeinte, J.-J. Rousseau ne
pouvait se faire illusion. Il se rencontrera toujours des
nations, qui se croiront au-dessus du Droit, parce qu'elles
auront la force en partage. Elles refuseront de se soumettre
à l'équité, de respecter les principes de la lutte loyale, dont
l'observation ne peut être assurée par aucune mesure.
« Faute de sanction, ces lois ne seront que des chimères...
comme elles n'ont d'autre garant que l'utilité de celui qui s'y
soumet, elles seront rarement respectées [1]. » Ces paroles
sont des plus vraies. Quelles peines pourrait encourir la
violation des lois de la guerre ? Comment parviendrait-
on à les établir ? Ne serait-il pas impossible de les
appliquer ? Ne créerait-on pas ainsi une nouvelle source
d'hostilités perpétuelles ? Il y a toutes raisons de le craindre,
aux yeux de J.-J. Rousseau, et cette nouvelle tentative,
qu'il avait conçue sous la forme d'un Code de la guerre est
elle-même illusoire. Déjà, nous avons vu combien il était
douteux que les grandes nations consentissent à se restreindre ou à se diviser ; il l'est encore davantage qu'elles se
soumettent, pendant les combats, à des règles que leur puissance leur permettrait d'enfreindre impunément.

---

1. Cf. Fragment relatif à l'état de guerre dans l'Appendice.

CHAPITRE V

J.-J. Rousseau se décide à vouloir simplement préserver des dangers de la guerre les nations peu étendues. Mais la société générale du genre humain, qu'elle existe naturellement, ou qu'elle soit formée par la religion, par la force, par le livre, ne peut satisfaire Rousseau. La véritable solution sera l'association volontaire des petits États.

Le problème, malgré ces deux tentatives pour le résoudre, reste donc sans réponse : puisqu'il existe des puissances trop grandes, peu disposées à se restreindre, et puisque la guerre, quoi qu'on puisse faire, aura toujours des conséquences terribles, il faut se résigner à protéger simplement les faibles, c'est-à-dire les petits États. Par quels moyens ces derniers qui, livrés à eux-mêmes, auraient peine à se défendre, pourront-ils échapper à l'ambition des plus grands ? Comment la vie et les droits des citoyens, qui ne peuvent être réellement sauvegardés à l'intérieur que dans une nation peu étendue, pourront-ils, en outre, être préservés des dangers que peut entraîner la guerre recherchée et soulevée par les grands peuples ? En un mot, comment J.-J. Rousseau pourra-t-il assurer l'existence des puissances plus faibles ?

I. Mais une question préjudicielle se présentait à ce moment devant lui : ces petits États méritent-ils véritablement d'exister ? Et d'une manière générale, une nation, quelle que soit sa grandeur, a-t-elle des droits, et que sont-ils ? Lorsque nous avons envisagé les individus, la nécessité de défendre leurs prérogatives s'est imposée, et a donné naissance à l'organisation politique. En sera-t-il de même des peuples?

Pour résoudre cette difficulté, rappelons d'abord la définition de l'État. C'est une association volontaire d'hommes, dont le but est de garantir à chacun la vie et les biens, et de lui assurer la liberté et l'égalité. Les contractants unissent dans cette intention leur volonté et leur énergie, pour que chacun des membres soit protégé de toute la force commune. « A l'instant, au lieu de la personne particulière de chaque contractant, cet acte d'association produit un corps moral et politique [1]. » Ces expressions de J.-J. Rousseau doivent être prises à la lettre : l'État est une personne, c'est-à-dire une collectivité à laquelle on doit reconnaître une existence idéale, distincte de celle de ses membres ; c'est « une personne publique ». Il ne faudrait pas croire pour cela qu'il fût un être réel, existant à part soi, en dehors des individus. Malgré certaines expressions échappées à sa plume, l'auteur du *Contrat social* ne considère l'État comme une personne qu'au point de vue théorique. Et il a raison, car cet être fictif peut être envisagé comme capable d'acquérir ou de faire valoir certains droits. Il a une personnalité, il a des prétentions et une volonté, tout comme les personnes physiques. Il est bien facile de s'en convaincre ; puisqu'il représente la totalité des membres qui le constituent, il exprime en même temps l'ensemble de leurs droits. Or, les citoyens non seulement possèdent la vie, mais encore la liberté, l'égalité, auxquelles rien ne doit porter atteinte, parce que ce sont les titres inaliénables de la nature humaine. C'est précisément pour faire respecter

1. Cf. Rousseau, Édit. Hachette, III, 313.

ceux-ci, le jour où l'on pourrait les méconnaître, que la société politique a été réorganisée. De sorte qu'à ce point de vue, le Droit des gens apparaît comme un prolongement du Droit individuel, dont il assure la sanction. L'État a pour rôle de sauvegarder les prétentions légitimes des citoyens ; par suite, c'est de la simple considération des droits des associés que J.-J. Rousseau devait déduire ceux des petits États.

Dès lors, le premier droit qui appartient à une nation organisée, comme à tout homme, c'est celui d'exister. Du moment qu'un État a été pour ainsi dire appelé à la vie, il est devenu une personne, il a conquis le droit de vivre. Peu importe son origine ; qu'il ait été formé par la réunion naturelle des familles, ou qu'il soit né de l'association volontaire des individus, son existence, d'après J.-J. Rousseau, est en principe inattaquable. Peu importe également la forme du gouvernement ; ce peut être une monarchie absolue ou constitutionnelle, une aristocratie naturelle, héréditaire ou élective, une république ; il n'y a, au point de vue où nous nous plaçons, aucun compte à tenir de ces différents cas. Toute société politique, quelle que soit son origine, quelle que soit son organisation, a droit à l'existence. Cette prérogative, qui appartient aussi bien aux petits peuples qu'aux plus grands, suppose cependant chez tous une condition, à savoir une certaine stabilité. Un État ne mérite véritablement son nom que s'il est solidement établi. Il ne s'agit pas, bien entendu, de rechercher la date de son ancienneté ; il faut, plus simplement, que son existence soit assurée, qu'il soit né viable, ou animé d'une vitalité suffisante. Sans doute, au sein d'une nation, l'ordre de choses établi peut être troublé inopinément par des révolutions ou des séditions. Mais tant qu'elle n'a pas été détruite comme

personne publique, c'est-à-dire tant que la Convention
générale n'a pas été supprimée [1], cette puissance ne cesse pas
d'exister, pas plus qu'un homme ne perd sa qualité d'homme,
lorsque la maladie ou le délire troublent ses facultés. Donc,
du jour où une société politique présente des garanties suffisantes de solidité, elle a le droit de vivre. Et comme les
petits États, aux yeux de J.-J. Rousseau, sont stables entre
tous, puisqu'ils permettent le mieux à la volonté générale
de se manifester, et puisqu'ils sont le mieux administrés,
ils ont, entre tous, le droit d'exister.

Mais que faut-il entendre exactement par là? Deux
choses, semble-t-il, parce qu'elles sont les deux aspects de
l'idée de vie : la conservation et le développement ou progrès.

Nous disons donc en premier lieu qu'un État, si petit
soit-il, a droit à être conservé. Nous voulons dire qu'on
ne peut légitimement nuire à sa conservation, qu'on ne doit
pas chercher à le détruire, à l'anéantir. Son existence est
sacrée et inviolable. Un peuple est une véritable personne
internationale, et comme les nations sont dans l'univers très
nombreuses, elles doivent se respecter les unes les autres
dans leur réalité. La plus grande faute qui puisse être commise contre la morale, c'est le meurtre d'un homme. De
même le plus grand crime, en politique, est l'anéantissement d'une Puissance : si jamais on cherche à le consommer, la nation attaquée peut tout employer et tout mettre
en œuvre pour résister [2]. C'est un véritable cas de légitime
défense, qui justifie la lutte pour la vie ; cette guerre défensive sera non seulement excusable, mais obligatoire.

1. Cf. Fragment relatif à l'État de guerre, dans l'Appendice.
2. Cf. Rousseau, Édit. Hachette, III, 321 : « Le plus important des soins
de l'État, c'est celui de sa propre conservation. »

Le droit à l'existence se manifeste, en second lieu, par le droit de progrès. Il faut toutefois bien s'entendre. L'être vivant est soumis à un développement et à une croissance naturelle, dont le principe est en lui-même. On peut dire même chose d'un État[1] ; il peut croître à son aise, par exemple il peut fortifier sa constitution intérieure, perfectionner son administration, étendre sa culture intellectuelle et morale. S'il voit dans ces modifications intérieures une forme de progrès, il peut les accomplir. A une seule condition cependant : c'est qu'elles aient véritablement pour objet l'intérêt du peuple, car à ce compte elles deviendront légitimes. On voit par là que le développement de l'État ne signifie pas son développement à l'extérieur, c'est-à-dire son agrandissement par les conquêtes. Toutes les théories de J.-J. Rousseau vont à l'encontre de cette pensée ; il a si souvent et si vivement attaqué l'idée de la guerre offensive, que le doute sur ce point n'est pas permis. D'ailleurs, pour s'étendre dans l'état actuel de l'humanité, un peuple est obligé de faire tort aux autres puissances. Il viole ainsi leur droit à l'existence, en même temps qu'il enfreint toutes les règles de la justice. Aucune société politique ne peut donc songer à s'agrandir au dehors.

Ainsi, vivre et se développer, voilà la première loi de l'État. Une nation peut, sans contredit, chercher à se défendre de la vieillesse et de la mort, c'est-à-dire de la faiblesse et de l'anéantissement, en organisant solidement sa constitution intérieure ; mais elle ne doit pas entreprendre de conquêtes, en s'attaquant aux autres pays. A le faire, elle s'exposerait aux représailles légitimes des peuples lésés, en même temps qu'elle violerait les principes de la justice.

1. Cf. *Œuvres inédites de Rousseau*, publiées par Streckeisen-Moulton, p. 81.

II. A ce premier droit absolu s'en rattache très intimement un second, qui, à la rigueur, pourrait en être considéré comme une expression nouvelle : l'indépendance. Du moment, en effet, qu'un État a le droit d'exister, et que cette existence doit être reconnue par les autres peuples, il s'ensuit qu'il ne doit pas être assujetti par eux. De toute manière donc, cette indépendance est, aux yeux de J.-J. Rousseau, un droit, qu'il soit primitif ou dérivé, et on ne saurait le contester. Qu'est-ce, en effet, qu'une société politique ? C'est une association de personnes, qui, par nature, sont essentiellement libres. Par suite, la nation ne peut appartenir qu'à elle-même ; il n'est point, en dehors d'elle, d'autorité qui puisse lui commander ou lui imposer des lois. En d'autres termes, tout État possède, par le seul fait de sa réalisation, la souveraineté, qu'il l'exerce lui-même directement, ou qu'il la délègue, en la confiant à un monarque ou à plusieurs citoyens. Mais comment faut-il se représenter cette autonomie, particulièrement chère aux petits États ? Quels en sont les principaux aspects ? Une nation, pourrait-on dire, possède en quelque manière un corps et une âme, c'est-à-dire un territoire et un ensemble commun de souvenirs, de pensées et d'espérances. Dès lors, l'indépendance d'un État paraît comprendre, en premier lieu, celle du territoire qui est une chose sacrée pour autrui : les autres peuples ne doivent donc ni l'envahir, ni tenter de le diminuer. Que le pays soit même trop vaste pour pouvoir être en entier cultivé par les habitants, peu importe, il est maître chez lui, et « il l'est à l'égard des autres puissances, par le droit du premier occupant[1] ». On peut regretter sans doute de voir, dans ce cas, un terrain privé de culture, mais

1. Cf. Rousseau, Édit. Hachette, III, 316.

personne n'a le droit de s'emparer d'un territoire étranger, même inculte.

L'indépendance a un second sens, d'ailleurs plus profond : l'âme d'un peuple, si l'on peut ainsi parler, est libre. L'État, en effet, naît toujours d'une convention. Qu'il soit une monarchie de droit divin, constituée en théorie à l'image de la famille, ou qu'il soit le résultat de la conquête ou de l'assujettissement des individus, dans tous les cas, il n'existe, si nous en croyons le *Contrat social*, que par une sorte de traité : un peuple n'est véritablement peuple que par le pacte volontaire, qui a produit l'association politique. La liberté seule engendre les Puissances. Or, l'âme d'une nation, c'est cet accord des volontés, qui les rapproche et qui, par l'union des personnes physiques, crée une nouvelle personnalité morale. L'État est donc une société libre et indépendante, puisqu'il est composé d'individus et de familles, qui se sont réunis volontairement. Il représente, par conséquent, vis-à-vis des autres peuples, un être moral jouissant de toute liberté. Telle est la raison pour laquelle chaque société politique se trouve revêtue d'une personnalité fictive, et possède l'indépendance absolue vis-à-vis de toute volonté étrangère. Aussi, est-ce avec un soin jaloux qu'elle doit s'efforcer de se maintenir, qu'elle doit résister à toute tentative extérieure, qui risquerait de faire d'elle « un moyen » destiné à satisfaire l'ambition d'autrui. Son existence et sa dignité sont à ce prix.

Cette autonomie, que nous venons de définir, peut d'ailleurs se manifester de différentes manières. Tout peuple est libre de se donner la constitution qui lui plaît, de la modifier à sa guise. Il peut promulguer toutes les lois qu'il juge bonnes, adopter la forme de gouvernement qu'il préfère, favoriser ou non l'accroissement du commerce et de l'industrie. En un mot, l'organisation intérieure de l'État dépend uniquement de lui, de sorte que chaque nation est pour les autres une puissance s'instituant elle-même à sa guise. Mes voisins ne sont pas autorisés à me prescrire la distribution et le style de ma maison ; ainsi les peuples n'ont point le droit de s'occuper des mesures prises par les autres pays. Une puissance ne relève que d'elle-même ; elle est la maîtresse absolue de tous ses actes. Elle ne doit donc dépendre d'autrui en aucune manière : « Que deux ou plusieurs États soient soumis au même prince, cela n'a rien de contraire au droit et à la raison. Mais qu'un État soit sujet d'un autre État, cela paraît incompatible avec la nature du corps politique[1] ». Puisque celui-ci est constitué, en effet, par un libre accord des volontés, tout assujettissement entraînerait sa ruine immédiate.

Toutefois cette autonomie, absolue en elle-même, ne l'est pas absolument. Puisqu'il y a un certain nombre d'États, la souveraineté de chacun se trouve limitée par celle des autres. Et c'est justice. Une nation ne peut prétendre qu'à la liberté compatible avec celle des autres nations. C'est là, d'après J.-J. Rousseau, une vérité importante, et sur laquelle il eût certainement insisté. Le souverain doit bien se pénétrer de cette pensée, et comprendre qu'il doit uniquement s'occuper du bonheur des individus qui le composent, au lieu de jeter ses regards ambitieux sur les États voisins.

L'indépendance nationale, qui doit être si chère aux petits États, ne sera respectée qu'à cette condition. La lettre à d'Alembert sur l'article *Genève*, dans l'*Encyclopédie*, servait sans doute à le prouver.

---

1. Cf. *Œuvres inédites de Rousseau*, publiées par Streckeisen-Moultou, p. 122.

III. Il reste enfin un troisième droit absolu, que l'on ne saurait dénier aux sociétés civiles : c'est l'égalité. Précédemment, nous avons, au nom de J.-J. Rousseau, dénoncé toutes les formes de l'inégalité, qui existent entre les peuples divers, et qui contribuent à les armer les uns contre les autres. Nous avons vu, en effet, qu'après avoir tracé dans le *Contrat social* le plan idéal des associations politiques, l'auteur s'était proposé ensuite de les comparer entre elles. Malheureusement, il ne put poursuivre son œuvre. En essayant d'indiquer le sens de ses recherches, nous avons établi que les différences d'étendue et de gouvernement des nations l'avaient frappé par-dessus tout, et que, de ce point de vue, il avait été amené à opposer sans cesse, les uns aux autres, les grands et les petits États, sans cacher, d'ailleurs, sa préférence pour les derniers. Mais, en droit, cette inégalité est injustifiable, ou plutôt elle n'existe pas, et l'on ne saurait affirmer trop haut que tous les États doivent être considérés comme égaux. Rappelons, en effet, les principes sur lesquels se fonde leur existence. Les hommes se sont unis, ou restent unis volontairement, pour la sûreté de leur vie, de leurs biens et de leurs droits, et c'est de ce pacte d'union qu'est née toute société politique. Or, comme les individus jouissent partout des mêmes droits primitifs, comme la convention publique est partout la même, et la fin poursuivie toujours analogue, les nations sont égales en principe, et doivent posséder des droits égaux. Il n'y a donc pas entre elles, il ne doit pas y avoir d'inégalité naturelle : les unes, pourrait-on dire, ne sont pas nées libres, et les autres esclaves, comme Aristote le soutenait des hommes. D'autre part, des différences accidentelles qui, à la surface, distinguent les États, on ne doit pas davantage présumer qu'ils puissent avoir des prérogatives inégales. Que l'on considère, en effet, le territoire : il existe évidemment des groupes sociaux très vastes et d'autres plus restreints. Mais en droit tous doivent être considérés comme égaux, et devant ce principe, toutes les distinctions s'évanouissent. J.-J. Rousseau a souvent insisté sur cette vérité ; poussé par son antipathie constante pour les grandes sociétés, il s'est toujours appliqué à faire remarquer qu'elles ne peuvent s'arroger des droits plus étendus que les petits États. Il réagissait ainsi contre ce qui se passait en Europe, puisqu'à cette époque les puissances de premier ordre s'attribuaient la prédominance, et méprisaient les nations secondaires.

Si on considère même cette autre source d'inégalité accidentelle, la force militaire, souvent mal proportionnée à l'étendue du pays, on trouvera qu'elle ne peut, en principe, établir la supériorité d'un peuple sur un autre. Sans doute, celle-ci essaiera le plus souvent de se justifier elle-même, en triomphant par le fait, en s'autorisant du succès ; mais le droit du plus fort ne sera jamais un droit, nous l'avons établi, et les nations plus puissantes ne pourront pas légitimement revendiquer la suprématie sur les petits États.

De même, il ne sert à rien d'invoquer l'inégalité qui résulte d'autres causes, telles que la religion, ou simplement la forme du gouvernement : monarchies, aristocraties, républiques sont égales. Et c'était là une affirmation assez hardie pour l'époque. Sans doute, l'Angleterre, sous Cromwell, en se donnant le nom de république, avait déjà prétendu conserver le rang qu'elle avait eu comme royaume. Néanmoins, l'usage constant était de considérer les royautés comme des puissances supérieures aux autres, d'autant plus que les monarques se croyaient tout permis. Il y avait, dans cette habitude, comme un écho de ce droit divin, qui plaçait le prince au-dessus des hommes ordinaires. Ce n'en était pas moins injuste, de l'avis de J.-J. Rousseau ; puisque tous les États reposent, en dernière analyse, sur une convention analogue, ils ont tous des droits égaux. Aussi, l'inégalité naturelle, qu'on imagine à tort entre les groupes politiques, puisqu'elle n'existe pas ; les inégalités accidentelles, quelles qu'elles soient, ne peuvent en droit accorder à aucun peuple la supériorité sur les autres. Il n'existe, en réalité, entre les États, aucune cause d'infériorité : ils ont tous la même dignité, ils doivent tous être considérés comme égaux, puisqu'ils ont les mêmes titres, qu'il s'agisse de l'existence ou de l'indépendance.

IV. Tels sont les droits absolus et fondamentaux que la raison reconnaît à toutes les nations, aux petites comme aux grandes. Malheureusement, ils sont souvent méconnus et violés. Les puissances très grandes, les monarchies surtout, poussées par l'esprit de conquête, ne craignent pas de porter atteinte à l'existence, à l'indépendance ou à l'égalité des peuples moins nombreux. C'est la source habituelle de la guerre, dont nous avons indiqué les terribles inconvénients. Néanmoins, aux démentis de l'expérience, J.-J. Rousseau ne se lasse pas d'opposer les exigences de la justice, et de réclamer le respect de l'équité. De même qu'il avait flétri, au sein de la société, le mépris de la liberté et de l'égalité humaines, qui sont cependant les attributs essentiels de l'homme, de même il dénonce l'oppression et l'inégalité des États qui sont une violation de leurs droits fondamentaux. Il va donc s'efforcer de faire reconnaître ces prérogatives, car il s'agit ici, comme jadis, « d'une de ces vérités qui tiennent au bonheur du genre humain »[1].

1. Cf. Rousseau, Édit. Hachette, I, 1.

Sans doute, il serait à désirer que les nations trop grandes consentissent à se restreindre, mais on ne peut guère espérer d'elles une résolution aussi sage ; et d'ailleurs, du jour où elles auraient formé, à leur tour, de petites cités, la guerre disparaîtrait-elle absolument? J.-J. Rousseau ne le croyait pas : la puissance d'une société politique est toujours relative et varie sans cesse parce qu'elle tient à une foule de causes diverses, de sorte que la moindre supériorité d'un pays sur un autre sera une source de jalousie, un ferment de lutte. La guerre sera donc toujours l'état naturel entre les peuples. Mais, si elle est ainsi une loi fatale de l'humanité, peut-être pourrait-on songer simplement à en diminuer les horreurs, ou à en atténuer les conséquences? J.-J. Rousseau l'a essayé encore, nous l'avons dit, et sa tentative très intéressante, très originale, est même un de ses titres les moins discutés à la reconnaissance de la postérité. Mais il ne croyait pas davantage que ses Principes du Droit de la guerre seraient un jour universellement acceptés. Devait-il donc se résigner à l'impuissance, et s'avouer incapable d'assurer aux petits États la sécurité extérieure? Non : puisque le *Contrat social* avait indiqué aux hommes les moyens de faire reconnaître et de sauvegarder leurs droits, la suite de cet ouvrage devait de même enseigner aux nations la manière d'atteindre le même but.

V. Or les peuples les plus faibles, nous l'avons établi, ont, comme les autres, des droits bien définis : existence, indépendance, égalité ; ils peuvent les revendiquer avec autant de raison que les puissances plus fortes. D'autre part, c'est au sein des petits États seulement, que les citoyens auront la certitude de voir leur vie, leurs biens et leurs prétentions légitimes protégés et défendus. Pour ce double motif, J.-J.

Rousseau va s'attacher presque exclusivement à ces sociétés restreintes. Elles peuvent être facilement méprisées, assujetties, anéanties : il n'en est que plus urgent de songer à les préserver de ces injustices.

Les données du problème se présentaient ainsi plus claires, plus précises, à l'esprit de J.-J. Rousseau. L'existence inévitable des nations trop grandes, la loi fatale de la guerre, telles sont les deux sources du danger qui menace, dans leurs droits imprescriptibles, les petites cités, ces modèles parfaits de l'organisation politique. Comment, et dans quelle mesure, pourrons-nous donc enfin les mettre à l'abri de ce péril si pressant?

En nous reportant au passage de l'*Émile* que nous avons déjà plusieurs fois mentionné, peut-être trouverons-nous les éléments de la solution. Nous y lisons en effet ce qui suit : « Nous examinerons si l'on n'en a pas fait trop ou trop peu dans l'institution sociale ; si les individus, soumis aux lois et aux hommes, tandis que les sociétés gardent entre elles l'indépendance de la nature, ne restent pas exposés aux maux des deux états, sans en avoir les avantages, et s'il ne vaudrait pas mieux qu'il n'y eût point de société civile au monde, que d'y en avoir plusieurs. » Si nous prenons à la lettre ces derniers mots, il semble bien que l'existence des divers groupes politiques soit la cause de l'insécurité, qui continue à tourmenter les citoyens, surtout au sein des nations peu étendues, et par suite que le remède à ce mal soit la Constitution « d'une société générale du genre humain » [1].

Mais n'avait-on pas soutenu déjà, qu'avant la formation des États, cette société universelle existait réellement?

---

1. Cf. Manuscrit du *Contrat social*, liv. I, ch. II, dans l'Appendice.

Elle était composée de tous les individus, vivant à l'état de nature, rapprochés les uns des autres par le sentiment de leur identité naturelle, par la bienveillance ou par des besoins multiples. Dès lors, puisqu'en sortant de leur condition primitive pour constituer des associations politiques, les hommes ont vu leurs droits compromis, qu'ils renoncent à poursuivre une expérience malheureuse, qu'ils brisent le Contrat social, pour se retrouver par cette rupture dans la situation antérieure, dans l'âge d'or.

Cette théorie, imaginée autrefois par les stoïciens et dans la suite par leurs nombreux disciples, J.-J. Rousseau la rencontre en effet sur sa route, au moment où il se demandait si l'existence d'une société universelle ne serait pas le remède aux maux qui désolent les États et les citoyens. A l'examiner, il avait primitivement consacré, dans le *Contrat social*, un chapitre entier qu'on peut lire au début du manuscrit de Genève. Essayons donc d'y retrouver les critiques qu'il adresse à cette conception chimérique.

Admettons d'abord, et pour un instant, dit-il, que cette société générale *naturelle* puisse exister. Elle serait alors « un être moral, qui aurait des qualités propres et distinctes de celles des êtres particuliers qui la constituent, à peu près comme les composés chimiques ont des propriétés qu'ils ne tiennent d'aucun des mixtes qui les composent; il y aurait une sorte de sensorium commune qui servirait à la correspondance de toutes les parties ». Mais l'expérience nous révèle-t-elle pareille chose? Peut-on dire que l'humanité soit une personne « morale », qu'elle ait des droits supérieurs à ceux des membres qui la représentent? En aucune manière : ce qui existe, ce sont les individus, au sein des associations politiques qu'ils ont formées. Mais la société humaine, organisée à la manière de celles-ci, n'est qu'un rêve des philosophes. Si elle existait comme telle, ajoute J.-J. Rousseau, « il y aurait une langue universelle, que la nature apprendrait à tous les hommes, et qui serait le premier instrument de leur mutuelle communication ». Mais ici encore, on n'observe rien de semblable. Les habitants, à la surface de l'univers, emploient partout des termes différents, s'expliquant par « des causes naturelles », et distinguant par suite « les nations entre elles », sans qu'on puisse même retrouver, sous cette diversité de mots, des caractères communs. Aussi, le langage universel, que cherchait ou que voulait retrouver Leibniz, n'est-il qu'une utopie [1].

La réfutation directe par J.-J. Rousseau de l'hypothèse d'une société naturelle, constituée par tous les membres de l'humanité, est beaucoup plus convaincante encore. Et d'abord, quelle serait l'origine de ce vaste groupe? On la cherche parfois dans l'identité de nature entre tous les hommes [2]. Mais constater cette ressemblance est une opération si compliquée, qu'elle n'aurait pu s'accomplir que tardivement; comment les hommes primitifs, dont les facultés sont encore peu développées, auraient-ils pu percer la couche plus ou moins épaisse des différences superficielles pour découvrir cette communauté d'essence, destinée à fonder l'union générale? D'autre part, l'identité de nature « est autant pour les hommes un sujet de querelle que d'union, et met aussi souvent entre eux la concurrence et la jalousie que la bonne intelligence et l'accord [3] ». C'est donc une gageure que de vouloir former, avec un tel ferment d'opposition, la société humaine.

---

1. Cf. Rousseau, Édit. Hachette, I, 370, et Streckeisen-Moultou, p. 295.
2. Cf. Montesquieu, *Esprit des Lois*, l. I, ch. II.
3. Cf. Manuscrit du *Contrat social*, l. I, ch. II, début.

Pour constituer celle-ci, invoquera-t-on, après ce premier échec, la bienveillance naturelle qui anime les êtres humains ? Cette théorie, qu'on pourrait soutenir à la suite d'Aristote et de Montesquieu, ne peut davantage être acceptée par J.-J. Rousseau. Les individus, à l'état de nature, nous l'avons établi, éprouvent simplement de la pitié pour leurs semblables, mais cette commisération est un sentiment trop particulier pour engendrer l'union générale ; sans doute, ils s'arrêtent avec complaisance sur les souffrances, mais les souffrances à ce moment sont plutôt l'exception que la règle, et, par suite, la pitié ne peut se développer et s'étendre assez pour rapprocher tous les hommes. D'ailleurs, si l'on interroge l'histoire, on s'aperçoit bien vite que cette bienveillance, loin d'être un sentiment primitif, n'a fait son apparition qu'à une époque assez reculée. « Les saines idées du Droit naturel et de la fraternité commune à tous les hommes se sont répandus assez tard, et ont fait des progrès si lents dans le monde, qu'il n'y a que le christianisme qui les ait suffisamment généralisées. » Cette simple constatation suffit à saper, par la base, l'existence de cette société universelle, née de la sympathie naturelle.

En désespoir de cause, se résoudra-t-on à soutenir que l'intérêt seul peut produire le rapprochement de tout le genre humain ? J.-J. Rousseau, sans doute, en attribuant à l'homme un instinct fondamental de conservation, accordait que celui-ci pouvait se laisser conduire par l'utilité. Mais il n'a jamais consenti à admettre, comme l'avait fait Hobbes, comme le fera surtout J. Bentham, que l'intérêt particulier puisse s'unir naturellement à l'intérêt général pour donner naissance à la société universelle. Il n'était pas assez optimiste pour le soutenir. « Loin que l'intérêt particulier, disait-il, s'allie au bien général, ils s'excluent l'un l'autre dans l'ordre naturel des choses ; il faut, dit l'homme indépendant, que je sois malheureux, ou que je fasse le malheur des autres, et personne ne m'est plus cher que moi ; c'est vainement que je voudrais concilier mon intérêt avec celui d'autrui. » Le *Contrat social* présente lui-même assez souvent cette distinction de l'utilité particulière et de l'utilité commune, qui rend douteux ou impossible l'accord universel et primitif entre les hommes.

Il n'est donc pas vraisemblable que « la société universelle du genre humain » puisse naître de l'identité de nature, de la bienveillance, voire même de l'intérêt. J.-J. Rousseau vient de le démontrer ; mais il complète encore ces critiques, en établissant que, si cette union générale avait pu se former, elle n'aurait pu en tout cas se maintenir. « De ce nouvel ordre de choses naissent, en effet, des multitudes de rapports sans mesure, sans règle, sans consistance, que les hommes altèrent et changent continuellement, cent travaillant à les détruire pour un qui travaille à les fixer. » L'universelle société humaine ne pourrait donc exister, puisqu'elle serait privée de cette stabilité, qui est, comme nous l'avons indiqué, la condition nécessaire de toute organisation sociale. Le choc des intérêts, des passions, les divisions intestines risqueraient à chaque instant de détruire l'harmonie générale, et il se formerait au sein de la grande société des sociétés partielles, qui en amèneraient promptement la ruine. — De plus, l'association humaine serait trop vaste, pour que les membres y vécussent heureux. Entre les individus disséminés à la surface du globe, aucune communication ne pourrait d'abord s'établir, « chacun resterait isolé parmi les autres, chacun ne songerait qu'à soi. » Plus un groupe est petit au contraire, plus l'individu s'y trouve puissant : voyez, dans les petits États, l'autorité qui s'attache à chaque citoyen ! Mais dans les grandes sociétés, les hommes sont faibles ; et par suite, « la société générale n'offre point une assistance efficace à l'homme devenu misérable, ou du moins elle ne donne de nouvelles forces qu'à celui qui en a déjà trop, tandis que le faible, perdu, étouffé, écrasé dans la multitude, ne trouve nul asile où se réfugier, nul support à sa faiblesse, et périt enfin victime de cette union trompeuse, dont il attendait son bonheur ».

Cette discussion complète et serrée aboutit ainsi à cette conclusion, que J.-J. Rousseau répète souvent, en l'exprimant d'ailleurs sous des formes diverses : « Il n'y a point de société naturelle et générale entre les hommes... elle n'existe que dans les systèmes des philosophes... et le mot de genre humain n'offre à l'esprit qu'une idée purement collective, qui ne suppose aucune union réelle entre les individus qui le constituent. » En dernière analyse, « ce prétendu traité social dicté par la nature est une chimère [1]. »

VI. La société universelle des hommes, que J.-J. Rousseau, dans l'*Émile*, avait paru indiquer comme le remède aux maux, qui, naissant de la diversité des associations politiques, menacent les citoyens au sein des petits États, n'a jamais existé et ne peut exister naturellement. Le retour en arrière est par conséquent impossible et chimérique, la marche en avant est indiquée. Puisque la nature échoue, et que l'union totale du genre humain paraît toujours bien être la solution désirée, il faut donc essayer de recourir à l'art. Déjà, c'est lui qui a réuni les hommes en groupes nationaux, l'œuvre est peut-être inachevée, il faut tenter de la poursuivre par les mêmes moyens. Cherchons « dans l'art

1. Ces textes, comme les précédents, sont empruntés au manuscrit du *Contrat social*, liv. I, ch. II. Cf. Appendice.

perfectionné la réparation des maux que l'art commencé a
produits » [1]. Nous avons vu, au début de cet ouvrage, comment les États se sont formés : élargissons le procédé, en
nous laissant diriger par l'analogie. « Nous concevons la
société générale d'après nos sociétés particulières, l'établissement des petites républiques nous fait songer à la grande,
et nous ne commençons proprement à devenir hommes
qu'après avoir été citoyens [2]. » Les individus en s'unissant
volontairement ont formé des États, ceux-ci en se liant de la
même façon pourront peut-être engendrer la société générale. La suite inachevée du *Contrat social* se calquera, en
quelque manière, sur le début de l'ouvrage : puisque le
problème est semblable et que les termes seuls ont changé,
les procédés pour le résoudre doivent être identiques. Au
lieu de prendre pour unités les individus, il s'agira simplement de considérer les petits États ; mais les tentatives pour
les réunir resteront analogues.

Or, si l'on a imaginé que les sociétés politiques ont pu se
constituer, s'organiser d'après le principe du droit divin, de
même pourrait-on soutenir qu'il « faut faire intervenir la
volonté de Dieu pour lier la société des hommes [3]. Les
religions, identiques ou semblables, pourront rapprocher
les nations, celles qui adoptent le même culte s'associeront
sur cette base d'union. On verra se produire ainsi une
société générale des peuples, assez puissante pour se préserver au besoin de toute attaque, et les guerres défensives
qu'elle devra soutenir seront de véritables guerres saintes.
Elle pourra prendre la forme soit d'une « république chrétienne », soit d'une « monarchie universelle » ; peu importe

1. Cf. Manuscrit du *Contrat social*, l. I, ch. II.
2. Cf. Manuscrit du *Contrat social*, l. I, ch. II, dans l'Appendice.
3. Cf. Manuscrit du *Contrat social*, l. I, ch. II, dans l'Appendice.

le mot, l'essentiel c'est le résultat. Que le rapprochement des
États assure aux citoyens qui les composent, non plus seulement la sûreté intérieure, obtenue suffisamment par l'application des principes du *Contrat social*, mais la sécurité au
dehors, la protection vis-à-vis des nations trop grandes, et
le but pourra être considéré comme atteint.

La doctrine que J.-J. Rousseau se représentait sous cette
forme n'était pas une simple fiction ; s'il l'adopta un instant,
comme nous porte à le croire une lettre qu'il reçut de
Deleyre, le 13 mars 1761, c'est qu'elle avait été plusieurs
fois soutenue avant lui, et dans l'extrait du *Projet de paix
perpétuelle*, il esquisse même l'histoire des efforts tentés
pour la réaliser.

L'empire romain, d'abord, « après avoir si cruellement et
si vainement persécuté le christianisme, y trouva les ressources, qu'il n'avait plus dans ses forces... il triomphait par
ses prêtres, quand ses soldats étaient battus. C'est ainsi que
les Francs, les Goths, les Bourguignons, les Lombards, les
Avares et mille autres reconnurent enfin l'autorité de l'empire, après l'avoir subjugué, et reçurent, du moins en apparence, avec la loi de l'Évangile, celle du prince qui la leur
faisait annoncer [1] ». Ces paroles sont des plus exactes. Le
christianisme, depuis son apparition jusqu'au règne de Con-
stantin, auteur du célèbre édit de Milan, fut sans cesse persécuté, et les chrétiens furent considérés comme des ennemis publics. Mais, plus on les poursuivait, plus ils se multi-
pliaient. C'est que le nouveau culte faisait appel à tous les
peuples et à tous les hommes, tandis que les religions
antiques étaient toutes locales, et variaient non seulement
de nation à nation, mais encore de cité à cité. Aussi, mal-

1. Cf. Rousseau, Édit. Hachette, V, 312.

gré les attaques, le catholicisme se propageait-il d'une
façon extraordinaire. Au ive siècle, l'Église souffrante était
devenue presque tout d'un coup l'Église victorieuse ; cette
révolution, d'une importance sans égale, fut l'œuvre de Con-
stantin. La religion chrétienne triomphe déjà, en montant
avec lui sur le trône impérial ; elle triomphe encore davantage, le jour où à Nicée se fixe, en dépit des résistances, le
symbole de la croyance universelle, et le jour où Théodose
consacre officiellement l'existence du culte nouveau. La
domination romaine pourra s'écrouler devant les Barbares,
le christianisme est maintenant assuré de lui survivre. Aussi,
pendant cette période, qui commence à la chute de l'empire
d'Occident et qui se poursuit jusqu'à son rétablissement
dans la personne de Charlemagne, le christianisme sera
réellement, comme l'a dit J.-J. Rousseau, le lien entre les
peuples divers. Aux yeux des nations germaines, de ces
Barbares dont il nous parle, l'Église présentera le spectacle
d'une société supérieure, qui n'a point été vaincue avec la
société romaine, et que les ruines de l'empire n'ont point
écrasée. L'influence de la religion chrétienne n'a fait, au
contraire, que s'accroître par cette catastrophe politique.
Entre les vainqueurs et les vaincus, l'Église remplira désormais un rôle de paix ; le pape et les évêques deviendront le
lien entre l'élément barbare et les anciennes nationalités, et
prépareront la fusion des races. Aussi, le christianisme fut-
il bientôt appelé solennellement à unir toutes les nations
diverses qu'il avait soumises. Le moyen fut le rétablissement de l'empire d'Occident, au sein duquel tous, vainqueurs et vaincus, obéissant à des lois communes, rele-
vaient au même titre d'un seul chef ; le pape, en posant sur
la tête de Charlemagne une couronne d'or, le proclama
empereur : « Le saint empire romain était créé. »

Cette union de peuples différents, sous la puissance politique et religieuse de Charlemagne, ne devait pas être de longue durée. Ce dernier était à peine mort que son empire s'affaiblissait et se divisait, pendant que l'autorité du pape allait grandir. Néanmoins, l'ambition de rapprocher les hommes par la religion ne disparaissait pas. Elle se conserva, dans la suite, au cœur des empereurs d'Allemagne et des papes. « Le respect pour l'empire romain a tellement survécu à sa puissance, dit J.-J. Rousseau, que bien des jurisconsultes ont mis en question si l'empereur d'Allemagne n'était pas le souverain naturel du monde ; et Barthole a poussé les choses jusqu'à traiter d'hérétique quiconque oserait en douter [1]. »

La maison de Saxe avait, en effet, au xe siècle, essayé d'organiser l'Allemagne et de restaurer ainsi l'empire ; elle avait même obtenu du pape pour ses chefs le titre d'empereurs. Mais cette puissance impériale, maîtresse de la papauté, ne durera guère que cent ans.

C'est que les papes caresseront alors pour leur compte l'espoir de la domination universelle ; ils opéreront les plus sages réformes au sein de l'Église pour la rendre plus vigoureuse, et peu à peu ils l'affranchiront du pouvoir temporel. Après des luttes mémorables, ils triompheront sans conteste au xiiie siècle, et la religion paraîtra bien être le seul lien entre les peuples. C'est ce qu'indique J.-J. Rousseau dans ce texte inédit :

« Le pape est le vrai roi des rois, la division des peuples en états et gouvernements n'est qu'apparente et illusoire. Dans le fond, il n'y a qu'un état dans l'Église romaine, les vrais magistrats sont les évêques, le clergé est le souverain,

---

1. Cf. Rousseau, Édit. Hachette, V, 313, note.

les citoyens sont les prêtres, les laïques ne sont rien du tout ; d'où il suit que la division des États et des gouvernements catholiques n'est qu'illusoire [1]. »

La papauté, en effet, au moment où elle triomphait « de la race de vipères des Hohenstaufen » et de l'empire, affichait avec éclat ses prétentions à la domination universelle. En réalité, elle n'avait que les apparences de la toute-puissance. C'est ce que révélera prochainement sa lutte avec le roi de France. Affaiblie par cette querelle qui sera suivie de la « captivité de Babylone », divisée par le grand schisme d'Occident, attaquée plus tard par la Réforme, cette sorte de Renaissance chrétienne, l'Église verra s'évanouir ses espérances.

Par un curieux retour de la fortune, c'est le pouvoir temporel qui, dans la suite, avec Henri IV, se laissera bercer par le rêve de la monarchie universelle. J.-J. Rousseau l'établit encore, et toujours aussi exactement. Il nous fait comprendre, à la fois dans les lignes générales et le détail, le projet si bien mûri par Sully [2]. Il nous expose la situation de l'Europe à cette époque : la puissance de la maison d'Autriche effrayait tous les princes. Le problème se posait donc bien tel que nous l'avons envisagé ; cette nation trop grande en imposait aux États plus faibles, au sein desquels les citoyens ne se trouvaient plus en sûreté. Il était urgent pour les autres peuples de s'entendre pour résister, le cas échéant, aux dangers de l'oppression. Henri IV, ou plus exactement son ministre, reprit l'idée de ce qu'on appelait alors « la république chrétienne » ; il songea à former une alliance de tous les royaumes, dont l'indépendance était menacée par l'ambition de la maison de Habsbourg, dans

1. Cf. manuscrit du *Contrat social*, fin ; cf. l'Appendice.
2. Cf. Rousseau. Édit. Hachette, V, 332.

ses deux branches espagnole et autrichienne. Le but était d'attaquer cette rivale en Espagne et en Allemagne, de la dépouiller d'une grande partie de ses provinces, de partager ensuite l'Europe en quinze États d'égale puissance, réunis sous le nom de république chrétienne, de créer, pour régler tous les différends possibles, un Conseil général de soixante personnes, et d'obtenir, par toutes ces mesures, une paix générale et durable. Les moyens pour réaliser ce projet avaient été eux-mêmes sérieusement étudiés ; on l'avait d'abord soigneusement conçu, on avait envisagé toutes les éventualités, les négociations avaient été entamées et conduites très secrètement ; tous les peuples avaient été habilement amenés à s'unir, pour abaisser le premier potentat de l'Europe. Sully enfin, par la sagesse de son administration et par ses préparatifs de guerre, avait rendu la France capable de diriger le mouvement général. Voilà, d'après J.-J. Rousseau, « le grand dessein » d'Henri IV, ou, au moins en apparence, l'idée de rapprocher les nations en faisant appel à la religion. C'était, en effet, sous la forme très noble d'une confédération des États chrétiens, réglant de concert leurs affaires communes, et vidant pacifiquement leurs démêlés, que se déguisait le rêve de la prépondérance de la France en Europe. Par la royauté française comme autrefois par l'empire et par la papauté, se trouvait reprise la pensée d'assurer le bonheur des peuples par l'union religieuse.

Malheureusement, ces tentatives répétées étaient condamnées à échouer : la religion, d'après J.-J. Rousseau, ne peut pas plus engendrer une association solide des nations, que le Droit divin ne peut servir de fondement à la société politique. Si l'on voulait examiner en détail chacun des essais dont nous avons fait l'histoire, on s'apercevrait de suite que la préoccupation de l'intérêt particulier les a plutôt inspirés que la recherche du bonheur de l'humanité. Considérez, par exemple, le projet d'Henri IV, vous souscrirez aisément à ce jugement de J.-J. Rousseau : « Qu'est-ce donc qui favorisait ce mouvement général? Était-ce la paix perpétuelle que nul ne prévoyait et dont peu se seraient souciés ? Était-ce l'intérêt public, qui n'est jamais celui de personne? L'abbé de Saint-Pierre eût pu l'espérer. Mais réellement, chacun ne travaillait que dans la vue de son intérêt particulier, que Henri avait eu le secret de leur montrer à tous sous une face très attrayante [1]. » Ce monarque ne s'inspirait lui-même que des seuls besoins de la France, en prenant à cœur la tolérance pour les cultes, qui avaient réussi à s'établir en Europe, et l'abaissement de la maison d'Autriche.

Si nous nous élevons au-dessus des faits, pour juger ce grand dessein de la société générale obtenue par la religion, nous trouvons, dans les œuvres de J.-J. Rousseau, un grand nombre de critiques, qui en démontrent l'impossibilité. Ce projet suppose d'abord, comme condition fondamentale, l'existence d'une seule croyance, acceptée par les différents peuples, ou du moins l'accord entre eux sur les dogmes essentiels. Mais cela n'était-il pas sinon impossible, du moins très difficile à obtenir? J.-J. Rousseau devait le penser, et il eût certainement souscrit à ces paroles de Deleyre : « Les plus grands obstacles que je vois à l'accomplissement de ce plan admirable d'association générale sont dans la différence des religions. » Il faudrait, en tout cas, au préalable, « proposer un projet de réunion de sentiments et de créance entre les catholiques et les protestants (par exemple) et rapprocher les esprits et les imaginations, afin

1. Cf. Rousseau, Édit. Hachette, V, 333.

de mieux lier et réunir les cœurs par une concorde éternelle... Cette entreprise est le moyen le plus sûr et le seul
capable de faire réussir la première [1]. »

Les religions, même celles qui paraissent se ressembler
le plus, sont si autoritaires que les moindres divergences
dans le détail sont des sources de divisions ; elles ne
peuvent donc être pour les peuples le principe de leur
union.

Dans le *Contrat, social* nous trouvons d'autres objections
aussi fortes ; toutefois, au lieu d'envisager les cultes en
général, J.-J. Rousseau considère spécialement le christianisme. Il soutient d'abord « qu'une société de vrais chrétiens ne serait plus une société d'hommes [2]. » Le christianisme, en effet, est une religion, qui se préoccupe peu de la
terre, qui tourne sans cesse les regards de l'humanité vers
le ciel, en lui faisant mépriser les biens d'ici-bas : « il
détache les citoyens de l'État comme de toutes les choses
de la terre [3]. » Loin de se soucier du péril, qui menace
leurs droits au sein des nations peu étendues, loin de voir
avec plaisir celles-ci chercher à s'unir, pour les protéger et
les défendre, les chrétiens se désintéressent plutôt de tout
ce qui peut contribuer à leur tranquillité et à leur bonheur
ici-bas. Que l'État « soit florissant » ou « qu'il dépérisse »,
ils ne seront ni contents, ni attristés. Puisque tout ce qui
arrive est produit par Dieu, tout est pour le mieux : la souveraineté n'appartient qu'à la divinité.

Les membres de la société chrétienne seront-ils du moins,
si la nécessité l'impose, de courageux soldats pour la

1. Cf. *J.-J. Rousseau, ses amis et ses ennemis*, par Streckeisen-Moultou,
t. I, p. 208.
2. Cf. Rousseau, Édit. Hachette, III, 386.
3. Cf. Rousseau, Édit. Hachette, III, 386.

défense du pays ? Il n'y a aucune raison de l'espérer : « Ils
font leur devoir, mais sans passion pour la victoire, ils
savent plutôt mourir que vaincre. Qu'ils soient vainqueurs
ou vaincus, qu'importe ! La Providence ne sait-elle pas
mieux qu'eux ce qu'il leur faut [1] ? » Ils accepteront donc, sans
murmurer, tous les événements en se gardant bien de reconnaître qu'ils auraient pu être modifiés par leur volonté. Ils
n'ont aucune conscience de leur force, ils se défient toujours d'eux-mêmes, ils ne sont rien, ils tiennent une si
petite place dans l'univers ! Ont-ils des droits ? Ils ne s'en
soucient guère, ils songeront même si peu à les proclamer
ou à les revendiquer, qu'ils les abandonneront au moindre
propos. La bienveillance, qui les anime à l'égard de leurs
semblables, les empêche toujours de se plaindre, ils souffri-
ront tout, parce que « la charité ne permet pas aisément de
parler mal de son prochain ». Aussi l'expression de république chrétienne est-elle contradictoire, car « chacun de
ces deux mots exclut l'autre ». La république, c'est la pro-
clamation et la reconnaissance des droits de chacun, c'est la
consécration de l'indépendance et de l'égalité des hommes ;
le christianisme ne prêche, au contraire, que l'humilité et la
servitude.

Puisqu'il en est ainsi, peut-être comprendrait-on plus
aisément que la société chrétienne fût constituée sous la
forme d'une monarchie universelle ? Cela ne suffira pas
encore pour en rendre possible l'organisation. Si, à côté du
chef politique, il existe, en effet, une autorité religieuse, les
citoyens se demanderont bien vite « auquel, du prêtre ou du
maître, il faut obéir ». Cette séparation du pouvoir, qui
d'ailleurs « ne vaut rien, parce qu'elle rompt l'unité sociale »,

1. Cf. Rousseau, Édit. Hachette, III, 386.

engendrera, sous bref délai, la guerre, dans une société qui ne voulait s'établir que pour l'éviter. L'histoire du moyen âge est là pour le prouver. Se décidera-t-on, à la suite de Hobbes, et d'après l'exemple de l'Angleterre et de la Russie, à vouloir que les rois soient en même temps les princes de l'Église? « Mais, par ce titre, ils en seront moins les maîtres que les ministres... Partout où le clergé fait un corps, il est maître et législateur dans sa patrie [1]. » D'ailleurs, « l'intérêt du prêtre est toujours plus fort que celui de l'État ». Le monarque sera donc réduit tôt ou tard à se soumettre, sinon l'Église cherchera sans relâche à consommer la ruine du pouvoir temporel.

Ces objections, dans la pensée de J.-J. Rousseau, étaient irréfutables, il les maintint toujours aussi dures, aussi pressantes contre ses adversaires, en particulier contre Ustéri, professeur à Zurich, partisan convaincu « d'une société de vrais chrétiens ». Celui-ci écrivait, en effet, à l'auteur du *Contrat social* cette lettre, qui donne une idée assez exacte de leur correspondance : « Il me semble que je conçois très bien une société de chrétiens, qui serait solide et durable, et qui résisterait à tout ce qui pourrait lui nuire. La voici, telle que je la conçois. Un certain nombre de personnes, pour suffire à leurs besoins, s'uniraient dans une espèce de corps. Elles se rendraient mutuellement ces services, que la conservation et le bonheur de chacun demandent, personne n'en serait exclu. La seule distance déciderait sur ceux qui doivent y entrer ou non, et la différence que l'on ferait entre l'étranger et le membre ne serait pas odieuse. J'espère que cette société, où chacun chercherait avec le même empressement le bonheur de l'autre qu'il cherche le sien, serait très

---

1. Cf. Rousseau, Édit. Hachette, III, 384.

parfaite, et on y vivrait très heureux [1]. » J.-J. Rousseau se
refuse obstinément à accorder la moindre valeur à cette conception. La religion ne peut vraiment remédier aux maux
qui menacent les citoyens au sein des petits États, car elle
ne peut réunir et opposer ceux-ci, comme un contrepoids
assez résistant, à l'ambition des nations trop grandes. Les
diverses tentatives, qui ont pu être faites en ce sens, ont
toutes échoué, et cela ne doit plus à présent nous surprendre.
Puisque c'est sur cette terre que nous voulons procurer aux
individus la sécurité complète, puisque nous revendiquons
ici-bas le respect de tous leurs droits, nous ne pouvons
vraiment compter sur la religion, qui ne songe qu'au salut
des âmes, en le plaçant d'ailleurs dans une autre vie, et qui,
peu sensible à l'injustice, ne reconnaît guère comme vertu
que la charité. Nous ne devons pas enfin risquer de porter
atteinte à l'existence distincte des petits États : en les rapprochant par une religion, peut-être différente des religions
civiles, nous pourrions non seulement les exposer à des
troubles profonds, mais compromettre leur indépendance.

En prenant le christianisme pour exemple, J.-J. Rousseau
a établi manifestement que le culte relie plutôt les hommes
à Dieu, qu'il ne peut les unir entre eux, pour la défense de
leurs droits. Donc une société générale religieuse, une sainte
alliance entre tous les citoyens est impossible.

VII. Ainsi, la religion ne peut servir de fondement à
l'association des peuples ; nous sommes encore une fois
obligé de chercher un nouveau principe, sur lequel puisse
s'établir l'union de tous les hommes. On a soutenu, lorsqu'il s'agissait d'expliquer la formation des groupes poli-

1. Cf. *Lettre inédite*, à la Bibliothèque de Neufchâtel. Nous la publions
à la fin de l'Appendice.

tiques, que le droit du plus fort avait pu produire la réunion des citoyens ; dès lors, ne pourrait-on affirmer d'une façon analogue que la force peut, en rapprochant les petits États, les mettre à l'abri des dangers qui les menacent ? Qu'une nation vigoureuse emploie sa suprématie à rapprocher les autres puissances, ou que les différents peuples, pour s'unir, se soulèvent en même temps contre les pouvoirs établis, de toute manière le but poursuivi pourra se trouver atteint, et la société générale réussira peut-être ainsi à se constituer solidement.

Que faut-il penser de cette nouvelle théorie, dont nous trouvons l'idée dans le *Contrat social* [1]? L'intelligence, sans doute, ne se refuse pas à concevoir qu'une association universelle puisse se former ainsi, mais si, au premier abord, cela ne paraît pas impossible, du moins cela semble immédiatement injuste. Le résultat sans doute serait louable ; c'est un rêve très noble de vouloir obtenir la paix, en réunissant les différentes sociétés politiques. Aucun conquérant ne peut nourrir une plus généreuse ambition. Mais cette fin, si élevée soit-elle, ne peut, en aucune manière, justifier les moyens. Pour s'en rendre aisément compte, au lieu de les envisager dans leurs rapports avec le but, qu'on les considère en eux-mêmes : ils apparaîtront immédiatement comme condamnables, puisqu'ils font appel à la violence. La force, en effet, ne peut jamais autoriser une nation à tenter l'union de toutes les autres, la pousser hors de son territoire, pour faire triompher ses idées. Un monarque peut assurément caresser le rêve de voir tous les peuples unis, mais il n'a pas le droit de mettre en mouvement ses armées, pour essayer de réaliser son projet. Ce serait attribuer à la force, c'est-à-dire à la puissance physique, un pouvoir moral, un

1. Cf. Rousseau, Édit. Hachette, III, 308.

droit qu'elle ne possède pas. N'est-ce pas à la guerre qu'on s'adresserait alors, et même à la guerre offensive, dont l'iniquité est si profonde ? Elle entraîne, en effet, toujours à sa suite la violation des droits d'existence, de liberté, d'égalité des États, dont elle se propose le rapprochement. Or, nous avons vu qu'il n'était pas de crime plus grand que celui-là, et qu'il devait être condamné, avec autant de rigueur que l'homicide, par le moraliste. Quand bien même on se persuaderait que, frappés des avantages incontestables de leur nouvelle situation, et sensibles aux bienfaits de la paix universelle, les hommes rapprochés violemment consentiraient à aliéner leurs droits, le procédé employé dans ce cas ne pourrait pas davantage se justifier. On ne saurait oublier qu'un peuple décidé à abdiquer sa liberté est, suivant la forte parole de J.-J. Rousseau, « un peuple de fous ».

Faisons d'ailleurs une autre supposition : admettons que l'union des nations par la force parvienne à se réaliser, cet état de choses sera-t-il durable ? Il n'y a aucune raison de l'espérer, aucun peuple ne souffre de plein gré la sujétion. S'il la supporte en apparence docilement, c'est pour mieux tromper ses maîtres. Il recueille, en effet, ses forces en silence, il s'arme pour la lutte prochaine, et dès que le moment lui paraît favorable, il se soulève pour la guerre sainte de l'indépendance.

A toutes ces raisons pourrait sans doute s'ajouter un dernier grief de J.-J. Rousseau : ennemi-né des grandes puissances, pouvait-il raisonnablement admettre qu'un monarque ambitieux prendrait en mains la cause de la paix universelle? que, renonçant à l'amour des conquêtes, il en sentirait toute l'injustice, et s'efforcerait de les empêcher en unissant les sujets? Un tel événement n'est pas impossible assurément; ce fut même, semble-t-il, le rêve de Henri IV, préparant la guerre pour le voir se réaliser, mais, en vérité, ce que ce roi poursuivait, c'était la grandeur de la France, en même temps que sa propre gloire.

Ce qui est plus probable, c'est que d'eux-mêmes des peuples pourront se révolter contre l'autorité établie, pour s'unir entre eux dans la suite. Les citoyens, s'apercevant que le gouvernement auquel ils obéissent, la monarchie par exemple, n'assure pas, en réalité, le respect de leurs droits, convaincus qu'elle est incompatible avec le bien public, pourront recourir à des moyens violents, tels que les révolutions. Il ne s'agit plus ici d'un roi puissant qui, par la force armée, s'attache à provoquer la réunion des États ; mais, au contraire, de peuples s'attribuant avec raison la souveraineté, et se soulevant d'eux-mêmes pour se fondre avec d'autres nations. La théorie de J.-J. Rousseau n'en est pas modifiée pour cela, il condamne toujours l'appel à la force, sous quelque forme qu'il se présente : « On ne voit point, dit J.-J. Rousseau, de ligues fédératives s'établir autrement que par des révolutions, et, sur ce principe, qui de nous oserait dire si cette ligue européenne est à désirer ou à craindre [1]. » On surprend ici la réserve avec laquelle il parle des bouleversements politiques. Il prévoit qu'il s'en produira en Europe, et que les grandes monarchies en seront les victimes. Mais ici, il est loin de donner son approbation. Dans les *Dialogues*, il ne cesse de répéter qu'il a toujours été partisan « de la conservation des institutions régnantes ». Ailleurs, il fait remarquer que le résultat de la révolution est souvent plus mauvais que la situation antérieure, « les révolutions livrent presque toujours les peuples à des séducteurs qui ne font qu'aggraver leurs chaînes [2]. »

1. Cf. Rousseau, Édit. Hachette, V, 335.
2. Cf. Rousseau, Édit. Hachette, I, 72.

Donc, qu'il s'agisse d'une nation puissante voulant amener par la force les autres États à s'unir, ou même de
peuples se rapprochant les uns des autres à la suite d'une
révolution, dans les deux cas, c'est le droit du plus fort qui
s'exerce, et « force ne fait pas droit ». L'injustice des moyens
suffit à flétrir le but, quelque noble qu'il soit.

VIII. De ce qui précède, il semble résulter que la seule
manière légitime de réaliser la société générale des petits
États consiste à recourir à des moyens pacifiques. La paix
doit être le résultat de la paix et non de la guerre. Or, c'est
justement ce qu'avait bien compris l'abbé de Saint-Pierre,
qui prétendait arriver à cette noble fin « avec un livre ».
J.-J. Rousseau se trouve donc en présence d'un nouvel
essai, tenté avant lui, pour résoudre la même difficulté.

Il nous apprend, dans les *Confessions*, qu'il avait eu, au
début de son séjour à Paris, l'occasion de rencontrer, dans les
salons de Mme Dupin, l'abbé de Saint-Pierre, et qu'après la
mort de celui-ci, il s'était occupé de faire un extrait de ses
ouvrages. « L'idée m'en avait été suggérée, nous raconte-t-il,
par l'abbé de Mably, non pas immédiatement, mais par l'en-
tremise de Mme Dupin, qui avait une sorte d'intérêt à me la
faire adopter. Elle était une des trois ou quatre jolies femmes de
Paris, dont le vieil abbé avait été l'enfant gâté... elle conservait
pour la mémoire du bonhomme un respect et une affection,
qui faisaient honneur à tous deux, et son amour-propre eût
été flatté de voir ressusciter, par son secrétaire, les ouvrages
mort-nés de son ami... L'entreprise n'était pas légère :
il ne s'agissait de rien moins que de lire, de méditer, d'extraire vingt-trois volumes diffus, confus, pleins de longueurs, de redites, de petites vues courtes ou fausses, parmi
lesquelles il en fallait pêcher quelques-unes, grandes, belles,

et qui donnaient le courage de supporter ce pénible travail.
Je l'aurais moi-même souvent abandonné, si j'eusse honnêtement pu m'en dédire; mais, en recevant les manuscrits de
l'abbé qui me furent donnés par son neveu, le comte de
Saint-Pierre, à la sollicitation de Saint-Lambert, je m'étais
en quelque sorte engagé d'en faire usage [1]. » Dès son arri-
vée à l'Ermitage, J.-J. Rousseau s'était consacré, en effet, à
ce travail; mais il se borna à extraire la *Polysynodie* et le
Projet de paix perpétuelle. « Je fis, dit-il, mon *Essai sur
la paix perpétuelle*, j'eus le courage de lire absolument tout
ce que l'abbé avait écrit sur ce beau sujet, sans jamais me
rebuter par ses longueurs et ses redites [2]. »

Quelle était donc, sur ce point, la doctrine de l'abbé de
Saint-Pierre? Pour la connaître exactement, nous ne sui-
vrons point J.-J. Rousseau pas à pas dans l'exposé qu'il en
fait, car il y mêle en passant ses propres idées, de sorte que
son résumé est loin d'être fidèle. Nous nous reporterons
donc plutôt à l'original qu'à l'extrait.

On sait que l'abbé de Saint-Pierre, alors aumônier de la
duchesse d'Orléans, avait été emmené, en 1712, comme
secrétaire, par l'abbé de Polignac, au congrès d'Utrecht;
les difficultés que souleva la conclusion des traités donnèrent naissance au projet de paix perpétuelle ou d'alliance
entre les souverains de l'Europe — exposé en 1717 dans
un ouvrage complet, résumé en 1728 dans un abrégé en
deux volumes qui porte exactement le titre suivant :
*Abrégé du projet de paix perpétuelle inventé par le roi
Henri le Grand, approuvé autrefois par la reine Élisabeth,
par le roi Jacques, son successeur, par les Républiques et
par la plupart des autres potentats de l'Europe; accommodé*

1. Cf. Rousseau, Édit. Hachette, VIII, 291.
2. Cf. Rousseau, Édit. Hachette, VIII, 303.

à l'état présent des intérêts des souverains ; démontré infini-
ment avantageux pour tous les hommes en général, et pour
les Maisons souveraines en particulier.

Ce titre a son importance. Il nous apprend d'abord que
l'auteur faisait remonter jusqu'à Henri IV son projet. C'était,
semble-t-il, pour le faire accueillir plus facilement. Le roi
de France avait songé avant tout à affaiblir la maison d'Autriche, et « le grand dessein de la République chrétienne »
n'avait guère été qu'un prétexte, dont il s'était servi pour
dissimuler plus aisément son ambition. D'ailleurs, le moyen
sur lequel il avait compté pour réussir avait moins été la
religion que la guerre, préparée soigneusement et de longue
date. Au contraire, l'abbé de Saint-Pierre voulait franchement la réalisation de la paix perpétuelle, et il se refusait à
voir dans l'appel à la force la condition du succès. Ce qu'il
poursuivait, c'était la formation d'une alliance générale
entre les souverains de l'Europe, et il en posait les bases
dans les cinq articles suivants :

1° « Il y aura désormais, entre les souverains d'Europe,
qui auront signé les cinq articles suivants, une alliance perpétuelle pour se procurer... sûreté contre les guerres étrangères, contre les guerres civiles, pour se procurer sûreté
entière de la conservation de leurs États, de leur personne
et de leur famille, dans la possession de leur souveraineté,
etc. Pour faciliter la formation de cette alliance, ils sont
convenus de prendre pour point fondamental la possession
actuelle et l'exécution des derniers traités... »

2° « Chaque allié contribuera, à proportion des revenus
actuels et des charges de son État, à la sûreté et aux dépenses
communes de la grande alliance. »

3° « Les grands alliés, pour terminer entre eux leurs différends présents et à venir, ont renoncé et renoncent pour

jamais pour eux et pour leurs successeurs, à la voie des armes, et sont convenus de prendre toujours dorénavant la voie de conciliation, par la médiation du reste des grands alliés. »

4º « Si quelqu'un des alliés refusait d'exécuter les jugements et les règlements de la grande alliance... la grande alliance armera et agira contre lui offensivement... »

5º « Les alliés sont convenus que les Plénipotentiaires règleront, dans leur assemblée perpétuelle, tous les articles ... nécessaires ... pour procurer à la grande alliance plus de solidité, de sûreté et tous les autres avantages possibles. »

Avant de formuler ces principes, l'abbé de Saint-Pierre avait assez justement fait remarquer que les traités, sur lesquels reposait la situation de l'Europe, ne présentaient aucune garantie sérieuse de durée : il était dès lors urgent pour les États d'imiter les familles qui, sous la préoccupation de leur sûreté, avaient formé des sociétés politiques, d'autant plus que les motifs de guerre et de division entre les nations étaient beaucoup plus nombreux. Pour voir se réaliser la paix perpétuelle, il suffisait donc que les souverains, écoutant les lumières de leur raison et les sollicitations de leur intérêt, consentissent à signer les cinq articles fondamentaux de l'alliance.

Tel est le projet de l'abbé de Saint-Pierre. Celui-ci le développe longuement dans des éclaircissements, dans des réponses à toutes sortes d'objections ; il s'attache à montrer, aux grands et aux petits États et à tous les princes de l'Europe considérés séparément, que leur utilité personnelle les pousse à accepter l'alliance générale. La condition à remplir est des plus simples : il suffit de souscrire aux propositions énoncées plus haut, et la tranquillité européenne sera éternellement assurée.

Si l'on examine, à la suite de J.-J. Rousseau, cette nouvelle tentative pour rapprocher les nations, et les mettre à
l'abri des dangers de la guerre, on se rend compte bien vite
avec lui qu'elle est des plus chimériques. Le point de
départ, le but, les moyens, sont également inacceptables.

D'après le premier article, nous voyons que pour former l'alliance, les souverains de l'Europe « sont convenus
de prendre, pour point fondamental, la possession actuelle et
l'exécution des derniers traités ». L'abbé de Saint-Pierre
donnait ainsi pour base à la paix perpétuelle le *statu quo*.
Cette clause, aux yeux de J.-J. Rousseau surtout, devait
passer pour très mauvaise, puisqu'elle consacrait les faits
établis, le triomphe de la force sanctionné par les derniers
traités. L'état de l'Europe, à cette époque, était bien en
effet le résultat de la guerre : le droit du plus fort avait
délimité les frontières et asservi les peuples. Tandis que
dans leur projet Henri IV et Sully s'appuyaient sur un
remaniement plus équitable de la carte politique, en établissant qu'aucune nation ne peut exercer la souveraineté sur
une autre, l'abbé de Saint-Pierre, moins circonspect, envisage comme définitives les divisions du Continent, et ne pense
pas à se demander si cette organisation est conforme à la
justice. Il songe bien moins encore à examiner les rapports
qui liaient alors les gouvernements aux sujets ; or la théorie du Droit divin triomphait partout à cette époque, car il
se rencontrait, en Europe surtout, des monarchies absolues.
L'abbé de Saint-Pierre ne discute pas un instant ce principe,
sur lequel ces dernières prétendent se fonder : il accepte
tout ce qui est établi, les royautés, avec leurs attributions
exagérées, aussi bien que les nations dans leurs limites artificielles. Le mal, qui existait auparavant, se trouve ainsi consacré par un homme avide pourtant de justice.

Ce qui le prouve mieux encore, c'est la considération du but poursuivi par l'abbé de Saint-Pierre. Sans doute, celui-ci donne pour objet, à l'alliance générale des monarques de l'Europe, la « sûreté contre les guerres étrangères, mais aussi contre les guerres civiles qui, aux yeux de J.-J. Rousseau, ne sont pas réellement des guerres. Et même cette union, contractée par les rois plutôt que par les peuples, se forme surtout dans l'intérêt des premiers. C'est, en réalité, une ligue des princes contre toute révolution, contre toute dépossession « pour se procurer sûreté entière de la conservation de leurs États, de leur personne et de leur famille, dans la possession de la souveraineté ». Il s'agit bien moins, semble-t-il, de mettre les nations à l'abri des dangers de la guerre, que les souverains à l'abri du risque des révolutions. C'est que l'abbé de Saint-Pierre admettait, avec beaucoup de ses contemporains, encore imbus de la doctrine du Droit divin, que les monarques sont propriétaires de leurs États, qu'ils possèdent le droit imprescriptible de gouverner leurs sujets même malgré eux. L'alliance générale devenait, en réalité, une coalition permanente des rois, pour se garantir mutuellement la possession de leurs couronnes. Mais elle était alors en opposition absolue avec les principes du *Contrat social*, qui, avec plus de justice, attribuent au peuple la souveraineté.

Quant aux moyens indiqués par l'abbé de Saint-Pierre pour la réussite de son projet, ils se sentaient, comme dit J.-J. Rousseau, de la simplicité de leur auteur. « Il s'imaginait bonnement qu'il ne fallait qu'assembler un congrès, y proposer ses articles, qu'on les allait signer et que tout serait fait [1]. » Et cependant, l'abbé de Saint-Pierre déploie toutes

1. Cf. Rousseau, Edit. Hachette, V, 332.

sortes d'artifices, pour représenter à chaque souverain qu'il est de son intérêt d'entrer dans l'alliance générale. Il s'adresse à l'empereur, puis au roi de France, et passe aux rois d'Espagne, d'Angleterre, de Pologne. A tous, il promet d'être aimés de leurs peuples, puis il essaie de prendre chacun d'eux par son point faible. C'est ainsi qu'à l'empereur il promet la reconnaissance de la Pragmatique-Sanction ; au roi d'Angleterre, Georges Ier, il propose l'alliance comme le secret infaillible de se maintenir sur le trône ainsi que sa dynastie. Détail amusant : quand il avait écrit précédemment les deux premiers volumes de son *Projet*, c'était Anne Stuart qui régnait ; l'abbé de Saint-Pierre croyait qu'elle assurerait sa succession à son frère ; il avait donc mis quelques mots en faveur du prétendant. Il s'était hâté de les effacer plus tard, quand Georges Ier était parvenu au trône. L'abbé de Saint-Pierre cherchait donc réellement à séduire les monarques ! Néanmoins son dessein, présenté même sous cette forme adroite, ne pouvait leur plaire. L'intérêt des souverains aurait dû cependant les porter vers la paix perpétuelle, mais puisque tous ils ne se laissent jamais guider que par l'utilité apparente, ils repousseront au contraire l'union générale. Telle est, dans toute sa vérité, l'objection fondamentale, que J.-J. Rousseau adresse à l'abbé de Saint-Pierre. « Toute l'occupation des rois, ou de ceux qu'ils chargent de leurs fonctions, se rapporte à deux seuls objets : étendre leur domination au dehors, et la rendre plus absolue au dedans ; toute autre vue, ou se rapporte à l'une de ces deux, ou ne leur sert que de prétexte : telles sont celles du bien public, du bonheur des sujets, de la gloire de la nation ; mots à jamais proscrits du cabinet, et si lourdement employés dans les édits publics qu'ils n'annoncent jamais que des ordres funestes, et que le peuple gémit d'avance, quand ses maîtres lui parlent de leurs soins paternels [1]. En d'autres termes, le projet de paix perpétuelle sera rejeté par les princes, parce qu'aucun d'entre eux ne consentira jamais à amoindrir sa majesté souveraine, en renonçant à l'espoir de devenir plus puissant. C'est donc en vain que l'abbé de Saint-Pierre essayait de les persuader; la lecture de son ouvrage ne pouvait en convertir aucun. Quelle chimère de vouloir « faire avec un livre » ce que Henri IV voulait faire avec la guerre ! J.-J. Rousseau insiste même sur ce détail : l'abbé voulait convaincre par son éloquence, et il dédaignait toute recherche de mots, comme le rappelle l'anecdote suivante : « M. de Fontenelle, qui était son Aristarque, lui ayant dit, sur son discours de réception à l'Académie française, que le style en était plat : « Tant mieux, dit l'abbé, il m'en ressemblera davantage, et c'est assez pour un honnête homme de donner deux heures de sa vie à un discours pour l'Académie [2]. » Ce récit est curieux, il nous montre le peu de cas que l'abbé faisait de l'éloquence; « il ne mettait dans ses écrits que de la raison sans ornements. » C'était vraiment trop peu pour réussir, surtout lorsqu'on s'adressait aux souverains. Ces derniers, en effet, nous l'avons vu, écoutent rarement la raison, les lumières de la sagesse ; ils ne songent qu'à leur intérêt présent et apparent. L'abbé de Saint-Pierre devait donc échouer auprès d'eux. Comme le dit assez exactement J.-J. Rousseau, « il avait tant de plaisir à voir marcher sa machine, qu'à peine songeait-il aux moyens de la faire aller; son imagination trompait perpétuellement sa raison. En négligeant de plaire aux lecteurs, il allait donc contre ses

---

1. Cf. Rousseau, Édit. Hachette, V, 330.
2. Cf. Œuvres inédites publiées par Streckeisen-Moultou, p. 308.

propres principes [1]. » Le projet de paix perpétuelle n'était lui-même qu'une tentative impuissante à produire l'union des États.

IX. A la suite de J.-J. Rousseau, nous avons examiné les différents essais, qui ont été tentés pour rapprocher les nations trop souvent ennemies les unes des autres. Il a multiplié les critiques, il a accumulé les objections, est-ce à dire qu'il ait fait table absolument rase, et qu'il n'ait rien conservé des théories précédentes? Dans sa lutte avec ces doctrines, n'a-t-il pas, volontairement ou non, adopté quelques-uns de leurs principes, semblable à l'homme qui, maniant l'épée contre un adversaire, conserve, quoi qu'il fasse, un peu de sa manière et de son jeu? Pour le savoir, dressons, en quelque sorte, le bilan des points qu'il a condamnés : cela nous éclairera sur le système qu'il pourra plus tard adopter.

1º S'en remettre à la nature, pour voir se consommer l'union des hommes disséminés au sein des États, est une pure et simple utopie. J.-J. Rousseau, en le prouvant, s'interdisait en même temps l'inaction. Puisque la Bonne Nature ne peut d'elle-même réussir, il faut recourir à l'art humain, et rechercher s'il peut nous conduire au résultat désiré. Il y a, d'ailleurs, de bonnes raisons pour le présumer : les volontés individuelles, par la convention libre, peuvent engendrer une association politique. Pourquoi ne leur serait-il pas possible de produire le rapprochement général des peuples?

2º Mais, pour arriver à cette fin, il faut tenir compte, semble-t-il, de ce qui est établi, et prendre comme une don-

---

1, Cf. *Œuvres inédites*, publiées par Streckeisen-Moultou, p. 311.

née fondamentale l'existence des États. En condamnant la société naturelle de tous les hommes, J.-J. Rousseau a montré, du même coup, qu'il ne fallait pas employer comme élément, dans cette construction nouvelle, l'unité humaine, mais l'unité nationale. Plus clairement, il s'agit de relier directement non pas les hommes, mais les nations, et, par suite, indirectement seulement les citoyens qu'elles renferment. La société générale ne doit pas être l'union immédiate de tous les hommes, ni l'alliance des souverains, mais l'union des peuples.

3° J.-J. Rousseau s'adresse-t-il même à tous les États? Non, sans doute. Nous avons trop souvent répété, pour y revenir, qu'il méprisait les grandes nations, qu'il ne considérait comme dignes d'intérêt que les petits États. Seuls, ces derniers peuvent être constitués suivant les vrais principes du Droit politique. C'est donc d'eux qu'il s'agit avant tout en ce moment.

4° Les petits États ont, en effet, tout à craindre de l'existence des grandes puissances. Celles-ci, tourmentées par la passion des conquêtes, sont toujours disposées à marcher au combat, surtout lorsqu'elles sont gouvernées par des monarques. Le prince, confondant à dessein la grandeur du territoire avec la sienne, recherche la gloire des armes, et veut s'agrandir aux dépens d'autrui. Dès lors, les nations peu étendues, livrées à elles-mêmes, auront de la peine à se défendre de l'invasion et de la guerre, et comme elles ont cependant droit à l'existence, J.-J. Rousseau se préoccupe de les préserver des dangers qui les menacent. « La société générale du genre humain » se présente donc, chez J.-J. Rousseau, comme une union des petits États, formée par eux dans le but de se défendre ; ils cherchent, par ce moyen, à se préserver des hostilités et de leurs tristes conséquences. C'est donc, en dernière analyse, une ligue contre la guerre.

5° Pour atteindre ce but, quels moyens pourra-t-on employer? On ne peut songer, d'après J.-J. Rousseau, à la religion. La religion civile d'abord, si nous reprenons la division du *Contrat social*, ne pourra produire la réunion des peuples, car chacun d'eux, à ce point de vue, peut adopter des pratiques différentes, qui, au lieu de pouvoir les rapprocher, les désuniraient plutôt. Reste la religion naturelle, c'est-à-dire « la religion considérée par rapport à la société générale, la religion de l'homme bornée au culte purement intérieur du Dieu suprême, et aux devoirs éternels de la morale [1]. » Pourra-t-elle servir de lien, de point de rapprochement entre les groupes politiques? Il est bien difficile de l'admettre. La religion méprise, en effet, le droit et la vie terrestre, elle ne peut donc armer les chrétiens, d'une manière efficace, pour la revendication de prérogatives insignifiantes à leurs yeux. D'ailleurs, il faudrait, au préalable, que ces croyances naturelles destinées à unir les peuples fussent acceptées par tous ; mais peut-on sérieusement s'attendre à voir cette condition se réaliser assez tôt, pour que l'union des États puisse suivre l'accord des religions?

6° Devra-t-on se déterminer à faire appel à la force? Ici encore, nous nous heurtons à une impossibilité. Une association engendrée par la violence n'aurait aucune chance de durée, car elle ne présenterait aucune garantie de stabilité. La force peut toujours détruire la force. Et d'ailleurs « les moyens violents ne conviennent point à la cause juste [2] » ; renonçons donc franchement à les employer.

1. Cf. Rousseau, Édit. Hachette, III, 385.
2. Cf. Rousseau, Édit. Hachette, III, 236.

7° Il sera plus sage, pour constituer la société des petits États, de recourir à des procédés pacifiques, et d'imiter l'abbé de Saint-Pierre. Il faudra toutefois éviter les erreurs qu'il a commises en prenant pour point de départ l'état actuel de l'Europe, en plaçant la souveraineté entre les mains des monarques, et en faisant simplement appel dans son ouvrage à leurs lumières!

Par cette méthode d'élimination, nous arrivons à saisir les termes exacts du problème, et les moyens de le résoudre. Une Société de petits États s'unissant pour la défense commune, voilà ce qu'il faut poursuivre. Pour la réaliser, on ne peut compter ni sur la religion, ni sur la force, ni « sur le livre. » On ne peut donc s'adresser qu'à la libre volonté des petits États.

J.-J. Rousseau, en possession de ces deux principes, se trouvait enfin éclairé sur la nature de cette association nouvelle, et sur les conditions particulières de sa réalisation.

CHAPITRE VI

L'association volontaire des petits États : sa possibilité, sa réalisation. Sa forme ne sera ni la simple alliance, ni l'État fédéral, mais la confédération dont la nature satisfait seule aux exigences de J.-J. Rousseau. — Le Contrat international ; ses clauses, union des volontés et des forces, c'est-à-dire des Milices. La République confédérative. Ses avantages.

Pour se préserver des dangers qui résultent de la guerre offensive entreprise volontiers par certains peuples, surtout lorsqu'ils sont gouvernés par des monarques, les petits États, « objets continuels de leurs convoitises[1] », ont l'unique ressource de s'associer librement entre eux. De cette manière, en face des puissances supérieures en force, divisées par une insatiable ambition, se dresseront les plus faibles, liguées dans l'intérêt de la défense commune. L'union, en effet, ne peut exister qu'entre choses de même nature ; si, par hasard, grandes et petites nations s'alliaient indistinctement, ce rapprochement tournerait bientôt uniquement à l'avantage des premières, au détriment des autres : « Les alliances, les traités, la foi des hommes, tout cela peut lier le faible au fort, et ne lie jamais le fort au faible[2] ». J.-J. Rousseau ne songeait donc réellement qu'aux petits États. C'est qu'ils répondaient seuls, nous l'avons vu, à l'idéal qu'il se formait de la société politique. Les hommes

1. Cf. *Œuvres inédites de J.-J. Rousseau*, publiées par Streckeisen-Moultou, p. 62.
2. Cf. *Œuvres inédites de J.-J. Rousseau*, publiées par Streckeisen-Moultou, p. 62.

ne peuvent véritablement vivre en sûreté, dans la paisible possession de tous leurs droits, qu'au sein des cités peu étendues. Cette sécurité se trouve même compromise au dehors par le seul fait de l'existence de puissances très grandes. Il s'agit donc, en éloignant des petits États le danger qui pourrait en résulter, d'assurer complètement la tranquillité des membres qui les composent, c'est-à-dire d'achever l'œuvre commencée par le *Contrat social*.

I. Pour que ce but soit atteint, il semble donc que les nations restreintes doivent s'associer, puisque c'est le seul remède que nous ayons trouvé à leur triste situation. Elles ont droit à l'existence : un État possède, en effet, cette prérogative, dès qu'il présente à l'intérieur des garanties suffisantes de stabilité. Or, si jamais cette condition peut être remplie, c'est assurément chez les peuples peu nombreux, où chaque citoyen participe directement à la souveraineté ; la « volonté générale » y poursuit « l'intérêt général », et la fin de la société politique, c'est-à-dire le bien commun, s'y trouve réalisé presque infailliblement. Les petits États possèdent donc entre tous ce droit indiscutable à l'existence ; leur premier soin, par conséquent, doit être celui de leur propre conservation, ils doivent prendre toutes les mesures qu'ils jugent nécessaires pour l'assurer. En un mot, ils doivent s'unir entre eux.

Qu'ils le puissent, c'est ce qui n'est pas moins évident. Nous avons condamné et rejeté toute forme d'union qui résulterait de la contrainte, parce qu'elle aurait peu de chance d'être stable. L'association volontaire est la seule que nous puissions désormais accepter. Or il se trouve justement que les petits États, aussi bien que les autres, sont libres et indépendants, et, par suite, ils peuvent chercher à réaliser le rapprochement désiré. Ne relevant que d'eux-mêmes, ils sont les maîtres absolus de leurs destinées, ils peuvent adopter toutes les résolutions que leur dicte le soin de leur salut et de leur prospérité.

L'alliance des États, dans le chapitre précédent, s'est offerte à nous comme le seul remède aux maux qui peuvent les assaillir au dehors. Elle nous apparaît maintenant légitime et possible, puisque toute société politique a un droit inviolable à l'existence et à la liberté. Au lieu de se trouver rapprochées arbitrairement par un principe transcendant ou injustifiable, tel que la religion ou la violence, les nations peu étendues pourront d'elles-mêmes s'unir entre elles, pour opposer leurs volontés et leurs forces associées à l'ambition dangereuse de leurs ennemis.

II. Supposons donc les petits États « parvenus à ce point où les obstacles qui nuisent à leur conservation dans l'état de nature l'emportent, par leur résistance, sur les forces que chacun d'eux peut employer pour se maintenir dans cet état. Comme ils ne peuvent engendrer de nouvelles forces, mais seulement unir et diriger celles qui existent, pour se conserver, ils vont former par agrégation une somme de forces qui puisse l'emporter sur la résistance [1] ». Comment cette association va-t-elle se constituer? Comment la convention, sur laquelle elle doit s'appuyer, pourra-t-elle se produire? Sera-t-elle l'œuvre des différents peuples, ou des gouvernements divers qu'ils se sont donnés? La question a son importance. Pour la résoudre, il faut examiner si l'union dont nous avons proclamé la nécessité est d'un intérêt général ou simplement particulier, pouvant être

1. Cf. Rousseau, Édit. Hachette, III, 312.

reconnu par tous les individus ou par quelques-uns seulement. Or, ce qui caractérise un acte de souveraineté, c'est
1° qu'il doit avoir pour objet l'utilité publique, qui est la
fin de l'institution de l'État ; 2° ce bien commun doit être
décidé par la volonté générale, qui seule tend à l'égalité [1].

Toute manifestation de la souveraineté est donc un acte
authentique de la volonté générale, obligeant ou favorisant
également tous les citoyens ; le peuple entier décide du
bien de tout le peuple, « la *matière* sur laquelle on statue
est générale comme la *volonté* qui statue ». Ce qui en
résulte, c'est la loi : « Quand je dis que l'objet des lois est
toujours général, j'entends que la loi considère les sujets
en corps et les actions comme abstraites, jamais un homme
comme individu ni une action particulière. Ainsi la loi peut
bien statuer qu'il y aura des privilèges, mais elle n'en peut
donner nommément à personne [2]. »

Nous sommes ainsi en possession des signes, qui nous
permettront de juger si l'union des petits États doit être
proclamée par tous les citoyens, ou seulement par les
magistrats. Or, cette association a d'abord une utilité
publique, elle a réellement pour objet le bien de tous les
membres de la nation. Il s'agit, en effet, d'assurer la vie, les
droits de tous les individus insuffisamment protégés au
dehors ; de sorte que la fin poursuivie est l'intérêt commun.
Ce bien, en second lieu, est nécessairement l'objet de la
volonté générale des citoyens. Nous ne disons pas de la
volonté de tous, il peut y avoir quelques dissidents mal
éclairés, incapables d'envisager le bonheur collectif. Mais
la volonté générale, au sens exact de ce mot, comprendra
la nécessité de l'association, parce qu'elle y verra une con-

1. Cf. Rousseau, Édit. Hachette, III, 318, 319, 322.
2. Cf. Rousseau, Édit. Hachette, III, 325.

dition d'existence de l'État. Cette résolution, prise par le peuple en corps, sera générale et abstraite, elle n'aura pas plus de précision. Le souverain ne peut envisager, en effet, aucun objet particulier. Quelle sera la nature de l'association? A quelles cités s'unira-t-on? Autant de problèmes spéciaux qui échappent à la compétence des citoyens, et qui, par suite, sont l'unique affaire du gouvernement.

Le rôle de ce dernier est, en effet, d'appliquer les décisions de la puissance législative, de les faire exécuter dans des actes *particuliers*. Il faut s'unir à autrui, a déclaré le souverain : le choix de l'union, celui des associés sont des faits spéciaux et, par suite, dépendent des Magistrats.

III. Mais quelle est la nature du pouvoir exécutif? Est-il nécessaire de préciser? On sait que dans le *Contrat social*, J.-J. Rousseau avait établi qu'il n'y a pas « une constitution de gouvernement unique et absolue, mais qu'il peut y avoir autant de gouvernements différents en nature que d'États différents en grandeur [1] ». Précisant ensuite cette idée, il fut amené à distinguer : la démocratie, dans laquelle le dépôt de l'administration est commis à tout le peuple ou à la plus grande partie du peuple ; l'aristocratie, où il est confié à un petit nombre d'hommes ; la monarchie, où il est remis à un seul. Dès lors, puisque nous nous sommes placé dans l'hypothèse des petits États, et que, d'autre part, il y a trois formes de gouvernement, quelle est celle qui leur convient le mieux? Sera-ce la démocratie? Au premier abord, on serait tenté de le croire, mais si elle était possible, elle serait « trop parfaite » et ne pourrait convenir qu'à des dieux. D'ailleurs, si la puissance exécutive appartenait à des magistrats. nombreux, elle serait bien

1. Cf. Rousseau, Édit. Hachette, III, 339 et sq.

affaiblie, car ils perdraient en délibérations prolongées un temps précieux pour l'action. Renonçons donc à voir les petits États gouvernés démocratiquement, par suite, à voir le peuple non seulement décider l'union avec autrui, mais s'occuper en même temps de la réaliser par des actes particuliers. Malgré le désir d'obtenir un gouvernement très vigoureux et très actif, nous ne pouvons davantage admettre la forme monarchique : considérée en elle-même, elle entraîne déjà à sa suite un grand nombre d'inconvénients, qui sont plus sensibles encore, si on envisage le point de vue que nous avons adopté. Il s'agit, en effet, de préserver les nations peu étendues de l'ambition des grandes ; mais si nous rappelons que la monarchie ne convient qu'aux sociétés très vastes, que le prince naturellement ambitieux aime la puissance militaire et la guerre, nous pouvons conclure que l'administration d'un seul individu engendre le plus souvent les maux que nous voulons éviter. Le gouvernement aristocratique, par conséquent, est le seul qui, en principe et en règle générale, convienne aux petits États. Il ne s'agit pas de l'aristocratie naturelle, qui ne s'applique qu'à des peuples simples, bien rares dans l'état de la civilisation actuelle — ni de l'aristocratie héréditaire, la plus mauvaise des institutions. Nous parlons uniquement de l'aristocratie élective. Un petit nombre de citoyens recommandables par la probité, les lumières, l'expérience, qui les désignent à l'élection de tous, s'occuperont donc dans les petites cités des affaires intérieures, qu'ils expédieront avec ordre et diligence. J.-J. Rousseau ajoute même : « Le crédit de l'État est mieux soutenu chez l'étranger par de vénérables sénateurs, que par une multitude inconnue et méprisée [1] ». Ceux-ci auront donc la mission de rendre possible

1. Cf. Rousseau, Édit. Hachette, III, 345.

cette association dont nous avons montré la nécessité. Nous arrivons ainsi à ce résultat : un petit nombre de magistrats se trouvent chargés de réaliser cette union des petits États, que les différents peuples ont décidée. Ces délégués peuvent avoir pour cela toutes les qualités requises, la science, l'habileté, puisque ce sont ces aptitudes qui les ont désignés aux suffrages des autres citoyens. Dans leur sagesse, ils sauront s'entendre avec les autres gouvernements, pour assurer aux souverains, dont ils sont les officiers, la sécurité recherchée.

IV. Quelle sera dès lors la nature de cette union ? Pour être réalisée par des « gouverneurs » vraiment éclairés, sous quel aspect devra-t-elle se présenter ? Il est indispensable d'élucider ce point, puisque le problème dont nous cherchons la solution est analogue à celui du *Contrat social*, et consiste également à « trouver une forme d'association, qui défende et protège de toute la force commune la personne et les biens de chaque associé[1] ». Ce texte nous indique non seulement le but qu'il s'agit d'atteindre, mais encore le critère dont nous devons nous servir pour déterminer le caractère exact de l'alliance des peuples. Il importe avant tout de ne porter aucun préjudice aux droits qu'ils possèdent, existence, liberté, égalité ; par conséquent, en examinant les divers modes d'association possible, nous nous demanderons au sein duquel ces attributs essentiels seront le mieux respectés, et, d'une façon plus précise encore, au sein duquel la souveraineté de chacune « des sociétés civiles » sera le mieux assurée. Cette dernière notion, en effet, est celle qui s'applique le plus exactement à la nation dans la théorie de J.-J. Rousseau ; nous avons vu, au début

1. Cf. Rousseau, Édit. Hachette, III, 313.

de cet ouvrage que l'organisation politique idéale naît du contrat social, de l'accord des individus, puisque « c'est la volonté générale qui peut seule diriger les forces de l'État selon la fin de son institution qui est le bien commun [1] ». L'État, c'est la personne morale qui se trouve formée par le pacte, c'est le souverain lui-même, puisque « la volonté générale personnifiée est ce qu'on appelle le souverain [2] ». Ces deux termes sont donc synonymes, et peuvent le plus souvent s'employer indifféremment l'un pour l'autre. Or cette souveraineté, c'est la puissance suprême de tout État ; le peuple à qui elle appartient a le droit de commander à chacun des membres qui le composent, il possède même le droit de vie et de mort lorsqu'il s'agit du salut public. Et cette souveraineté est à la foi inaliénable et indivisible, comme nous l'avons établi. Il est facile de le comprendre ; puisqu'elle n'est que l'exercice de la volonté générale, elle ne peut jamais s'aliéner, elle ne peut être représentée que par elle-même, sinon elle serait détruite. Pour des raisons analogues, elle est indivisible : la volonté est générale ou elle n'est pas. J.-J. Rousseau a même insisté fort à propos sur les erreurs des politiques qui divisent ce pouvoir essentiel, et qui arrivent à faire du souverain un être fantastique et formé de pièces rapportées : en réalité, ils prennent pour des parties de l'autorité ce qui n'en est que des émanations ». Donc, la souveraineté à l'intérieur est à la fois inaliénable et indivisible ; l'État est un ou il n'est pas, l'unité est l'élément essentiel de sa personnalité morale comme de toute existence.

Cette souveraineté, qui se traduit au dedans par la puissance absolue, se manifeste au dehors par l'indépendance

1. Cf. Rousseau, Édit Hachette, III, 318.
2. Cf. Rousseau, Édit. Hachette, III, 303.

de toute nation vis-à-vis des peuples différents. Un État ne possède pas à proprement parler « la souveraineté extérieure », c'est-à-dire un droit de domination sur les autres sociétés politiques, puisqu'elles sont toutes égales en principe. Ce que nous voulons dire, c'est que chacune d'elles a non seulement tout pouvoir sur les membres qui la composent, mais de plus elle ne dépend d'aucune autorité étrangère. La puissance suprême qui lui appartient n'est subordonnée au dehors à aucune autre, sinon elle se détruirait elle-même. Donc, puisque les peuples sont égaux en droits, ils sont tous souverains en ce sens qu'ils sont indépendants les uns des autres. La caractéristique de l'État, c'est de n'être obligé ou déterminé que par sa propre volonté, conformément au but qu'il est appelé à atteindre. Il en résulte qu'au point de vue international, la souveraineté de chaque société politique est encore inaliénable et indivisible. Un État, en premier lieu, ne peut être, dans ses relations avec les autres pays, représenté que par lui-même ; il ne peut renoncer à sa puissance, pas plus qu'il ne peut se donner ou se vendre. La volonté générale doit toujours être maîtresse d'elle-même ; elle ne doit recevoir aucun ordre étranger. Par cela seul que le peuple possède la souveraineté, il serait contradictoire qu'il l'aliénât à une autorité extérieure ; il ne peut abdiquer en faveur d'un maître, quel qu'il soit. Est-ce à dire qu'un État ne puisse, s'il le faut pour la défense commune, consentir à certaines restrictions apportées à sa souveraineté ? Aucunement ; une nation, dans ses rapports avec les autres, peut être amenée à adopter un certain nombre de règles communes, qui pourront sans doute constituer des restrictions à sa liberté et à son indépendance ; mais n'est-il pas naturel qu'elle ne puisse régle-

menter seule et de sa propre autorité des questions intéressant au même titre les autres Puissances? Et s'agit-il
réellement dans ce cas d'une aliénation? Nullement, à la
condition du moins que ces limitations, ces concessions
résultent d'un consentement volontaire ; pour assurer la
défense générale, un peuple peut s'entendre et arriver à un
accord avec d'autres peuples. Il ne sera obligé dès lors
que par sa propre volonté. Il n'y aura donc point ici
d'aliénation, de sujétion, il n'y aura qu'une convention
réciproque des États, née de la libre volonté de chacun
d'eux.

La souveraineté, au point de vue extérieur, doit être de
plus indivisible. Un État ne peut, en aucune manière, partager sa souveraineté avec un autre État ; puisqu'il est une
personne morale, véritablement une, il ne peut se diviser
sans disparaître. Dès l'instant où sa puissance se trouverait
diminuée, il tomberait sous la dépendance d'autrui et ne
mériterait plus le nom d'État. C'est qu'en réalité il ne
peut exister sur le même territoire plusieurs nations souveraines, car la volonté générale est une ou elle n'est pas.

Ces considérations relatives à l'essence de la souveraineté,
attribut essentiel de la société politique, devront sans cesse
nous guider dans l'examen des différentes formes de l'association des petits États. L'union des nations ne devra point
entamer leur autonomie respective ; chacun des associés
devra, pour conserver son caractère d'État, garder son
indépendance absolue, ou ne pourra la restreindre que
volontairement, et dans la même mesure que les autres.
S'il en était autrement, le rapprochement des peuples aurait
pour conséquence l'assujettissement des uns au profit des
autres. Inversement, si dans cette union il n'existait plus
qu'un seul souverain, c'est que chacun des autres membres

aurait perdu sa souveraineté et son caractère d'État. Il était
indispensable d'insister sur ces deux points en ce moment.
Il faut, en premier lieu, que cette association des nations peu
étendues puisse protéger et défendre de toute la force commune chacun des adhérents : voilà son but. Il faut, en outre,
qu'au sein de cette union, chacun conserve sa souveraineté,
c'est la condition fondamentale. Le rapport des peuples
unis pour la défense générale doit être un rapport de coor-
dination et non de subordination.

V. S'il en est ainsi, on peut affirmer, semble-t-il, que la
meilleure forme d'association pour les petits États est
l'alliance pure et simple, contractée librement par eux.
Puisqu'il s'agit de les mettre à l'abri des dangers que la
guerre fait fondre sur eux, une ligue défensive saura produire ce résultat. Que l'ennemi vienne, en effet, envahir
une des nations alliées ; les autres prendront de suite les
armes pour aider cette dernière à repousser l'attaque.
D'autre part, ce mode d'union respectera les droits fondamentaux des associés ; chacun d'eux y conservera sa souveraineté, et s'occupera seul de ses affaires intérieures ; même
en cas de guerre, son indépendance se trouvera à peine
limitée, puisqu'il pourra prendre de lui-même les mesures
les plus propres, selon lui, à repousser l'ennemi. Qu'on
examine d'ailleurs toutes les alliances contractées par les
peuples, depuis les symmachies ou épimachies des Grecs
jusqu'aux ligues des modernes, on s'apercevra que, dans
toutes, chaque ville conservait une autonomie à peu près
complète.

J.-J. Rousseau ne méconnaissait assurément aucune des
raisons qu'on pouvait faire valoir en faveur de l'alliance des
petits États, qui devait avoir à ses yeux surtout le grand

mérite de respecter l'indépendance de chacun d'eux ; mais
il n'ignorait pas non plus les inconvénients qui pouvaient
en résulter. Le principal, c'est que ces rapprochements, à
supposer même qu'ils aient été en principe conclus à perpétuité, sont, en fait, toujours temporaires et généralement
éphémères. Le moindre changement politique peut, en effet,
entraîner leur rupture ; la modification en apparence
la plus insignifiante dans l'administration peut produire
une alliance complètement nouvelle sur les ruines de
l'ancienne. Quand bien même le peuple, conformément aux
principes du *Contrat social*, aurait déclaré l'union nécessaire, comme c'est son délégué, c'est-à-dire le gouvernement, qui la réalise et la contracte en son nom, choisissant
les alliés et déterminant toutes les clauses particulières,
il peut se produire des bouleversements inattendus, s'expliquant à la fois par l'instabilité naturelle à toute alliance et
par le caprice des magistrats. De plus, entre les associés
dont l'indépendance est absolue, il n'y a pour ainsi dire
aucun lien commun, aucune organisation dans le sens
propre du mot. N'est-il pas nécessaire cependant que,
dans l'association des petits États, il y ait un organe central,
quel qu'il soit, destiné à représenter les différents peuples,
délibérant sur les dangers possibles et sur les périls réels,
chargé de préparer la défense commune, en tenant compte
également des intérêts généraux ? Dans l'alliance des petits
États, il n'y a rien de semblable, de sorte que l'utilité personnelle risque bien de diriger toujours chaque membre, et
il devient peu probable que ces vues particulières, en
s'unissant, représentent le bien de tous. La défense commune peut dès lors se trouver mal organisée. Aussi l'alliance
n'est-elle pas vraiment une association durable et capable de
pourvoir à la protection des associés.

VI. Pour que l'union des nations restreintes soit à la fois plus stable et plus intime, il semble dès lors qu'elle doive prendre la forme d'un État fédéral. On sait ce que signifient ces mots. Ils désignent une organisation politique bien différente de la simple alliance, produisant en quelque sorte la fusion de plusieurs peuples en un seul. Considérons, en effet, le cas qui est plus conforme à nos recherches, celui où l'État fédéral naît du rapprochement volontaire de plusieurs « sociétés civiles [1] », et non de la division d'un État unitaire : sa formation nous renseignera déjà sur sa véritable nature. Les petits peuples, dont nous nous occupons à la suite de J.-J. Rousseau, n'ont qu'à conclure entre eux un traité d'union, par lequel ils s'engagent à créer au-dessus d'eux un État dont ils seront les membres. A une date fixée, les organes choisis par eux se saisiront du pouvoir central, et l'administration nouvelle, au lieu de reposer sur la volonté des différentes nations, n'aura plus désormais pour base que la décision de l'État fédéral lui-même, désormais distinct de ceux qui l'ont produit par leur réunion.

L'État ainsi formé mérite véritablement son nom et le mérite seul. Seul, en effet, il possède la souveraineté, qui est la notion caractéristique de toute société politique. Il est, en d'autres termes, revêtu à l'intérieur de la puissance suprême ; il détermine lui-même sa propre compétence ; il fixe librement tous ses pouvoirs, en restreignant, en abrogeant au besoin ceux des États particuliers, qui se trouvent ainsi réduits à peu de chose. A l'extérieur, l'État fédéral a, réunies en lui, toutes les attributions internationales, telles que le droit de déclarer la guerre ou celui de conclure des traités.

1. Cf. J.-J. Rousseau, *passim*.

Les membres qui le composent, c'est-à-dire les sociétés politiques antérieures, ne peuvent donc plus conserver ce titre. Toutefois, si l'État fédéral est seul souverain, cela ne veut pas dire qu'il exerce seul la puissance suprême. De par son bon vouloir, les nations particulières peuvent, en effet, partager tout d'abord l'excercice de la souveraineté sur leur territoire avec le pouvoir central, qui sans doute est nécessairement un, mais dont les fonctions sont divisibles et peuvent être confiées à différents organes, aux points de vue exécutif ou judiciaire. L'État fédéral peut d'ailleurs se réserver l'accomplissement de tous les actes administratifs, de même qu'il peut le remettre à chacun des peuples qu'il représente. Il prend librement toutes ces dispositions, en vertu de son droit de fixer et de délimiter sa compétence. Les attributions qu'il abandonne ou qu'il délègue sont, en dernière analyse, des privilèges qu'il concède suivant son bon plaisir.

Ce n'est pas tout. Non seulement les nations particulières peuvent, de concert avec le pouvoir central, exercer la souveraineté sur leur propre territoire, mais, chose capitale, elles participent, à titre de membres distincts, à la formation de la volonté de l'État fédéral, grâce à une organisation particulière de la puissance publique. C'est même ce qui distingue essentiellement l'État fédéral des États unitaires, où les provinces ne collaborent jamais, en tant que provinces, à l'établissement des lois. Au contraire, les collectivités, qui étaient auparavant des sociétés politiques distinctes et indépendantes, prennent part à la souveraineté dans l'État fédéral, elles ont même dans ce but des représentants spéciaux.

Mais l'État fédéral n'est pas seulement composé de ces membres collectifs, c'est-à-dire des anciennes nations; il

comprend, en outre, l'ensemble des hommes qui consti-
tuaient auparavant les États particuliers, en un mot, tous
les individus qui vivent sur son territoire. Or, ces derniers
doivent, à leur tour, participer à la souveraineté, et contribuer à la formation de la volonté générale dans l'État fédéral. Aussi, l'ensemble des citoyens, considérés comme composant la nouvelle association, doit-il avoir une représentation spéciale, car la raison, maîtresse du Droit politique,
se refuse à concevoir un État, dans lequel il n'y aurait
aucun rapport direct entre la puissance publique et les
individus qui la constituent. Dans l'union fédérale, les
citoyens ne sont donc pas uniquement reliés au pouvoir
central par l'intermédiaire des États particuliers ; ils lui
sont en même temps directement soumis, en tout ce qui
relève de la compétence générale, par conséquent ils doivent
de toute nécessité prendre part à l'institution des lois.

Telle est la nature de l'État fédéral ; c'est un État véritable, car il possède seul la souveraineté envisagée dans son
essence et non dans son exercice, en d'autres termes, le
pouvoir de déterminer librement son autorité à l'intérieur.
Et, de plus, il est revêtu au dehors de toutes les attributions
internationales. Toutefois, la volonté générale qui l'engendre est l'œuvre de deux facteurs : les citoyens, d'une
part, confient à des mandataires le soin de les représenter,
et, d'autre part, les collectivités publiques qui jadis étaient
des nations indépendantes participent d'une manière analogue à la souveraineté, en tant que membres distincts de
l'État fédéral. Elles continuent même à exercer le plus
souvent une partie du pouvoir exécutif ou judiciaire. Ainsi
se trouve organisé l'État fédéral. Il doit assurément avoir
une puissance redoutable, et puisqu'il s'agit avant tout
d'assurer la défense commune, il semble bien capable d'y

pourvoir d'une façon efficace. Ne possède-t-il pas, en effet, l'unité nécessaire à toute action énergique, et la force, condition fondamentale du succès. Il paraît donc bien être « la forme d'association la plus capable de défendre et de protéger de toute la force commune la vie et les biens de chaque associé », et J.-J. Rousseau l'aurait sans doute choisi comme la solution naturelle du problème, qui consiste à préserver les petits États des dangers de la guerre.

Malgré les apparences, J.-J. Rousseau n'aurait pu cependant se résoudre à chercher dans ce mode d'association le remède aux maux de la guerre. Sans doute, l'État fédéral, une fois constitué par la réunion volontaire des nations peu étendues, pourrait atteindre le but poursuivi; la défense générale y serait organisée, sinon parfaitement, beaucoup mieux, en tout cas, qu'elle ne pourrait l'être dans la simple alliance. Au lieu de l'hésitation qui paralyse souvent les décisions communes, au lieu du désaccord qui est si fréquent dans le choix des moyens, l'unité dans les résolutions, l'harmonie dans les projets et dans les actes s'y trouveraient mieux assurées. La force des peuples fédérés en imposerait certainement aux ennemis, toujours prêts à respecter toute supériorité qui se fait redouter. Les grandes puissances se garderaient donc de profiter des moindres prétextes pour ouvrir les hostilités, avec l'intention, plus ou moins déguisée, de faire des conquêtes; elles seraient arrêtées par la crainte de rencontrer une résistance sérieuse. A la guerre offensive, ouverte injustement contre lui, l'État fédéral pourrait en effet répondre également par les armes, avec des chances de succès. Mais si, de ce point de vue, il était possible que J.-J. Rousseau se trouvât satisfait, il ne pouvait assurément le demeurer longtemps, car cette forme d'union méconnaît les droits fondamentaux des peuples qui la composent. L'État fédéral, en effet, est seul revêtu de l'autorité, les nations particulières qui l'ont engendré ne la possèdent donc plus, et ne sont même plus des nations, puisque nous avons établi que la souveraineté caractérise exactement la société politique. Depuis la création de l'État fédéral, il n'existe qu'un seul souverain : il est impossible en effet que, sur le même territoire, puissent coexister plusieurs puissances suprêmes dont chacune, n'étant soumise à aucune autre, aurait au contraire le droit de commander à tout le pays. Par conséquent, les sociétés politiques primitives, en cessant d'être souveraines, ont cessé d'exister. Elles ne représentent plus que des groupes sociaux, dont les membres sont plus étroitement unis entre eux par les souvenirs communs, par l'habitude, par le voisinage. L'État fédéral s'est donc élevé sur les ruines des petits États.

Pour nier cette conséquence, il ne servirait à rien de soutenir que l'autorité se trouve partagée, dans l'État fédéral, entre lui et les États particuliers. En réalité, il n'en est rien. La souveraineté, en effet, n'admet point de division, elle est une ou elle n'est pas. Si elle appartient à l'État fédéral, elle ne peut appartenir en aucune manière aux États particuliers. Sans doute, ceux-ci peuvent y participer, ou, plus exactement prendre part à la formation de la volonté générale ; sans doute ils peuvent intervenir dans l'exercice de la puissance publique, mais il n'en reste pas moins vrai que l'État fédéral seul détient le pouvoir suprême. S'il est exact que la souveraineté puisse naître de la volonté de plusieurs organes différents, et que de plus elle puisse être divisée dans son exercice, elle est, au contraire, envisagée du moins en elle-même, une et indivisible ; une fois formée par la décision des divers peuples et par celle de tous les citoyens,

elle n'appartient donc plus qu'à l'État fédéral. Par conséquent, ces petits États, que l'imagination de J.-J. Rousseau
avait eu tant de plaisir à contempler et à voir fonctionner,
ont été engloutis par une puissance supérieure, l'État fédéral, c'est-à-dire par une grande nation.

C'est que cette forme d'association n'est pas seulement la
fusion des collectivités publiques qui étaient autrefois distinctes, elle est encore un lien nouveau entre tous les individus qui se trouvent sur l'étendue de son territoire, et qui
relèvent directement d'elle. En sa qualité d'État, l'union
fédérale, en effet, est composée de tous les sujets réunis
auparavant en sociétés politiques distinctes. Mais, s'il en est
ainsi, ne doit-on pas déjà redouter un désordre, une déso-
rientation réelle dans l'esprit des hommes, habitués auparavant à vivre plus intimement entre eux ? Et, ce qui est
beaucoup plus grave encore, la puissance du citoyen, autrefois si grande dans les petits États, diminue considérable-
ment dans l'association fédérale, et se réduit à celle des sujets
des grandes nations. Aussi, tandis que ces derniers pouvaient
jadis déclarer directement leur propre volonté, conformément
au principe de la souveraineté inaliénable, ils se trouvent
désormais obligés de recourir à des délégués : l'institution
des députés, si dangereuse en elle-même, est devenue dou-
blement inévitable ! Les individus sont d'abord indirectement représentés par les organes laissés aux petits États ;
de plus, ils ont des mandataires directs, chargés d'exprimer
leur opinion. Il y a là une double représentation, et, en
même temps, une source de conflits et d'anarchie. Les
désaccords vont surgir à la moindre occasion, et le pays sera
livré aux troubles les plus inquiétants. La conséquence la
plus évidente ou la moins contestable, c'est que non seulement les droits des petits États, mais encore ceux des
citoyens, risqueront fort d'être méconnus ou violés.

Pour une autre raison encore, l'existence de l'État fédéral est un danger permanent pour les individus qui le composent : cet État peut, en effet, devenir unitaire. Puisqu'il possède seul la souveraineté et le droit d'étendre sa compétence, personne ne pourra l'empêcher de limiter de plus en plus la participation à la formation de la volonté générale qui appartient aux représentants. Et pour cela, peut-être osera-t-il même s'appuyer sur le suffrage de tous les sujets ! Le moindre conflit entre l'opinion des mandataires, élus par les anciens groupes politiques, et celle des députés choisis par les citoyens, sera l'occasion de ce coup d'audace qui, en supprimant les traces de l'existence des nations particulières, transformera, par ce seul fait, l'État fédéral en État unitaire. Et immédiatement, nous verrons réapparaître la possibilité de la tyrannie, qui « élève par degrés sa tête hideuse », surtout au sein des grandes puissances. N'oublions pas, en effet, que l'agrandissement de l'État donne aux dépositaires de l'autorité publique plus de tentations et de moyens d'abuser de leur pouvoir [1]. » Aussi, pour tous ces motifs, la création de l'État fédéral est-elle une menace perpétuelle qui pèse sur les droits des citoyens.

L'association des nations peu étendues ne pouvait donc, aux yeux de J.-J. Rousseau, prendre la forme d'un État fédéral. L'histoire d'ailleurs ne lui en présentait aucun exemple, puisque c'est en 1787 seulement qu'on vit apparaître, pour la première fois, cette organisation politique. Dans la pensée de l'auteur du *Contrat social*, l'État fédéral, s'il a l'avantage de pourvoir sérieusement à la défense du sol, a l'inconvénient irrémédiable de s'élever sur les ruines des petits États. Les anéantir pour mieux les protéger, c'est une solution bien radicale !

1. Cf. Rousseau, Édit. Hachette, III, 338.

VII. Cette méthode d'élimination, que nous avons suivie jusqu'ici, nous amène à cette conclusion : la simple alliance est une union à la fois trop éphémère et trop vague ; l'État fédéral, outre les défauts contraires, entraîne la disparition des nations restreintes. La confédération, qui est intermédiaire entre les deux modes précédents, et qui est une dernière forme de l'association entre les peuples, semble bien être enfin la solution que nous recherchons depuis si longtemps. Une autre raison, quelque superficielle qu'elle paraisse, nous porte d'ailleurs à le présumer. Dans le *Contrat social*, lorsqu'il s'agissait de préserver les individus des dangers que courent, au sein de l'ordre social, leur liberté et leur égalité naturelles, J.-J. Rousseau a présenté la formation de la société politique comme une véritable confédération. La preuve, c'est qu'il emploie à diverses reprises ce mot pour désigner l'accord des citoyens [1]. Par conséquent, puisque pour unir entre eux les petits États il adoptait une méthode exactement analogue, le résultat avait beaucoup de chances d'être identique ici et là. Dans les deux cas, en effet, poussé par une sorte de pessimisme social et de pessimisme international, accusant vivement, pour les mettre en relief, les périls qui menacent les hommes ou les peuples, il devait poursuivre la réalisation d'une ligue véritable, destinée à écarter ce danger, c'est-à-dire d'une confédération. Enfin, c'est une dernière conjecture, il avait trouvé dans l'antiquité et dans les temps modernes, des exemples de ce rapprochement des nations, comme il l'indique lui-même dans le texte suivant :

« Les Grecs eurent leurs amphictyons, les Étrusques leurs lucumonies, les Latins leurs féries, les Gaules leurs

---

1. Cf. Rousseau, Édit. Hachette, I, 117; III, 282, 289, 299; Cf. *Œuvres inédites*, publiées par Streckeisen-Moultou, p. 249.

cités ; et les derniers soupirs de la Grèce devinrent encore illustres dans la ligue achéenne. Mais nulles de ces confédérations n'approchèrent, pour la sagesse, de celle du corps germanique, de la ligue helvétique et des États Généraux [1]. »

Sans examiner en ce moment la valeur historique de ce passage, il est certain que la Suisse formait une confédération dont J.-J. Rousseau avait le modèle sous les yeux, et que la République des Provinces-Unies était organisée d'une façon semblable depuis 1579. J.-J. Rousseau dut certainement être guidé dans son choix par l'admiration qu'il éprouvait pour ces pays, et surtout pour sa patrie, dont la constitution eut incontestablement la plus grande influence sur ses théories politiques.

Nous allons donc aborder l'examen de la nature de la Confédération d'États, pour rechercher si vraiment elle pouvait être la forme sous laquelle J.-J. Rousseau se représentait l'union des petites nations. Que faut-il entendre par ce mot ? Il désigne exactement une association d'États souverains. Prenons un à un, pour les éclaircir, chacun des termes de cette définition.

Les associés, d'abord, ce sont les États eux-mêmes en tant qu'États, et non pas les citoyens qui les constituent. Ceux-ci, comme auparavant, vivent rapprochés entre eux, au sein du même groupe social, tandis que les sociétés ainsi composées s'unissent les unes aux autres. Aussi, la Confédération est-elle une association d'États et non pas d'individus. Elle établit donc artificiellement, entre les nations, une union qui est supérieure à celle que ces dernières produisent entre les hommes, et dont la nature est

1. Cf. Rousseau, Édit. Hachette, V, 311.

différente. Tandis que l'État fédéral entraînait la fusion des peuples, la Confédération respecte, au contraire, toutes les distinctions nationales. La communauté du territoire, de la race, de la langue, des croyances religieuses, des intérêts, des mœurs et des coutumes, des lois, du passé historique, et surtout l'accord des sentiments et des volontés donnent naissance aux nations, douées ainsi d'une individualité morale ; l'association confédérative respecte ces différences naturelles des peuples, qui continueront à vivre de leur vie propre, et, loin de vouloir les réunir en un seul groupe, elle comprendra autant de nationalités distinctes que de membres.

De même, et à plus forte raison, les États qui s'unissent volontairement de cette nouvelle manière conservent, avec un soin jaloux, leur indépendance politique. Chacun d'eux continue à posséder, dans les limites de son territoire, la puissance absolue ; il est le seul juge de son intérêt et des moyens d'assurer la conservation et la prospérité des citoyens. La Confédération ne porte aucune atteinte à sa souveraineté intérieure. Mais ne compromet-elle pas, au dehors, son autorité ? En aucune façon : si les États, en se rapprochant ainsi pour mieux assurer la défense des individus qui les composent, paraissent abandonner le soin de demander individuellement justice à l'ennemi, cette restriction apportée à leur pouvoir est absolument volontaire. C'est librement que chaque nation limite sa compétence et ses attributions, et toujours dans son propre intérêt — et comme tous les associés le font dans la même mesure, la souveraineté de chacun, loin de se trouver compromise, n'en est que mieux établie et sauvegardée.

Pour respecter de la sorte l'autonomie naturelle et politique des peuples, la confédération des États doit nécessairement reposer sur une base purement contractuelle. Ils consentent tous à s'unir dans le même but, sous les mêmes conditions, avec les mêmes charges et les mêmes privilèges : l'association s'édifie sur le principe de la plus stricte égalité. Mais, si l'union des groupes politiques est volontaire, il ne faut pas en conclure qu'à chaque instant, sous le moindre prétexte, chacun d'eux puisse briser le lien qui le relie aux autres. Comme toute personne physique ou morale, et pour des raisons analogues, un État est obligé de respecter les règles inébranlables du droit. En vertu de sa souveraineté, il était libre de s'associer à d'autres ou de rester isolé, de signer le contrat ou de s'y refuser ; mais, du moment où le pacte a été accompli, il ne lui est plus permis de se soustraire aux conditions qu'il a acceptées, de rompre les engagements qu'il a pris. S'il osait le faire, il s'exposerait aux revendications justifiées des autres adhérents. Le contrat international, une fois conclu, doit être aussi rigoureux que le contrat social. Il est d'ailleurs, comme celui-ci, le résultat de la volonté générale des contractants, qui par conséquent doit régler l'organisation nouvelle et instituer, si elle le juge à propos, un pouvoir central chargé de veiller aux intérêts communs. Loin d'être soumis à cet organe, comme cela se produisait dans l'État fédéral, les membres de la Confédération lui commandent, au contraire, comme à leur délégué, comme à un mandataire révocable. Ils conservent en effet, nous l'avons vu, leur souveraineté, de sorte que l'autorité centrale possède simplement les attributions qui lui sont confiées par la libre volonté de ses commettants. Il lui est impossible de les étendre ou de les modifier de son propre mouvement. Aussi ses fonctions se réduisent-elles d'habitude à peu de chose : elle s'occupe uniquement de réaliser le but de l'association, c'est-à-dire de mettre les États confédérés à l'abri des dangers qui viennent du dehors. A ce point de vue, la Confédération, représentée par ce pouvoir, quel qu'il soit, possède une sorte de personnalité internationale, elle se trouve, en effet, chargée de déclarer et de faire la guerre, d'envoyer ou de recevoir des ambassadeurs, de conclure des traités, lorsque la volonté générale l'a décidé. Dans ces limites, chacun des adhérents a renoncé volontairement à ces attributions essentielles à toute société politique, pour en augmenter la force, en les réunissant en un seul faisceau entre les mains des autorités fédérales.

Aussi comprend-on facilement que les petits États, grâce à la Confédération ainsi constituée, puissent réellement être préservés des malheurs de la guerre. Après avoir uni, en quelque sorte, leurs volontés par un pacte pour former une association défensive, ils se sont engagés à combiner leurs efforts contre le danger commun. La puissance qui en résulte devient ainsi très redoutable, puisqu'elle se compose de toutes les forces des associés. D'autre part, grâce à une organisation spéciale, un pouvoir central est chargé d'exécuter les mesures prises dans l'intérêt général : l'unité dans les desseins, le concert dans les entreprises se trouvent par là même assurés, et deviennent autant de chances de succès. Aussi, la Confédération des États, parce qu'elle respecte également la souveraineté de tous, et parce qu'elle est capable d'assurer la défense commune, est-elle une forme d'association bien supérieure à l'alliance et à l'État fédéral.

C'est ce que devait admettre J.-J. Rousseau. Nous l'avons conjecturé déjà, en nous appuyant sur des inductions tirées de sa méthode et de l'histoire. Nos présomptions vont se changer en certitude, si nous établissons que l'union fédérative, par sa nature et par les conditions qu'elle suppose, devait répondre aux exigences de l'auteur du *Contrat social*.

Or, nous avons vu que la Confédération est, en premier lieu, une association de peuples et non pas de citoyens. Ceux-ci, en effet, sont liés entre eux par le pacte social et forment les petits États ; leurs droits naturels se trouvent ainsi garantis au sein des différentes « sociétés civiles ». Il est vrai que ces attributs essentiels de tout homme peuvent être remis en question, méconnus même par les grandes puissances et par les monarques ambitieux. Mais, pour éloigner ce danger, il suffira d'unir directement entre eux, non plus les individus, mais les nations qu'ils constituent ; au-dessus des associations de citoyens qui resteront indépendantes, l'association des petits États s'élèvera en face des ennemis de la paix publique. Loin d'être, comme l'État fédéral, une fusion des nationalités, la Confédération les respectera au contraire. Or, cette condition devait plaire, entre toutes, à J.-J. Rousseau. A ses yeux, chaque peuple a une physionomie spéciale, un caractère propre, qu'il doit soigneusement conserver. Sans doute, « l'homme est un ; mais l'homme, modifié par les religions, par les gouvernements, par les lois, par les coutumes, par les préjugés, par les climats, devient si différent de lui-même qu'il ne faut plus chercher parmi nous ce qui est bon aux hommes en général, mais ce qui leur est bon dans tel temps ou tel pays [1]. » Le milieu dans lequel ils vivent suffit à leur donner un aspect distinct ; J.-J. Rousseau le reconnaît, à la suite de Montesquieu, et insiste même autant que lui sur cette vérité qui lui semble des plus importantes. « L'homme dépend de tout et il devient ce que tout ce dont il dépend le force

---

1. Cf. Rousseau, Édit. Hachette, I, 188.

d'être. Le climat, le sol, l'air, l'eau, les productions de la
terre et de la mer forment son tempérament, son caractère,
déterminent ses goûts, ses passions, ses travaux, ses actions
de toute espèce. Si cela n'est pas exactement vrai des individus, il l'est incontestablemeut des peuples ; et s'il sortait
de la terre des hommes tout formés, en quelque lieu que ce
pût être, qui connaîtrait bien l'état de tout ce qui les
entoure, pourrait déterminer, à coup sûr, ce qu'ils
deviendront [1]. » On ne saurait affirmer avec plus de force,
ni expliquer plus clairement l'existence « du caractère
propre et spécifique de chaque nation ». Et, puisqu'il en est
ainsi, le premier soin de tout peuple doit être de chercher à
conserver cette indépendance naturelle. C'est la condition
fondamentale de son bonheur. « L'état de la nation le plus
favorable au bonheur des particuliers est de n'avoir besoin,
pour vivre heureux, du concours d'aucun autre peuple [2]. »
Les moyens pour y parvenir sont des plus simples, et nous
les trouvons indiqués et souvent répétés dans les œuvres
de J.-J. Rousseau. Ils consistent tous à empêcher, comme le
fit jadis Moïse, « un peuple de se fondre parmi les peuples
étrangers », à établir des barrières qui le tiennent séparé de
ses voisins et l'empêchent de se mêler à eux. Le commerce,
l'industrie, les arts, le luxe, en un mot tout ce qui faci-
lite les rapports entre les nations, se trouve ainsi condamné ;
il n'est pas de vérité sur laquelle l'auteur de l'*Émile* et du
Projet de Constitution pour la Corse ait davantage insisté.
Il recommande même de charger de droits l'importation des
marchandises étrangères dont les habitants sont avides,

1. Cf. *Œuvres inédites de Rousseau*, publiées par Streckeisen-Moultou,
p. 255.
2. Cf. *Œuvres inédites de Rousseau*, publiées par Streckeisen-Moultou,
p. 225.

sans que le pays en ait besoin, et l'exportation de celles du crû du pays dont il n'a pas de trop et dont les étrangers ne peuvent se passer [1]. » L'agriculture, parce qu'elle attache les hommes au sol national et favorise l'esprit de liberté, doit être la seule occupation des citoyens. Elle leur permet, en effet, de trouver leur subsistance dans leur propre pays ; au lieu de les mettre à la merci d'autrui, elle ne les fait dépendre que d'eux-mêmes, elle assure leur indépendance. « C'est dans l'agriculture que consiste la véritable prospérité d'un pays, la force et la grandeur qu'un peuple tire de lui-même, qui ne dépend en rien des autres nations [2]. » Aussi, la nation qui possède réellement l'indépendance doit-elle en être jalouse et s'efforcer de la conserver : cette individualité est, en effet, le premier de ses biens. J.-J. Rousseau ne se contente pas de le soutenir, il indique même incidemment, dans les *Considérations sur le Gouvernement de Pologne*, ouvertement dans la lettre à d'Alembert, tous les moyens par lesquels l'esprit national se maintient. Ici encore, il se laisse guider par son admiration pour l'antiquité. « Autrefois, chaque nation restait plus renfermée en elle-même, il y avait moins de communications, moins de voyages, moins d'intérêts communs ou contraires, moins de liaisons politiques et civiles de peuple à peuple, point tant de ces tracasseries royales appelées négociations, point d'ambassadeurs ordinaires ou résidant continuellement; les grandes navigations étaient rares, il y avait peu de commerce éloigné, et le peu qu'il y en avait était fait ou par le prince même, qui s'y servait d'étrangers, ou par des gens méprisés qui ne donnaient le

1. Cf. Rousseau, Édit. Hachette, III, 303.
2. Cf. Rousseau, Édit. Hachette, IV, 373.

ton à personne et ne rapprochaient point les nations [1]. »
Pour J.-J. Rousseau comme pour les Grecs, la qualité
essentielle d'un peuple, c'est l'indépendance absolue ou,
plus exactement, la faculté de se suffire à soi-même, « l'au-
tarchie », et la Confédération des États a le mérite capital
de la respecter, au point de la poser même en principe.

Nous avons établi, en second lieu, que cette forme
d'union laissait à chacun des confédérés toute sa souveraineté ; or, ce caractère devait également satisfaire aux exigences légitimes de l'auteur du *Contrat social*. Les nations
peu étendues, en s'associant, doivent conserver à l'intérieur
de leur territoire leur indépendance politique. C'est que
celle-ci est en quelque sorte le reflet du caractère national, car il y a « des relations très réelles entre la nature
du gouvernement et le génie, les mœurs et les con-
naissances des citoyens [2] ». L'État, en effet, naît de la
volonté de ses membres, et il est incontestable que cette
dernière se trouve dirigée dans cet acte capital par les
sentiments, les habitudes, la manière de vivre dont l'ensemble constitue la physionomie d'un peuple. Aussi peut-
on affirmer que, de ce point de vue, les sociétés politiques
ont leur caractère spécial, et se distinguent les unes des
autres par des signes parfois très manifestes. « La volonté
de chaque État, quoique générale par rapport à ses
membres, ne l'est plus par rapport aux autres États et à
leurs membres, mais devient pour eux une volonté particulière et individuelle [3]. » Chacun des petits États a dès lors
une physionomie politique toute personnelle, qui se trahit
le plus souvent par des différences dans la nature du gou-

1. Cf. Rousseau, Édit. Hachette, II, 425.
2. Cf. Rousseau, Édit. Hachette, I, 86.
3. Cf. Rousseau, Édit. Hachette, III, 281.

vernement. Quoi qu'il en soit, la Confédération est de nature
à ne porter aucune atteinte à l'autonomie des sociétés politiques qu'elle rapproche. Celles-ci continuent, après l'union
comme auparavant, à s'occuper, chacune dans son domaine,
du but qu'elles doivent poursuivre, c'est-à-dire d'assurer la
conservation et la prospérité des citoyens et le respect de
leurs droits ; elles prennent librement toutes les mesures
qui sont nécessaires pour amener ce résultat. L'idéal politique de J.-J. Rousseau n'aura à subir aucune retouche.
S'il est vrai « que la patrie soit dans les relations de l'État
à ses membres, et qu'elle s'évanouisse quand ces relations
changent ou s'évanouissent [1] », il n'est pas à craindre que
l'association confédérative des peuples, pour s'établir, ruine
l'idée de patrie. Au point de vue extérieur, sans doute, il
faudra que chacun des petits États restreigne ses attributions internationales, pour remettre à la Confédération seule
le soin de sa défense, qu'il lui abandonne le droit de
répondre à la guerre par la guerre, d'entamer les hostilités,
de conclure les traités et d'assurer la paix. Mais d'abord la
fin justifie ici les moyens. J.-J. Rousseau a constaté l'impossibilité pour une nation peu étendue, abandonnée à elle-
même, de se préserver des dangers des combats ; le seul
moyen qu'elle possède pour y parvenir, c'est de s'unir à
d'autres États. Par suite, on ne peut regretter que ce rapprochement, dont les conséquences sont des plus heureuses,
doive, pour se réaliser, apporter certaines limitations à l'indépendance des associés. De plus, puisqu'aucune convention ne peut se produire sans supposer des conditions,
puisque le pacte social lui-même entraînait certaines
clauses, restreignant les droits naturels des individus, de

1. Cf. Rousseau, Édit. Hachette, XI, 120.

même rien ne s'oppose, d'après J.-J. Rousseau, à ce que la
Confédération des États apporte quelque restriction à l'autonomie de chacune des sociétés politiques qui la constituent.
La souveraineté de ces dernières ne sera pas compromise,
puisque ces limitations sont volontaires, librement fixées et
acceptées. En renonçant à se faire justice eux-mêmes pour
être mieux défendus, les petits États ne s'affaiblissent pas et
ne compromettent pas leur puissance ; ils se fortifient, au contraire, et assurent d'une manière efficace leur indépendance.
N'oublions pas d'ailleurs que la nécessité de l'association a
été reconnue et décidée par la volonté générale, que la Confédération s'est présentée au gouvernement comme la meilleure forme d'union, et que celui-ci s'est dès lors occupé
de la réaliser. Mais puisqu'elle est ainsi l'œuvre des magistrats, rien n'empêche que ces derniers, après l'avoir établie,
continuent à la diriger. En d'autres termes, et d'après les
principes du *Contrat social*, c'est la volonté générale des
« gouverneurs » respectifs des petits États qui statuera toujours sur l'intérêt commun, et ses décisions deviendront et
seront continuellement les lois de la Confédération. L'organe central, qui pourra être chargé de les exécuter, sera le
simple délégué, le mandataire révocable des associés. Supposons qu'il se compose lui-même d'une aristocratie élective, choisie par les divers gouvernements ; ces élus n'auront qu'à s'occuper des actes particuliers, dans lesquels doit
se traduire la volonté générale. De cette manière, les petits
États n'auront même pas perdu leur souveraineté : celle-ci
s'est d'abord affirmée, au sein de chacun d'eux, comme nous
l'avons vu, par le choix du gouvernement chargé de consommer l'union désirée ; elle se manifeste encore indirectement, au sein de la Confédération, par le choix d'un pouvoir qui devra exécuter les décisions communes des magis-

trats de chaque peuple. De toutes ces raisons il semble donc bien résulter que l'union fédérative, loin de porter atteinte à l'indépendance naturelle et politique des nations peu étendues, apparaissait au contraire à J.-J. Rousseau comme la seule association capable d'assurer leur existence.

Pour réaliser cette association des petits États, nous avons établi qu'un pacte est nécessaire. Il faut, en effet, un acte formel d'union : les promesses, les velléités de rapprochement, tant qu'elles restent telles, doivent être considérées comme nulles. Or, J.-J. Rousseau, dans ses *Principes du Droit politique*, avait considéré le contrat comme le seul fondement de la société civile ; il se trouvait ainsi naturellement conduit, par l'emploi du même procédé, à l'envisager également comme la condition de la Confédération des petits États. Il n'avait, pour ainsi dire, qu'à appliquer à ce cas semblable les principes qu'il avait autrefois établis. Essayons de le faire d'après sa méthode.

Et d'abord les contractants, dans l'union des nations, ce sont les gouvernements — de préférence aristocratiques — qui, mieux que les autres, et de la façon la plus satisfaisante, exécutent les décisions du souverain. Nous avons vu, en effet, que les citoyens, relativement nombreux, composant les divers peuples ne peuvent s'entendre les uns avec les autres pour former la Convention générale ; comme il s'agit plutôt ici d'un acte spécial ou particulier, ce sont « les magistrats, c'est-à-dire les gouverneurs » qui ont la mission de l'accomplir. Simples délégués du peuple, ils agissent en son nom, et, par suite, les obligations qu'ils souscrivent, comme les droits qu'ils acquièrent de ce fait, concernent les nations dont ils ne sont que les officiers. En réalité, ce sont donc celles-là qui se trouveront liées ou engagés par le pacte.

Ce contrat international sera-t-il tacite, ou au contraire formellement exprimé ? Il est évident que les sociétés civiles se sont constituées plutôt par un accord « tacite » [1] entre les individus : cela se conçoit facilement, car c'est le seul qui soit pratiquement possible. Le nombre des citoyens qui vivent dans une même nation est trop élevé pour que chacun puisse s'engager individuellement avec la multitude de ses compatriotes. Mais, quand il s'agit des groupes politiques, la même difficulté ne se présente plus. Le nombre des petits États est nécessairement limité, du moins actuellement ; par suite, le contrat destiné à les unir peut être explicitement formulé. Son objet est d'ailleurs limité, c'est la défense commune, et les clauses destinées à l'assurer sont peu nombreuses, puisque chaque peuple conserve sa souveraineté intérieure, et s'engage simplement à contribuer à la protection générale de tous les membres.

Ce pacte, conformément aux théories de J.-J. Rousseau, doit être réciproque. Ce qu'un État promet, l'autre le promet également et dans la même mesure. Les obligations pèsent identiques sur les associés, et les droits qu'elles leur assurent sont exactement semblables. C'est qu'en effet les nations restreintes, comme nous l'avons établi, sont égales ; elles doivent posséder mêmes pouvoirs et mêmes devoirs. On comprend aisément qu'il en soit ainsi, puisque c'est à l'égard les uns des autres que les peuples s'engagent. Les conventions ne pourraient s'établir entre eux et se maintenir bien solides, si elles ne s'appuyaient sur les règles de la plus stricte équité. Elles se réduisent d'ailleurs à peu de chose — et, pour les déterminer, nous n'avons qu'à nous rappeler les clauses du *Contrat social*. S'agit-il ici, comme

1. Cf. *Œuvres inédites de Rousseau*, publiées par Streckeisen-Moultou, p. 137.

pourraient le faire croire certaines expressions échappées à la plume de J.-J. Rousseau, d'une véritable aliénation, en vertu de laquelle les petits États, abdiquant en quelque façon, leur indépendance, remettraient, avec le soin de les défendre, leurs droits entre les mains d'un pouvoir supérieur? En aucune manière, l'Union confédérative ne doit pas porter la moindre atteinte à leurs prérogatives essentielles. C'est en vertu de ce criterium que nous avons conclu que la véritable nature de l'association ne pouvait être un État fédéral. Comme ce dernier possède seul la souveraineté, il se substituerait alors aux petits États, dont l'anéantissement se trouverait ainsi fatalement entraîné par la suppression de leur autonomie. En s'unissant, les peuples ne peuvent donc consentir à aucune abdication ; après comme avant leur rapprochement, ils doivent rester, en tout ce qui concerne leur organisation intérieure, aussi indépendants que précédemment. Ils continueront, au sein de la Confédération, à vivre d'une vie distincte, séparée ; ils ne s'intéresseront ensemble qu'à la défense commune, lorsque les dangers viendront assaillir l'un des associés. Au lieu d'aliénation, employons donc ici, comme lorsqu'il s'agissait du contrat social, le mot plus exact de mise en commun, de coopération. Au nom des petits États, les gouvernements promettent seulement d'unir leur volonté et leurs forces respectives contre les périls qui viendront les menacer. Pas plus que les hommes, les nations ne peuvent « engendrer de nouvelles forces, mais seulement unir et diriger celles qui existent », elles peuvent donc simplement « engager cette liberté et cette puissance », qui, pour elles comme pour les individus, sont « les premiers instruments de leur conservation [1] ».

1. Cf. Rousseau, Édit. Hachette, III, 312.

IX. Les petits États, ainsi que les autres, ont en effet une volonté générale, qu'ils manifestent directement, et qui s'est affirmée au sein de chacun d'eux, lorsqu'il a été question de décider de l'association. Mais c'est le gouvernement qui, de préférence, est chargé du pouvoir exécutif. La volonté générale, acte pur de l'entendement, se reconnaît, comme nous l'avons dit, à ce signe qu'elle a pour objet l'utilité publique, le bien de tous. Or, dès que les peuples ont jugé nécessaire de s'allier les uns aux autres, ils ont promis implicitement d'unir leurs volontés, toutes les fois que l'intérêt commun serait en jeu. Bien des cas imprévus peuvent surgir, tels qu'une invasion, la violation des droits d'un confédéré : ce sont là des actes particuliers qui échappent à la compétence du souverain. Par suite, les magistrats, à titre de délégués de celui-ci, s'entendent avec les « gouverneurs » de tous les associés, pour adopter les résolutions qui seront de nature à assurer la sécurité universelle. Quant aux mesures spéciales que l'on prendra pour permettre aux différents gouvernements de se communiquer et d'arrêter leurs résolutions, c'est une question de médiocre importance. Les magistrats pourront former une assemblée fédérale, revêtue à la fois des attributions législatives et exécutives ; dans cette supposition, ils seront chargés d'exécuter eux-mêmes leurs propres déterminations. Mais, dans ce cas, on pourrait craindre que l'exercice de l'autorité fédérale ne vînt nuire, au sein de chaque nation, à la manifestation de la volonté générale des citoyens. Dès lors, il serait sans doute plus conforme aux vœux de J.-J. Rousseau que les gouvernements respectifs des petits États, occupés, en principe, à réaliser à l'intérieur de chacun d'eux les ordres du souverain, conservassent simplement pour eux, en matière fédérale, les attributions législatives. Ils pourraient alors, au sein de la Confédération, remettre le pouvoir exécutif à des délégués qui formeraient à leur tour une nouvelle aristocratie élective, veillant à l'accomplissement des décisions fédérales. Quoi qu'il en soit, ces détails sont tout à fait secondaires ; ils ne sont d'ailleurs que l'application rigoureuse de ce principe, que l'union confédérative repose, en premier lieu, sur l'accord volontaire des associés.

X. Les petits États, c'est la seconde clause du pacte, doivent également unir leurs forces. Comment devons-nous comprendre cette condition du contrat international? Est-il question ici de la puissance morale ou militaire? Après avoir répudié la violence comme moyen d'union, serons-nous obligés, malgré tout, d'y faire appel? Sur ce point, il faut bien s'entendre. Le but de la Confédération, c'est de préserver les nations peu étendues de l'ambition des plus grandes, qui courent volontiers aux armes pour la satisfaire. Comme il ne sert à rien de leur opposer les principes du Droit des gens qui manquent de sanction, il faut donc se résoudre à répondre à la lutte par la lutte. Il est évident, puisque nous avons flétri la guerre offensive, que les petits États, loin d'attaquer les autres peuples, se contenteront simplement de repousser les attaques dont ils seront l'objet. La Confédération, dès que l'un de ses membres courra quelque danger, s'empressera de venir à son aide. Elle se trouve donc obligée, pour être prête à toute éventualité, d'avoir à sa disposition, au sein de chaque nation, des soldats préparés pour la défense.

Et cependant, n'avons-nous pas vu précédemment que J.-J. Rousseau condamnait, en termes très vifs, le métier militaire. Cela est incontestable, mais encore faut-il s'entendre. Ce qu'il flétrissait alors, c'était surtout l'emploi des mercenaires. « Le commerce des soldats » ou des hommes le blessait aussi profondément que l'iniquité de la guerre offensive. Mais, dans l'hypothèse où il se trouve actuellement placé, il ne s'agit plus de conquérir et d'attaquer, les petits États doivent simplement défendre leur territoire et leur existence. Le but poursuivi légitime donc la réponse aux hostilités. Toutefois, pour soutenir la lutte, il ne faudra pas recourir à l'aide des troupes mercenaires. J.-J. Rousseau ne saurait s'y résoudre, et les critiques qu'il adressait jadis à ce mode de recrutement subsistent tout entières. A ses yeux, il y a un autre moyen, plus conforme à ses principes, de lever des armées : chaque nation, au lieu d'enrôler des hommes qu'elle paie, doit faire appel au dévouement des citoyens. Pour permettre à la Confédération de protéger efficacement les droits de ses membres, les petits États devront avoir des milices, qui pourront unir leurs forces respectives pour la défense commune, toutes les fois que la nécessité s'en présentera. Telle est, sur ce point, l'idée maîtresse du genevois J.-J. Rousseau. Dès son enfance, il avait assisté, dans sa ville natale, aux exercices militaires de la bourgeoisie, et on sait avec quelle admiration il en parle [1] dans l'*Émile*; il nous apprend que ses compatriotes « éveillés à minuit, au cœur de l'hiver, par l'ennemi, trouvèrent leurs fusils plus tôt que leurs souliers [2] ». Par une conséquence naturelle de son éducation, et surtout par une conviction raisonnée, J.-J. Rousseau est partisan des milices.

Mais, qu'entendait-il exactement par ce mot? Son opinion se trouve répétée bien des fois dans ses ouvrages, tant il tenait à cette théorie. Dans la réponse à Bordes, nous lisons

1. Cf. Rousseau, Édit. Hachette, IX, 356; I, 270, note.
2. Cf. Rousseau, Édit. Hachette, II, 109.

déjà que « tout homme doit être soldat pour la défense de sa liberté ; mourir en servant la patrie est un emploi trop beau pour le confier à des mercenaires [1] ». Bien longtemps après, dans les *Considérations sur le gouvernement de Pologne*, nous constatons la même préoccupation. « Pourquoi donc, au lieu de troupes réglées, cent fois plus onéreuses qu'utiles à tout peuple qui n'a pas l'esprit des conquêtes, n'établirait-on pas, en Pologne, une véritable milice, exactement comme elle est établie en Suisse, où tout habitant est soldat, mais seulement quand il faut l'être [2]. »

Sur ce point, J.-J. Rousseau n'a jamais varié. Il exprime sa pensée dans la *Nouvelle Hélôïse*, comme dans sa *Correspondance*, dans le *Projet de Constitution pour la Corse*, comme dans les *Manuscrits inédits*. L'un d'eux contient ces mots importants : « Chez un nouveau peuple où l'intérêt commun est encore dans toute sa vigueur, tous les citoyens sont soldats en temps de guerre, et il n'y a plus de soldats en temps de paix [3]. »

L'idée des milices est donc clairement établie par ces divers textes. Dès que la guerre éclate, les citoyens se lèvent tous pour repousser l'ennemi ; mais, en temps de paix, ils vaquent à leurs occupations habituelles. Il est nécessaire toutefois qu'ils s'exercent alors assidûment au métier militaire. Qu'ils suivent, pour cela, l'usage des Suisses, tel que J.-J. Rousseau le dépeint dans les lignes suivantes :

En Suisse, où tout habitant est soldat, « tout particulier qui se marie est obligé d'être fourni d'un uniforme qui

---

1. Cf. Rousseau, Édit. Hachette, I, 55.
2. Cf. Rousseau, Édit. Hachette, V, 283.
3. Cf. Rousseau, Édit. Hachette, IV, 374 ; X, 261, cf. *Œuvres inédites de Rousseau*, publiées par Streckeisen-Moultou, p. 66, 78, 124 ; cf. l'Appendice, fragments tirés des Manuscrits de Neuchâtel, n° 7840, sub fine.

devient son habit de fête, d'un fusil de calibre et de tout l'équipage d'un fantassin, et il est inscrit dans la compagnie de son quartier. Durant l'été, les dimanches et les jours de fête, on exerce ces milices selon l'ordre de leurs rôles, d'abord par petites escouades, ensuite par compagnies, puis par régiments, jusqu'à ce que, leur tour étant venu, ils se rassemblent en campagne et forment successivement de petits camps, dans lesquels on les exerce à toutes les manœuvres qui conviennent à l'infanterie, et il n'est permis à personne d'envoyer un autre homme à sa place, afin que chacun soit exercé lui-même et que tous fassent le service [1]. » Donc, au sein des petits États, il est utile que les citoyens, en temps de paix, se disposent à la guerre ; artisans et laboureurs doivent rivaliser de zèle pour acquérir une grande habileté dans l'exercice des armes. Il est d'ailleurs facile de remarquer que les ouvriers distingués seront également les plus adroits dans l'art militaire, ce qui prouve bien que la diversité de ces occupations successives ne nuit à aucune d'elles. Le contraire serait plus exact. Quant au cultivateur, il se trouve bien préparé, par la vie pénible des champs, à soutenir les fatigues de la guerre. « La culture de la terre forme des hommes patients et robustes, tels qu'il les faut pour devenir soldats [2]. »

Aussi, J.-J. Rousseau n'hésite-t-il pas à affirmer « que les milices exercées sont les troupes les plus sûres et les meilleures [3] ». Au jour du combat, elles ne mesureront pas, en effet, leur ardeur à l'argent qu'elles reçoivent, elles lutteront avec une énergie bien supérieure à celle que produit l'amour du gain. Une raison beaucoup plus puissante sur l'esprit

1. Cf. Rousseau, Édit. Hachette, V, 283.
2. *Œuvres inédites de Rousseau* publiées par Streckeisen-Moultou, p. 66.
3. *Ibid.*

d'un homme libre les anime et les poussera, s'il le faut, jusqu'au sacrifice de la vie : c'est que la défense de la patrie se confond, pour le citoyen, avec la revendication de ses droits. Ce dernier est convaincu que le salut de la nation entraîne avec lui, pour ses membres, le respect de leur indépendance et de leurs biens ; que la destruction de l'État est suivie, au contraire, de la disparition de ces prérogatives. L'intérêt du pays se confond avec celui des habitants. Voilà ce qui fait la supériorité des milices sur les troupes mercenaires. On peut dire d'elles ce que J.-J. Rousseau disait des Suisses : « De la force avec laquelle leur vie laborieuse et indépendante les attache à leur patrie résultent deux plus grands moyens de la défendre, savoir : le concert dans les résolutions et le courage dans les combats... Quand on voit l'inébranlable fermeté, la constance, l'acharnement même que ces hommes terribles portaient dans les combats, résolus de mourir ou de vaincre, et n'ayant pas même l'idée de séparer leur vie de leur liberté, on n'a plus de peine à concevoir les prodiges qu'ils peuvent faire pour la défense de leur pays et de leur indépendance [1]. »

Les avantages qui résultent, à d'autres points de vue, de la substitution des milices aux armées permanentes et mercenaires sont aussi importants. La distinction, au sein de l'État, des civils et des soldats se trouve d'abord immédiatement supprimée ; il n'existe plus de ces militaires « insupportables de bonne foi », on ne connaît plus que des citoyens ; les dangers que pouvait causer aux mœurs l'existence des troupes réglées disparaissent en même temps. Rien désormais n'empêchera les membres de la nation de pouvoir pratiquer la vertu ; il n'y aura plus lieu de redouter

---

1. *Œuvres inédites de Rousseau* publiées par Streckeisen-Moultou, p. 78.

l'influence contagieuse du mauvais exemple donné par les hommes d'armes [1].

Au point de vue politique, un péril dont nous avons vu toute la gravité, se trouve du même coup écarté. Lorsqu'il existe d'une façon permanente des soldats au sein d'un peuple, il est à craindre que l'autorité militaire abuse de sa situation pour accaparer le pouvoir politique. Le césarisme menace continuellement l'existence de la nation. Mais, s'il n'y a, au contraire, que des milices composées uniquement de citoyens, la souveraineté ne cessera jamais d'appartenir au peuple, qui ne risquera point de s'en trouver un jour dépossédé par un ambitieux. De la sorte, « l'esprit de la République, qui veut que le militaire soit extrêmement subordonné au magistrat, et ne se regarde que comme le ministre des ministres de la loi », sera respecté [2]. Et, comme d'autre part l'existence des milices rend inutiles les places fortes — qui ne doivent pas exister chez un peuple libre, parce qu'elles deviennent, tôt ou tard, des nids à tyrans [3] — il arrive, pour ces deux raisons, que la suppression des troupes mercenaires a les plus heureux effets en politique. Elle rend impossible le despotisme, dont les conséquences sont si dangereuses pour les peuples qu'il accable.

Si l'on envisage enfin l'intérêt des nations, on peut remarquer que les milices ont l'avantage de supprimer les impôts. Sans doute, en temps de guerre, l'entretien des troupes est à la charge de l'État. « Tant que les citoyens ne sortent pas du lieu de leur demeure, peu ou point détournés de leurs travaux, ils n'ont aucune paie ; mais, sitôt qu'ils

1. Cf. notre 2e chapitre.
2. Cf. *Œuvres inédites de Rousseau,* publiées par Streckeisen-Moultou, p. 124.
3. Cf. Rousseau, Édit. Hachette, V, 285.

marchent en campagne, ils ont le pain de munition et sont
à la solde de l'État [1] » ; mais c'est là une situation accidentelle et de fort peu de durée. Qu'on envisage, au contraire,
les dépenses occasionnées par l'entretien journalier des
armées permanentes, et l'on comprendra quelle économie
entraîne leur suppression. L'existence des milices rendra les
impôts inutiles ou moins lourds. L'auteur du *Discours sur
l'Économie politique* ne pouvait que se réjouir de cette
diminution considérable des charges qui pèsent sur les
sujets. C'est, en effet, une véritable erreur de croire que
« l'argent soit le nerf de la guerre. Les peuples riches ont
toujours été battus et conquis par les peuples pauvres [2]. »
Ceux-ci luttent, en quelque manière, pour leur existence ;
ils déploient donc une ardeur très vive pour conserver leur
indépendance et leur tranquillité. L'amour de l'or, si profond soit-il, ne pourra jamais éveiller, au cœur de l'homme,
le même courage que la passion de la liberté.

Si chacun des petits États possède, ainsi que nous venons
de l'établir, des soldats bien exercés, ces derniers pourront,
le jour où un danger viendra menacer l'un des membres de
la Confédération, se réunir contre l'ennemi pour le refouler
chez lui. Les différents gouvernements s'entendront pour
opérer ce rassemblement des forces militaires, et pour les
diriger dans la lutte. Les nations peu étendues, après avoir
uni leurs volontés par l'intermédiaire de leurs gouvernements, pourront, de la même manière, concentrer leurs
forces. Elles répondront ainsi à l'attaque des grandes Puissances, dont « les troupes réglées » paraîtront bien vite infé-
rieures aux milices en ardeur et en vigueur.

Telle est l'opinion de J.-J. Rousseau : la guerre défen-

1. Cf. Rousseau, Édit. Hachette, V, 283.
2. Cf. Rousseau, Édit. Hachette, V, 276.

sive, qui seule peut être légitimement soutenue par la Confédération des petits États, doit être l'œuvre de leurs troupes respectives. Cette vérité était si importante à ses yeux, qu'il en fait un article fondamental de ces Constitutions qu'il écrivit pour la Pologne et pour la Corse. Lisez, en effet, ce passage capital, où se trouve résumée, plus fidèlement qu'on ne saurait le faire, la théorie que nous venons d'exposer. « Chercher les moyens de vous garantir d'un voisin plus fort que vous, c'est chercher une chimère. C'en serait une encore plus grande de vouloir faire des conquêtes, et vous donner une force offensive... Quiconque veut être libre ne doit pas vouloir être conquérant... L'État ne doit pas rester sans défenseurs, je le sais; mais ses vrais défenseurs sont ses membres. Tout citoyen doit être soldat par devoir, nul ne doit l'être par métier... Une bonne milice, une véritable milice bien exercée est seule capable de défendre un État libre. Cette milice coûtera peu de chose à la république, sera toujours prête à la servir, et la servira bien, parce qu'enfin l'on défend toujours mieux son propre bien que celui d'autrui... Le soldat ne sera plus regardé comme un bandit qui, pour vivre, se vend à cinq sous par jour, mais comme un citoyen qui sert la patrie et qui est à son devoir [1] ».

XI. Nous venons enfin de découvrir la véritable solution à laquelle devait s'arrêter J.-J. Rousseau. Les petits États, dont l'existence donnait seule satisfaction à ses exigences, pour se mettre à l'abri des dangers que peut déchaîner sur eux l'ambition des grandes puissances, ont la ressource de s'unir volontairement et de former entre eux une Confédération. Les hommes, pour voir leurs droits sauve-

1. Cf. Rousseau, Édit. Hachette, V, 282, 284.

gardés d'une manière efficace, n'ont qu'à s'entendre pour
constituer une société politique : à leur tour les nations
restreintes, dont l'existence, l'indépendance et l'égalité
doivent être respectées, n'ont de même qu'à se rapprocher
pour former une union fédérative. Au Pacte social répond
exactement le Pacte international. Nous avons vu, en effet,
que ni la simple alliance, ni l'État fédéral ne pouvaient
assurer à la fois l'autonomie et la sûreté des adhérents,
mais que seule la Confédération parvenait à ce résultat, à
condition qu'elle s'établît de la façon suivante. L'association
des petits États doit être décidée par la volonté générale de
chaque peuple : à ce point de vue, elle prend véritablement
la forme d'une République. C'est une République dont les
membres sont les peuples eux-mêmes, et dans laquelle la
souveraineté leur appartient. La théorie de J.-J. Rousseau,
lorsqu'il est question du pouvoir des États confédérés,
comme lorsqu'il s'agissait de celui des citoyens, est donc
très nette. Le *Contrat social* établit que la seule constitution légitime est celle où le peuple possède la souveraineté,
manifestée par la puissance législative, et impose ses ordres
au gouvernement, c'est-à-dire au pouvoir exécutif. En un
mot, c'est la constitution républicaine. « J'appelle république, y lisons-nous, tout État régi par des lois sous
quelque forme d'administration que ce puisse être : car
alors seulement l'intérêt public gouverne, et la chose
publique est quelque chose [1] ». On se rappelle d'autre part
que la loi « n'est que la déclaration publique et solennelle
de la volonté générale sur un objet d'intérêt commun ».
Par conséquent, ce qui caractérise la république, c'est bien
le principe de la souveraineté de ses membres. Dès lors,

---

1. Cf. Rousseau, Édit. Hachette, III, 326.

puisque l'union des peuples elle-même repose précisément sur ce fondement, on peut dire en toute exactitude qu'elle est républicaine. L'association des petits États, comme celle des individus, était bien dans la pensée de J.-J. Rousseau et conformément aux doctrines qu'il avait formulées dans le *Contrat social*, une République.

Aussi, n'est-ce que par une simple délégation ou commission que les différents gouvernements sont chargés d'accomplir les actes particuliers, qui établiront la Confédération comme la forme de rapprochement la meilleure. Le choix de l'union et sa réalisation sont des faits spéciaux qui, par suite, ne peuvent être que l'œuvre des magistrats. Et, puisque la Confédération a sur la simple alliance et sur l'État fédéral l'avantage de sauvegarder le mieux les intérêts et les droits des peuples, elle sera la forme définitivement choisie et acceptée. Si nous mettons en présence l'une de l'autre ces deux conclusions, nous arrivons à dire que l'union poursuivie, étant une République et, de plus, une Confédération, se présente en dernière analyse à l'esprit sous la forme d'une République confédérative des petits États. Ceux-ci, rapprochés de cette manière, conservent non seulement leur indépendance naturelle, mais leur souveraineté politique, en s'unissant par un pacte formel réglé et signé par les gouvernements, et dont les clauses se réduisent à la mise en commun des volontés et des forces. C'est ainsi que la République Confédérative des petits États peut se constituer solidement pour veiller à la défense commune.

XII. Mais remplit-elle véritablement cet objet ? Plus exactement, ses avantages sont-ils réels ? Nous avons vu que, lorsque les hommes se sont réunis en sociétés politiques

par le *Contrat social*, s'ils se sont privés de certains biens
naturels, ils en ont obtenu de si grands, qu'ils doivent
bénir l'heureux instant où ils se sont ainsi rapprochés.
Peut-on dire la même chose de l'association des petits États?
Ce qu'ils ont abandonné est-il réellement inférieur à ce
qu'ils ont gagné?

Qu'ont-ils donc perdu? Simplement une partie de leur
indépendance absolue. Les peuples, nous l'avons vu, conservent intacte au sein de l'union nouvelle leur souveraineté
intérieure. Nous n'avons donc à envisager ici que le point
de vue international. Avant le rapprochement, chacune des
nations restreintes vivait en quelque sorte à l'état de nature;
son autonomie était entière; elle n'entretenait aucun rapport véritable avec les autres pays; elle était seule juge
dans les différends qui pouvaient se produire; elle ne con-
sultait en toutes circonstances que sa force. Aussi, pouvait-elle attaquer à sa guise les autres puissances qui tentaient
son ambition. Inversement, elle ne devait compter que sur
elle-même, pour répondre aux invasions dont elle était la
victime. Les chances qu'elle avait de pouvoir faire des conquêtes se trouvaient bien contrebalancées par le danger
d'être subjuguée. Aussi son indépendance, si elle était
absolue, risquait à tout moment de disparaître. Or, en
s'unissant aux autres peuples, le petit État a-t-il réellement
perdu quelque chose? S'il a vu se restreindre légèrement
cette indépendance illimitée, en revanche il l'a fait garantir par le concours des autres peuples; au triomphe de la
force et de l'arbitraire dans les relations internationales, il
a vu se substituer la justice. Sans doute, il a renoncé à la
faculté de surprendre injustement et de conquérir les pays
voisins; mais il ne craint plus guère d'être lui-même attaqué et conquis.

Ce que la Confédération fait « gagner, » en effet, aux petits États, c'est la sécurité extérieure. Grâce à elle, chacun d'eux possède une puissance bien supérieure à celle qu'il avait auparavant. Sitôt qu'une ligue existe entre des peuples, ils ont « l'avantage immense de se concerter [1] » et, par suite, de pouvoir en imposer à autrui. Aussi, la nation injustement attaquée, au lieu d'être livrée en face de l'ennemi à ses propres ressources, voit-elle toutes les forces réunies des confédérés rivaliser d'entrain et d'enthousiasme, pour écarter un danger qui peut un jour les menacer eux-mêmes. Et, suivant toute probabilité, si déjà les milices des petits États peuvent surpasser en nombre les troupes réglées de l'ennemi, elles leur sont certainement supérieures par l'ardeur et le courage, que l'amour de la liberté engendre plutôt que l'argent. Par suite, le succès couronnera presque toujours leurs efforts. « Les Confédérations, qui arment au dehors chaque État contre tout agresseur injuste [2] », sont donc le moyen le plus efficace d'obtenir la victoire dans les guerres défensives. Les enseignements de l'histoire sont là pour l'établir. « Ce qui fit subsister les petits États de la Grèce, c'est qu'ils étaient eux-mêmes environnés d'autres petits États, et qu'ils en valaient tous ensemble un fort grand, quand ils étaient unis pour l'intérêt commun [3] ». Aussi, peut-on affirmer que l'union confédérative des peuples assure à chacun d'eux l'existence et l'indépendance, en même temps que, par la solidarité établie entre eux dans la guerre défensive, elle leur procure les bienfaits de la paix.

1. Cf. Rousseau, Édit. Hachette, IX, 172.
2. Cf. Rousseau, Édit. Hachette, II, 438.
3. Cf. dans l'Appendice, V⁵ fragment tiré du ch. III, livre II du Manuscrit de Genève.

Bien plus, et ceci était très important aux yeux de l'auteur du *Contrat social*, la puissance du petit État se trouve, au dedans même, fortifiée par son union avec les autres pays. « Les Confédérations, en effet, laissent chaque État son maître à l'intérieur [1] », par conséquent sa constitution politique obtient par ce fait toutes les garanties de solidité et de durée. Rappelons-nous que J.-J. Rousseau reprochait aux grandes nations d'être mal organisées, et qu'il soutenait, au contraire, que dans les petits États uniquement pouvaient être appliqués les principes dont le *Contrat social* renferme l'exposé. Le peuple peu nombreux est celui qui pratique le mieux la vertu ; il possède réellement la souveraineté, sans qu'il ait besoin de recourir à des députés, mandataires trop souvent infidèles ; il surveille attentivement le pouvoir exécutif qui ne doit agir, s'il est possible, que sous les yeux du souverain. Dans les nations restreintes, enfin, l'administration est éclairée, facile, peu coûteuse et rapide, et les chefs peuvent être aimés des citoyens qui connaissent et apprécient leurs qualités. Aussi, le petit État est-il l'idéal du législateur. Mais ce qui, dans le *Contrat social*, inquiétait à juste titre J.-J. Rousseau, c'est que les cités peu étendues, exposées à l'ambition des nations puissantes, sont incapables de résister à leurs attaques. Cette crainte, alors toute légitime, disparaît en ce moment, grâce à la réalisation de la République Confédérative : les petits États, en unissant leurs volontés et leurs forces, pourront non seulement résister aux attaques extérieures, mais encore exister réellement par eux-mêmes, doués de la plus puissante des organisations et de la meilleure constitution politique. Livrés à leurs propres res-

---

1. Cf. Rousseau, Édit. Hachette, II, 438.

sources, ils n'ont qu'une existence incertaine; unis entre eux, ils seront désormais assurés de vivre. Le rêve politique de J.-J. Rousseau, tel qu'il le dépeint dans les *Principes du Droit*, deviendra réalité, dès que la République Confédérative sera établie.

Si, pour conclure, nous « réduisons toute cette balance à des termes faciles à comparer [1] », nous dirons : Ce que perdent les nations restreintes en se confédérant, c'est l'indépendance absolue, le droit illimité à tout ce qui les tente, si dangereusement d'ailleurs ; ce qu'elles gagnent, au contraire, c'est la sécurité au dehors, et la possibilité, à l'intérieur, de pouvoir se maintenir pour le plus grand bonheur des citoyens. La perte est insignifiante, les avantages sont énormes. Aussi la République Confédérative des petits États répond-elle absolument aux exigences du *Contrat social*, dont elle est la conclusion naturelle. En se proposant de le démontrer un jour, J.-J. Rousseau nous laissait clairement entendre que les Confédérations, parce qu'elles empêchent les cités très faibles d'être subjuguées, permettent réellement de « réunir la puissance extérieure d'un grand peuple avec la police aisée et le bon ordre d'un petit État [2] ».

1. Cf. Rousseau, Édit. Hachette, III, 316.
2. Cf. Rousseau, Édit. Hachette, III, 362.

CONCLUSION

Parvenu au terme de cet ouvrage, jetons un regard en arrière pour mesurer d'un coup d'œil le chemin parcouru. S'il est utile, à la fin de tout travail, de chercher à présenter en bloc les idées essentielles qui y sont renfermées, l'obligation de le faire s'impose surtout dans ce livre, où nous ne sommes arrivé qu'après bien des détours à découvrir les théories définitives de J.-J. Rousseau. Par l'effet d'un mirage analogue à celui qui frappe les voyageurs dans le désert, nous croyions à chaque instant saisir la véritable pensée de notre auteur, tandis qu'elle nous échappait sans cesse. Si, comme nous l'espérons, nous l'avons enfin découverte, il est indispensable de la montrer en ce moment sous son véritable aspect.

La vérité, que nous croyons avoir établie et que tous nos efforts ont eu pour objet de mettre en lumière, peut se résumer ainsi : Le *Contrat social*, qui passe pour être l'Évangile de J.-J. Rousseau, ne renferme, en réalité, que la moitié de ses doctrines politiques. L'association des individus, réalisée sous la forme de l'État par le pacte social, ne peut se suffire à elle-même; elle se complète naturellement et nécessairement par l'association des petits États, produite par un nouveau pacte sous la forme d'une Confédération. Au Contrat social s'ajoute le Contrat international; à l'organisation des hommes au sein des sociétés civiles se superpose la République confédérative des petits États.

Les recherches qui nous ont conduit à cette conclusion eurent pour point de départ le récit du comte d'Antraigues, député à l'Assemblée nationale de 1789. D'après lui, J.-J. Rousseau « avait eu la volonté d'établir, dans un ouvrage qu'il destinait à éclaircir quelques chapitres du *Contrat social,* par quels moyens de petits États pouvaient exister à côté des grandes puissances, en formant des Confédérations ». Il avait même tracé le plan du sujet dans un manuscrit de trente-deux pages, remis par lui-même au comte d'Antraigues, en l'autorisant à en faire l'usage qu'il croirait utile. Celui-ci songea d'abord à livrer à l'impression cet écrit précieux, mais, après avoir consulté un ami qui sut l'en dissuader, il se ravisa et l'anéantit.

Quelle valeur peut-on accorder à ce témoignage ? Cette question nous a justement préoccupé. C'est qu'en effet le comte d'Antraigues nous apparaît dans tout le cours de sa vie sous l'aspect d'un aventurier politique. D'abord partisan du gouvernement républicain et adversaire acharné de la tyrannie, il publie un premier *Mémoire sur les États Généraux* qui effraya, beaucoup plus encore que la fameuse brochure de Sieyès, les partisans de la monarchie. Quelques mois s'écoulent ; le comte d'Antraigues, par un revirement subit, est devenu l'agent de la contre-révolution, en participant à l'alliance de la noblesse avec la royauté. Et plus tard, sous le Directoire et le Consulat, il ne songera qu'à conspirer. Voilà l'homme : comment pourrait-on le juger sincère ? Et cependant, si l'on parcourt les récits de ses contemporains, jamais on ne le voit accusé d'avoir manqué de bonne foi. Le comte d'Antraigues, sans doute, était né et demeura toute sa vie un conspirateur : sous ce point de vue, l'unité reparaît dans son existence, et le personnage se trouve mieux expliqué.

Dès lors, la vie politique du comte d'Antraigues ne peut réellement infirmer le récit de ses relations littéraires avec J.-J. Rousseau. Il paraît, d'autre part, à peu près certain que l'auteur du *Contrat social* lui avait confié quelques manuscrits, notamment cette traduction dont le comte d'Antraigues, dans une lettre du 8 avril 1805 conservée au ministère des Affaires étrangères, se plaignait ainsi : « Mon *Salluste*, traduit par J.-J. Rousseau, que j'ai permis d'imprimer à Londres, va mal, va lentement. » Et, de la lecture des œuvres du comte d'Antraigues, on retire enfin cette impression, qu'il eut des rapports réels et vécus avec celui qu'il considéra toujours comme son maître.

Pour toutes ces raisons, nous avons accepté comme vraisemblable le témoignage du comte d'Antraigues, d'autant plus qu'il nous a semblé bien vite confirmé par les propres déclarations de J.-J. Rousseau. L'auteur des *Confessions* nous entretient, en effet, à différentes reprises, de ces *Institutions politiques* qui devaient renfermer toutes ses vues sociales, mais qui ne furent pas achevées. Ce grand ouvrage aurait compris assurément cette suite du *Contrat*, destinée à « appuyer l'État par ses relations externes », et ces *Principes du Droit de la guerre*, dont il est question dans une lettre adressée à Marc-Michel Rey, et dont la Bibliothèque de Neuchâtel renferme, à notre avis, de précieux fragments.

Et pour nous convaincre entièrement, nous avons étudié de près les théories politiques, explicitement formulées par J.-J. Rousseau, et nous les avons exposées à notre tour : elles nous ont semblé inachevées. Rappelons, en effet, les résultats auxquels nous sommes alors parvenu. L'auteur du *Discours sur les sciences et les arts* débute par un accès

de « pessimisme social », qui se traduit, même dans le
Discours sur l'Inégalité, sous une forme plus aiguë par son
contraste avec l'optimisme présocial, sous l'aspect duquel
s'y trouve présenté l'état de nature. En d'autres termes,
J.-J. Rousseau a constaté autour de lui l'oppression et
l'inégalité des individus au sein des groupes sociaux. Mais,
« comment connaître la source de ces maux parmi les
hommes, si l'on ne commence par les connaître eux-
mêmes ». Or, ses recherches psychologiques amènent J.-J.
Rousseau à proclamer que, malgré tout, les hommes sont
nés libres et égaux, et qu'ils doivent toujours l'être ; entre
leur condition réelle et leur condition idéale à l'état de
nature, l'opposition est donc manifeste et va même jusqu'à
la contradiction. Comment peut-elle être expliquée? Il
faut, pour cela, essayer de se représenter la marche des
événements qui ont précipité l'humanité dans ce triste
esclavage, où elle gémit actuellement. Or, dans cette déchéance, il semble qu'on puisse distinguer quatre phases.
Les hommes vivaient d'abord isolés, la chasse était leur
seule occupation, puisqu'elle était l'unique condition d'existence. C'était l'état sauvage. Peu à peu la famille s'est établie, le travail s'est réparti entre le mâle et la femelle, le
langage s'est constitué. Cette période, encore barbare,
pourrait être appelée l'âge pastoral. Mais, sous l'influence
de circonstances surtout naturelles, telles que les inondations et les tremblements de terre, la nécessité de vivre a
rapproché les groupes familiaux dont l'agriculture est devenue la préoccupation : les nations se sont constituées et
organisées. Cette troisième époque fut malheureusement de
trop courte durée, car la richesse et la pauvreté en s'accusant ont fini par s'opposer, par entrer en lutte, de sorte que
le despotisme, à la faveur de ces troubles, a fait son appa-

rition. L'homme était né libre, il est tombé dans les fers. Et
l'état actuel de la société, si triste à considérer, est devenu
exactement l'opposé de l'état de nature qu'on avait tant de
plaisir à contempler.

Les hommes cependant ne doivent pas désespérer : J.-J.
Rousseau va leur montrer comment la société qu'ils forment
peut être réorganisée pour assurer le respect de la liberté
et de l'égalité de chacun. Dans ce but, il établit successivement, en recourant à la méthode d'élimination, que le pouvoir social ne peut légitimement trouver son origine ni dans
l'organisation de la famille, ni dans la supériorité naturelle
d'un individu sur un autre, ni dans la soumission d'un
peuple par la force, ni dans l'esclavage. Le corps politique
ne peut naître que de la convention, c'est-à-dire de la réunion volontaire des hommes. Et, par suite, l'autorité
publique naît de ces consentements individuels, et ne peut
résider que dans la communauté entière, dans le peuple
ainsi constitué. La volonté générale de la nation, voilà le
souverain. Et pour avoir l'expression de cette souveraineté nationale, il faut donc que tous les citoyens, sans
exception, soient consultés. Le droit de suffrage politique
se trouve attaché à la qualité de membre de la société, il
ne peut être aliéné. C'est ainsi que les lois seront les résultats fidèles de la volonté générale : la puissance législative
se manifestera par la pluralité des votes directement expri-
més. Sans doute, pour appliquer ces décisions aux cas particuliers, il faudra recourir à des magistrats ; mais le peuple,
seul souverain, aura simplement délégué au gouvernement
l'application de la loi, la puissance exécutive. Voilà comment J.-J. Rousseau se trouvait conduit à condamner l'existence des représentants ou des députés, voilà pourquoi la
Cité dépeinte dans le *Contrat social* doit être avant tout

très petite, pour que ses membres puissent s'assembler facilement, exprimer directement leur volonté. Les citoyens ne seront vraiment libres et égaux, le peuple qu'ils formeront ne possédera réellement la souveraineté qu'au sein des États peu étendus. C'est la conclusion logique du *Contrat social* et c'est en même temps le fondement de cette prédilection constante de J.-J. Rousseau pour les petits États.

Tel est le système de politique intérieure de J.-J. Rousseau. Il gravite autour de la notion de liberté. L'indépendance et l'égalité de tous les hommes ne seront assurées que si l'État est fondé sur le pacte social, que si la loi est l'œuvre de tous, que si le gouvernement est le simple délégué du peuple, et il faut enfin de toute nécessité que cette société politique soit très petite, si les citoyens veulent réellement voir garanties la liberté et l'égalité qu'ils possèdent par nature. J.-J. Rousseau, dans les œuvres qu'il a publiées lui-même, semble donc bien avoir été surtout préoccupé d'assurer au citoyen la liberté à l'intérieur de l'État légitimement constitué.

Or, l'œuvre politique de J.-J. Rousseau, au lieu de se terminer là, comme on aurait le plus grand tort de le croire, n'était en réalité que commencée. Un nouveau problème, aussi important que celui qu'il venait de résoudre, se posait en ce moment à lui : Comment les petits États peuvent-ils exister? Comment arrivera-t-on à leur assurer la vie? On ne saurait, en effet, nier — les faits sont là pour le prouver — que les « petites cités » sont sans cesse exposées à l'ambition des grandes puissances et des monarques, c'est-à-dire à la guerre ; car, il n'est pas inutile de le remarquer en passant, c'est dans l'existence des nations très vastes, surtout lorsqu'elles ont à leur tête des rois, que J.-J. Rousseau place les sources de ce mal. De sorte que s'efforcer de consolider l'existence des petits États, c'est en définitive chercher à les préserver des hostilités.

La guerre est-elle donc si terrible, si funeste? J.-J. Rousseau le crie bien haut, et nous avons découvert dans ses écrits des passages violents où il la stigmatise hardiment. En essayant, à l'aide de ces fragments épars, de donner une idée des critiques que J.-J. Rousseau accumule contre la guerre offensive, nous sommes resté par l'expression bien au-dessous de ce qu'il lui aurait reproché lui-même dans un réquisitoire suivi. Son indignation eût été au comble et aurait sans conteste marqué d'une tache terrible ce fléau qui pèse sur le genre humain. Aussi J.-J. Rousseau est-il le partisan convaincu de la paix, dont les bienfaits, si elle pouvait toujours exister, seraient des plus précieux pour l'humanité. Par suite, si le temps le lui eût permis, et si ses forces cérébrales ne l'avaient pas trahi, il aurait certainement consacré tous ses efforts à préserver les petits États de la guerre. Dans ce but, il eut un moment la pensée d'exciter les grandes nations à se restreindre et à se diviser en petits peuples ; mais ce projet trop chimérique ne l'arrêta pas longtemps. Un monarque consentira-t-il jamais à abandonner une parcelle de son autorité? Il cherchera plutôt à augmenter son empire qu'à le restreindre. Aussi, J.-J. Rousseau songea beaucoup plus sérieusement, du jour où il fut convaincu que les hostilités. étaient inévitables, à les rendre plus justes. Et après un examen approfondi des doctrines de Hobbes, de Grotius, de Montesquieu, il parvint à formuler cette théorie si féconde en heureuses conséquences, et qui est une de ses plus admirables découvertes : *La guerre est une relation d'État à État.* Ce principe, qu'on oublia pendant longtemps de lui attribuer, est exprimé en toutes lettres dans le *Contrat social* :

« La guerre n'est point une relation d'homme à homme, mais une relation d'État à État dans laquelle les particuliers ne sont ennemis qu'accidentellement, non point comme hommes, ni même comme citoyens, mais comme soldats. » De ce jour, les femmes, les enfants et les vieillards ne devaient plus être considérés comme belligérants, les biens particuliers ne pouvaient plus être saccagés ; de ce jour, les désastres et les horreurs de la guerre devaient diminuer. J.-J. Rousseau conquérait ainsi un titre incomparable à la reconnaissance de cette humanité, pour laquelle il fut toujours animé de l'amour le plus vif. Mais, sur ce point encore, J.-J. Rousseau, esprit plus positif qu'on ne le croit, ne devait pas se faire illusion. Les règles nouvelles qu'il imposait ainsi aux combattants ne seront malheureusement pas toujours observées, parce qu'elles manquent de sanction, et le droit des gens, cependant renouvelé, ne sera pas plus respecté qu'auparavant.

Malgré l'échec de ces deux tentatives, dont l'histoire renferme cependant de précieux enseignements, J.-J. Rousseau, loin de se décourager, reprend la tâche si ingrate de mettre les petits États à l'abri des tristes conséquences de la guerre. Il le fait même en ce moment avec d'autant plus d'espoir d'aboutir que le problème se trouve de mieux en mieux posé, c'est-à-dire plus près d'être résolu. Il comprend d'abord que la guerre est inévitable, par suite qu'il faut se résigner à en préserver simplement les petites cités, dont les droits à l'existence, à l'indépendance sont sacrés, et égaux à ceux des grandes nations. Et de suite, une solution se présente à lui comme le remède définitif : qu'il se forme donc une société de peuples pour résister à la guerre !

Mais, comment faut-il comprendre cette union, cette

ligue ? Par quels moyens pourra-t-on la constituer? Faut-il,
solution héroïque, revenir en arrière sur les ruines des
États jusqu'à cette « Société générale du genre humain »,
qui aurait existé autrefois « naturellement » ? C'est impossible, la chimère et la fiction ne sont pas la réalité. Adres-
sons-nous donc plutôt à l'art, et loin de nous en remettre
aveuglément à cette fée qu'on appelait alors la Nature,
agissons nous-mêmes. Dès lors, poursuit J.-J. Rousseau,
essaierons-nous de constituer, par une nouvelle application
du Droit divin, une société religieuse de tous les hommes?
On l'a tenté plusieurs fois déjà, on a toujours échoué.
D'autre part la religion unit moins les hommes entre eux
qu'elle ne les rapproche de Dieu, en détournant leurs
regards de la terre. Faudra-t-il se résigner à faire appel au
principe de la force, pour amener par elle la réalisation
de l'union générale des hommes? Nous serions condamné
à un nouvel échec, d'autant que s'adresser à la violence, à
la guerre pour lutter contre la guerre, ce n'est au fond que
du cynisme. S'il en est ainsi, peut-être réussirait-on, à l'aide
de moyens plus pacifiques et à la suite de l'abbé de Saint-
Pierre, à empêcher les hostilités? Cette fois, c'est trop
d'optimisme; à l'essayer, nous échouerions sûrement avec
cet auteur. La persuasion, qui ne triomphe pas toujours des
résistances des simples mortels, ne réussira jamais à vaincre
l'orgueil des souverains. Ne pouvons-nous donc rien faire?
Puisque nous avons épuisé, sans aboutir, toutes les manières
de réaliser la société générale des hommes, faut-il nous résigner à la défaite? Ce serait trop triste.

Ces tentatives pour constituer une société générale des
hommes apportent du moins avec elles deux indications
précieuses. Si l'on ne réussit pas à produire l'union de
tous les citoyens, pourquoi ne chercherait-on pas à réaliser

simplement celle des petits États? Aussi bien, les individus, si l'on applique les principes du *Contrat social*, sont-ils rassemblés d'une façon satisfaisante au sein des différentes nations, dont le rôle est de protéger tous leurs droits. Au lieu de briser ces sociétés politiques pour rapprocher tous les hommes, pourquoi ne les respecterait-on pas, pourquoi ne tenterait-on pas d'unir immédiatement les petits États? D'autre part, puisque la source du rapprochement ne peut être ni la religion, ni la force, ni l'éloquence, il ne nous reste qu'à faire appel à la libre volonté des peuples. Et, de cette manière, de même que les hommes s'unissent volontairement pour former un État, pourquoi les petits États ne s'associeraient-ils pas librement entre eux, pour se garantir de la guerre? D'abord, rien ne les empêche de le faire, ensuite tout les y engage. Mais comment J.-J. Rousseau va-t-il envisager ce rapprochement, décidé par les souverains, réalisé par leurs gouvernements? Ce ne sera ni sous la forme d'une alliance, union trop éphémère, ni sous le régime d'un État fédéral, union si étroite qu'elle ruine la souveraineté des petits États. Ce ne pouvait être que sous la forme d'une Confédération, dont l'avantage est de maintenir l'indépendance naturelle et politique des nations et de les préserver efficacement des hostilités, en unissant étroitement leurs volontés et leurs forces ou milices. La République confédérative des petits États, voilà donc le remède imaginé par J.-J. Rousseau aux maux de la guerre; voilà la solution qu'il a découverte; voilà la suite qu'il devait donner au *Contrat social* pour assurer, avec l'existence de ces petits États, le respect des droits des citoyens.

Ces idées nouvelles constituent le système de politique étrangère de J.-J. Rousseau, et il convient de les ajouter à celles qu'il a formulées lui-même explicitement, si du moins l'on veut se représenter d'une façon complète ses doctrines politiques. L'ensemble qu'elles forment ainsi n'en est pas moins harmonieux, il présente même une unité très profonde.

Pour s'en rendre compte, il faut d'abord remarquer qu'il nous a suffi de généraliser, d'étendre la méthode du *Contrat social*, pour découvrir la théorie de la Confédération des petits États. Lorsqu'il s'agissait des individus, J.-J. Rousseau avait été tout d'abord frappé par le triste spectacle des maux qui pèsent sur eux, au sein de la société, c'est-à-dire par l'oppression et l'inégalité ; quand il envisage les peuples, la même remarque s'impose à lui, il y a des nations opprimées et méprisées. Et cependant, dans l'un et l'autre cas, la raison humaine proteste ; en même temps, l'amour de l'humanité pousse J.-J. Rousseau à chercher un remède à cette situation, qu'elle se manifeste par le mépris des droits de l'individu, ou par celui des droits de la cité violés par la guerre. Les deux solutions qu'il adoptera seront elles-mêmes identiques ; l'association des États se constituera d'une façon analogue à celle des individus. C'est ainsi que le Droit divin, le droit du plus fort sont incapables ici et là de produire l'union recherchée ; la société des petits États, comme celle des citoyens, ne peut naître que du libre concours de leurs volontés. En un mot, il nous a presque suffi d'adapter aux sociétés politiques prises pour éléments cette méthode que J.-J. Rousseau avait appliquée dans le *Contrat social* aux individus.

L'unité de l'œuvre politique de J.-J. Rousseau se manifeste encore d'une autre manière non moins frappante. Considérez les rapports entre les individus et l'État, ou les rapports entre les petits États et la Confédération, ils sont toujours conçus par J.-J. Rousseau de la même façon.

L'association politique, nous l'avons dit, n'a jamais chez lui qu'un rôle de police, elle est simplement la protectrice des droits de l'individu. De même, la Confédération n'aura pas d'autre office que de protéger les droits des petits États qui la composent. De part et d'autre, nous sommes en présence « d'une société-gendarme » comme on l'a dit, constituée pour assurer le respect de la justice et ne s'occupant pas d'autre chose. C'est que J.-J. Rousseau, au fond, est individualiste, partisan de la souveraineté des droits personnels, si du moins on veut bien admettre que l'individualisme véritable, bien distinct de l'anarchie, repose sur cette idée que l'être humain est sacré et inviolable, qu'il n'est pas organe et fonction subordonnés d'un grand corps, mais qu'il vit pour lui-même, qu'il est son propre but. Aussi l'organisation de la société doit-elle viser à ce qu'il soit respecté. Cette doctrine, qui fut malgré tout celle du *Contrat social*, est en même temps celle de la République confédérative. J.-J. Rousseau a toujours prétendu que les États sont à leur tour de véritables individualités, des personnes « morales » réellement sacrées et inviolables, ne dépendant que d'elles-mêmes, n'ayant d'autre but qu'elles-mêmes. Et voilà pourquoi il choisit l'union confédérative comme la meilleure institution, parce que, seule, elle est capable de respecter la personnalité « publique » des petits États. Au lieu d'entraîner la destruction de leurs droits, elle en assure au contraire le respect, et en réunissant les groupes sociaux elle multiplie leurs forces. Aussi, trouve-t-on rarement exprimé avec plus de vigueur que par J.-J. Rousseau le culte de la patrie, le respect de l'indépendance naturelle et politique des peuples. Puisqu'une nation est un ensemble d'hommes qui veulent constituer une même société politique, puisqu'elle existe par la volonté de ses membres, elle a donc seule le droit de se gouverner, et pour la même raison, elle doit former un État indépendant, qu'aucune puissance étrangère ne devra jamais ni morceler, ni assujettir. La théorie de la souveraineté nationale donne naissance au principe des nationalités.

S'il n'a pas été inutile de faire ressortir l'unité profonde qui caractérise les doctrines politiques de J.-J. Rousseau, il ne le sera pas davantage de signaler l'attitude que ce philosophe a prise en face du problème de la guerre. Il se refuse d'abord à la considérer comme une loi nécessaire des sociétés. Sans doute, la guerre subsiste depuis les temps les plus reculés : n'est-elle pas, en effet, la voie la plus rapide et la plus décisive pour résoudre tous les conflits soulevés par le choc de deux ambitions rivales? Et l'habitude ne s'en est-elle pas au surplus transmise d'âge en âge au point de la faire juger comme un fait nécessaire? Il n'en est pas moins vrai cependant que la guerre est un préjugé, et J.-J. Rousseau le prouvait mieux que personne. La moralité ne consiste pas, en effet, à donner cours à ces penchants qui nous rapprochent de la bête, aux appétits cruels et sanguinaires. Elle tend, au contraire, à faire prévaloir de plus en plus les idées de charité et de fraternité des hommes et des peuples, et à la lumière de ces notions, le meurtre, le vol et le pillage, qu'ils se produisent pendant les hostilités ou durant la paix, seront toujours des crimes. Peut-on espérer, dès lors, qu'avec les progrès de la morale, cette triste coutume disparaîtra? Pour l'honneur et le bonheur de l'humanité, est-il permis de croire que les hommes finiront par reconnaître leur folie? Les progrès de la civilisation, la diffusion des sentiments de bienveillance, l'ascendant croissant pris par l'intelligence sur la matière habitueront-ils, sous bref délai, les peuples à donner une solu-

tion pacifique à tous les conflits produits par l'intérêt?
L'idéal, en effet, serait de voir les nations cessant de vivre
par la force brutale, unir par-dessus les frontières abolies
toutes leurs énergies pour amener le triomphe du vrai et du
bien! Mais ce n'est encore qu'un rêve, et la réalité le dis-
sipe à peine formé. Aussi J.-J. Rousseau, au moment de se
laisser convaincre par la morale et séduire par les fantaisies
de son imagination, est-il obligé, presque malgré lui, de se
rendre à l'évidence. La guerre est un fait brutal avec lequel
il faut compter; elle est là, prête à inquiéter sans cesse les
petits États, qui sont pourtant des nationalités, et dont
l'indépendance, pour cette raison, doit être aussi sacrée que
celle des grandes Puissances. Et cette simple constatation,
en rappelant à la réalité J.-J. Rousseau, le conduit à formuler d'abord les sages principes du Droit de la Guerre,
qui, dans l'état actuel des sociétés, devraient être reconnus
et suivis par les puissances belligérantes; puisqu'on ne peut
encore songer à supprimer définitivement la guerre, il faut
bien faire la part du fléau et restreindre les maux qui
peuvent en naître. Et comme suprême ressource, J.-J. Rousseau engage les petits États à se rapprocher les uns des
autres dans une Confédération, pour qu'ils puissent, en cas
de guerre défensive, opposer à l'ennemi leurs milices réunies. Telle est l'attitude dernière de J.-J. Rousseau. Et
certes, nous nous garderons bien de la lui reprocher.
L'expérience d'un nouveau siècle, pendant lequel les luttes
entre les peuples n'ont fait que se multiplier, donnerait plutôt raison à sa perspicacité. Aussi, la solution qu'il donne
du problème de la guerre est-elle dans son ensemble des
plus sages. En même temps qu'elle fortifie dans le cœur
des citoyens l'amour de la patrie, elle les rapproche peu à
peu des autres hommes, de sorte qu'elle nous permet d'en-

trevoir, au-dessus des nationalités distinctes, une certaine organisation de l'humanité. On se figure parfois que, pour relier les uns aux autres les différents peuples et pour préparer l'avènement de la paix, il faut supprimer les États ; J.-J. Rousseau nous apparaît comme l'adversaire déclaré de cette doctrine. Son cosmopolitisme ne s'établissait pas sur les ruines de l'idée de patrie, il s'édifiait au contraire sur le respect des États : l'amour de l'humanité ne peut naître, à son avis, en dehors de l'amour de la patrie qui au contraire l'engendre. « Défiez-vous, s'écrie-t-il dans l'*Émile*, de ces cosmopolites, qui vont chercher au loin dans leurs livres des devoirs qu'ils dédaignent de remplir autour d'eux. Tel philosophe aime les Tartares pour être dispensé d'aimer ses voisins. » Aimons d'abord nos concitoyens, aimons ensuite tous les membres de la Confédération, et peu à peu nous aimerons tous les hommes. Sur ce point particulier, aussi bien que dans toutes les autres parties de l'œuvre sociale de J.-J. Rousseau, l'harmonie la plus parfaite relie son système de politique étrangère à ses théories de politique intérieure ; ici, il s'agissait d'assurer au dedans la liberté et l'égalité des citoyens, et là de faire respecter au dehors la nationalité des cités peu étendues. Le problème dans les deux cas était le même, la solution devait être identique. La République Confédérative des petits États s'élève, en effet, au-dessus du *Contrat social* à la façon de ces dômes qui sont le couronnement naturel des édifices qu'ils complètent et qu'ils protègent merveilleusement.

APPENDICE

APPENDICE

I

EXTRAITS DU MANUSCRIT DU *CONTRAT SOCIAL*

DE LA

BIBLIOTHÈQUE DE GENÈVE

Nous publions, en premier lieu, dans cet appendice, quelques passages de ce manuscrit autographe du *Contrat social*, qui se trouve actuellement à la bibliothèque de Genève [1] à la suite du don fait, en mars et avril 1882, par Mme Amélie Streckeisen-Moultou. Le texte original en fut reproduit d'abord en 1887 par un savant russe, M. Alexeieff, à la fin du second volume de son ouvrage sur les idées politiques de J.-J. Rousseau ; il fut imprimé

---

[1]. Voici, à titre de renseignement, la liste des manuscrits de J.-J. Rousseau qui se trouvent à la bibliothèque de Genève, exposés presque tous dans une vitrine du « Musée Lullin » :

1° Manuscrit autographe de J.-J. Rousseau : V^e lettre écrite de la Montagne (acquis en 1875), n° 197 P.

2° Lettres inédites de J.-J. Rousseau, dont deux autographes, les autres copiées — et deux lettres inédites autographes de Rousseau, écrites en 1754 et 1755 à M. Lullin, recteur de l'Académie, pour affaires concernant la bibliothèque. En tout, quatre lettres autographes. De plus, une lettre autographe de J.-J. Rousseau à Lesage père (n° 203).

3° *La Profession de foi du Vicaire Savoyard*, 1 vol. 4° (n° 208).

4° *Le Contrat social*. (Manuscrit dont nous citons des fragments). 1 vol. 4° (n° 209).

5° *Oraison funèbre du duc d'Orléans*, 1 vol. in-fol. (n° 210).

6° *Les Confessions*, 2 vol. (n° 211).

7° *Morceaux divers*, 1 vol. 4° (n° 212).

8° *Deux carnets de notes et fragments*, entre autres l'*Étude sur la Corse*, 2 petits vol. (n° 213).

9° *Leçons de musique* (texte et exempl.) 2 vol. 4° (n° 214).

(Ces sept derniers manuscrits ont été donnés en mars et avril 1882 par Mme Amélie Streckeisen-Moultou.)

plus tard par M. E. Dreyfus-Brisac, à la suite de son édition savante du *Contrat social*. Avec ce dernier auteur, nous croyons « que la plus grande partie du manuscrit de Genève fait double emploi avec la version définitive du *Contrat social* ». Mais nous nous séparons de lui, en considérant au contraire comme très intéressants un chapitre entier sur « la Société générale du genre humain », et quelques autres textes que J.-J. Rousseau n'a pas fait passer dans la seconde rédaction du *Contrat social*. Aussi avons-nous jugé très utile de publier à notre tour ces fragments, en nous appuyant sur les raisons suivantes. D'abord, ces textes se rapportent tous, et très directement, à notre sujet, en sorte qu'on pourrait imaginer que J.-J. Rousseau ne les a peut-être laissés de côté, dans la rédaction dernière du *Contrat social*, que pour se réserver d'en faire usage, au moment où il devait écrire les *Principes du Droit de la guerre* et fonder l'association des Petits États. De plus, ces fragments méritent d'être relevés pour eux-mêmes et d'être mis à part, puisqu'ils sont à peu près les seuls qui n'aient pas été reproduits dans la version définitive du *Contrat social*, et puisqu'ils constituent de la sorte la partie réellement intéressante du manuscrit de Genève. Enfin ces textes ont parfois été copiés d'une façon inexacte par M. Dreyfus-Brisac, comme il sera facile de s'en assurer.

I

Ces fragments, disposés comme il suit, se trouvent au verso du premier feuillet du Manuscrit de Genève :

Les signes moraux sont incertains, difficiles à soumettre au calcul.

La sûreté, la tranquillité, la liberté même [1]. Plusieurs peuples au milieu des guerres et des dissensions intestines ne laissent pas de multiplier extrêmement. Dans d'autres gouvernements au contraire la paix même est dévorante et consume les citoyens.

1. Ces deux phrases sont ainsi disposées dans le manuscrit de J.-J. Rousseau.

II

Ce fragment, très étendu et très important, formait le ch. II du livre 1er du Manuscrit de Genève.

DE LA SOCIÉTÉ GÉNÉRALE DU GENRE HUMAIN

Commençons par rechercher d'où naît la nécessité des institutions politiques.

La force de l'homme est tellement proportionnée à ses besoins naturels et à son état primitif, que pour peu que cet état change et que ses besoins augmentent, l'assistance de ses semblables lui devient nécessaire, et, quand enfin ses désirs embrassent toute la nature, le concours de tout le genre humain suffit à peine pour les assouvir. C'est ainsi que les mêmes causes qui nous rendent méchants nous rendent encore esclaves et nous asservissent, en nous dépravant [1] ; le sentiment de notre faiblesse vient moins de notre nature que de notre cupidité : nos besoins nous rapprochent, à mesure que nos passions nous divisent, et plus nous devenons ennemis de nos semblables, moins nous pouvons nous passer d'eux. Tels sont les premiers liens de la société générale ; tels sont les fondements de cette bienveillance universelle dont la nécessité reconnue semble étouffer le sentiment, et dont chacun voudrait recueillir le fruit sans être obligé de la cultiver : car, quant à l'identité de nature, son effet est nul en cela, parce qu'elle est autant pour les hommes un sujet de querelle que d'union, et met aussi souvent entre eux la concurrence et la jalousie que la bonne intelligence et l'accord.

De ce nouvel ordre de choses naissent des multitudes de rapports sans mesure, sans règle, sans consistance, que les hommes altèrent et changent continuellement, cent travaillant à les détruire pour un qui travaille à les fixer ; et comme l'existence relative d'un homme dans l'état de nature dépend de mille autres rapports, qui sont dans un flux continuel, il ne peut

---

1. Nous avons conservé autant que possible, dans notre copie, la ponctuation propre de J.-J. Rousseau.

17

jamais s'assurer d'être le même durant deux instants de sa vie ;
la paix et le bonheur ne sont pour lui qu'un éclair ; rien n'est
permanent que la misère qui résulte de toutes ces vicissitudes ;
quand ses sentiments et ses idées pourraient s'élever jusqu'à
l'amour de l'ordre et aux notions sublimes de la vertu, il lui
serait impossible de faire jamais une application sûre de ses
principes dans un état de choses qui ne lui laisserait discerner
ni le bien ni le mal, ni l'honnête homme ni le méchant.

La société générale, telle que nos besoins mutuels peuvent
l'engendrer, n'offre donc point une assistance efficace à l'homme
devenu misérable, ou du moins elle ne donne de nouvelles forces
qu'à celui qui en a déjà trop, tandis que le faible, perdu, étouffé,
écrasé dans la multitude, ne trouve nul asile où se réfugier, nul
support à sa faiblesse, et périt enfin victime de cette union
trompeuse, dont il attendait son bonheur [1]. Ainsi la douce voix
de la nature n'est plus pour nous un guide infaillible, ni l'indépendance que nous avons reçue d'elle un état désirable ; la paix
et l'innocence nous ont échappé pour jamais avant que nous en
eussions goûté les délices ; insensible aux stupides hommes des
premiers temps, échappée aux hommes éclairés des temps pos-
térieurs, l'heureuse vie de l'âge d'or fut toujours un état étranger
à la race humaine, ou pour l'avoir méconnue quand elle en
pouvait jouir, ou pour l'avoir perdue quand elle aurait pu le
connaître.

Il y a plus encore ; cette parfaite indépendance et cette liberté
sans règle, fût-elle même demeurée jointe à l'antique innocence,
aurait eu toujours un vice essentiel, et nuisible au progrès de nos

---

1. Ici, J.-J. Rousseau avait primitivement écrit le passage suivant, qu'il a
dans la suite supprimé très nettement :
Si l'on est une fois convaincu que dans les motifs* qui portent les hommes
à s'unir entre eux par des liens volontaires il n'y a rien qui se rapporte au
point de réunion ; que loin de se proposer un but de félicité commune, d'où
chacun pût* tirer la sienne, le bonheur de l'un fait le malheur d'un autre ;
si l'on voit enfin qu'au lieu de tendre tous au bien général ils ne se rapprochent entre eux que parce que tous s'en éloignent ; on doit sentir aussi
que quand même un tel état pourrait subsister il ne serait qu'une source de
crimes et de misères pour des hommes dont chacun ne verrait que son
intérêt, ne suivrait que ses penchants et n'écouterait que ses passions.
(M. Dreyfus-Brisac avait lu, dans ce passage, « ces motifs » au lieu de « les
motifs », et « puisse » au lieu de « pût ».)

plus excellentes facultés, savoir le défaut de cette liaison des
parties qui constitue le tout. La terre serait couverte d'hommes,
entre lesquels il n'y aurait presque aucune communication ; nous
nous toucherions par quelques points, sans être unis par aucun ;
chacun resterait isolé parmi les autres, chacun ne songerait qu'à
soi ; notre entendement ne saurait se développer ; nous vivrions
sans rien sentir, nous mourrions sans avoir vécu ; tout notre
bonheur consisterait à ne pas connaître notre misère ; il n'y
aurait ni bonté dans nos cœurs, ni moralité dans nos actions, et
nous n'aurions jamais goûté le plus délicieux sentiment de
l'âme, qui est l'amour de la vertu [1].

1. Ici, se trouvait primitivement le passage suivant, assez étendu, que
J.-J. Rousseau a supprimé entièrement dans la suite. Ce texte, tel que nous
le publions, diffère profondément de celui qui a été reproduit inexactement
par M. Dreyfus-Brisac :

Il est certain que le mot de *genre humain* n'offre à l'esprit qu'une idée
purement collective qui ne suppose aucune union réelle entre les individus
qui le constituent : ajoutons-y, si l'on veut cette supposition ; concevons[a]
le genre humain comme une personne morale ayant avec un sentiment
d'existence commune[b] qui lui donne l'individualité et la constitue une, un
mobile universel qui fasse agir chaque partie pour une fin générale et relative au tout. Concevons que ce sentiment commun soit celui de l'humanité
et que la loi naturelle soit le principe actif de toute la machine. Observons
ensuite ce qui résulte de la constitution de l'homme dans ses rapports avec
ses semblables ; et, tout au contraire de ce que nous avons supposé, nous
trouverons que le progrès de la société étouffe l'humanité dans les cœurs,
en éveillant l'intérêt personnel, et que les notions de la loi naturelle, qu'il
faudrait plutôt appeler la loi de raison, ne commencent à se développer
que quand le développement antérieur des passions rend impuissants tous
ses préceptes : par où l'on voit que ce prétendu traité social dicté par la
nature est une véritable chimère, puisque les conditions en sont toujours
inconnues ou impraticables et qu'il faut nécessairement les ignorer ou les
enfreindre.

Si la société générale existait ailleurs que dans les systèmes des philosophes, elle serait, comme je l'ai dit, un être moral qui aurait des qualités
propres et distinctes de celles des êtres particuliers qui la constituent, à
peu près comme les composés chimiques ont des propriétés qu'ils ne
tiennent d'aucun des mixtes qui les composent : il y aurait une langue universelle que la nature apprendrait à tous les hommes, et qui serait le premier instrument de leur mutuelle communication : il y aurait une sorte de
sensorium commune qui servirait à la correspondance de toutes les parties[c], le bien ou le mal public ne serait pas seulement la somme des biens

1. M. Dreyfus-Brisac avait lu a « concevoir » au lieu de « concevons » ; b il avait
omis le mot « commune » ; c enfin, au lieu du véritable texte que nous rétablissons, il imprime cette phrase peu intelligible : « il y aurait une sorte de sensorium commun qui survivrait à la correspondance de toutes les parties ».

Il est faux, que dans l'état d'indépendance, la raison nous
porte à concourir au bien commun par la vue de notre propre
intérêt ; loin que l'intérêt particulier s'allie au bien général, ils
s'excluent l'un l'autre dans l'ordre naturel des choses, et les lois
sociales sont un joug que chacun veut bien imposer aux autres,
mais non pas s'en charger lui-même. « Je sens que je porte
l'épouvante et le trouble au milieu de l'espèce humaine, » dit
l'homme indépendant, que le sage étouffe ; « mais il faut que je
sois malheureux, ou que je fasse le malheur des autres, et personne ne m'est plus cher que moi. C'est vainement », pourra-t-il
ajouter, « que je voudrais concilier mon intérêt avec celui
d'autrui ; tout ce que vous me dites des avantages de la loi
sociale pourrait être bon, si tandis que je l'observerais scrupu-
leusement envers les autres, j'étais sûr qu'ils l'observeraient
tous envers moi ; mais quelle sûreté pouvez-vous me donner là-
dessus, et ma situation peut-elle être pire que de me voir exposé
à tous les maux que les plus forts voudront me faire, sans oser
me dédommager sur les faibles ? Ou donnez-moi des garants [1]
contre toute entreprise injuste, ou n'espérez pas que je m'en
abstienne à mon tour. Vous avez beau me dire, qu'en renonçant
aux devoirs que m'impose la loi naturelle, je me prive en même
temps de ses droits et que mes violences autoriseront toutes celles
dont on voudra user envers moi. J'y consens d'autant plus
volontiers que je ne vois point comment ma modération pourrait
m'en garantir. Au surplus, ce sera mon affaire de mettre les forts
dans mes intérêts, en partageant avec eux les dépouilles des
faibles ; cela vaudra mieux que la justice pour mon avantage et
pour ma sûreté. » La preuve que c'est ainsi qu'eût raisonné
l'homme éclairé et indépendant est que c'est ainsi que raisonne
toute société souveraine qui ne rend compte de sa conduite qu'à
elle-même.

Que répondre de solide à de pareils discours si l'on ne veut

ou des maux particuliers comme dans une simple agrégation, mais il rési-
derait dans la raison qui les unit, il serait plus grand que cette somme, et
loin que la félicité publique fût établie sur le bonheur des particuliers,
c'est elle qui en serait la source.

1. M. Dreyfus-Brisac lit « garanties » au lieu de « garants ». Il dispose
aussi les guillemets d'une autre manière.

amener la Religion à l'aide de la morale, et faire intervenir immédiatement la volonté de Dieu pour lier la société des hommes. Mais les notions sublimes du Dieu des sages, les douces lois de la fraternité qu'il nous impose, les vertus sociales des âmes pures, qui sont le vrai culte qu'il veut de nous, échapperont toujours à la multitude. On lui fera toujours des dieux insensés comme elle, auxquels elle sacrifiera de légères commodités pour se livrer en leur honneur à mille passions horribles et destructives. La terre entière regorgerait de sang et le genre humain périrait bientôt si la philosophie et les lois ne retenaient les fureurs du fanatisme, et si la voix des hommes n'était plus forte que celle des dieux.

En effet, si les notions du grand Être et de la loi naturelle étaient innées dans tous les cœurs, ce fut un soin bien superflu d'enseigner expressément l'une et l'autre : c'était nous apprendre ce que nous savions déjà, et la manière dont on s'y est pris eût été bien plus propre à nous le faire oublier. Si elles ne l'étaient pas, tous ceux à qui Dieu ne les a point données sont dispensés de les savoir : dès qu'il a fallu pour cela des instructions particulières, chaque peuple a les siennes qu'on lui prouve être les seules bonnes, et d'où dérivent plus souvent le carnage et les meurtres que la concorde et la paix.

Laissons donc à part les préceptes sacrés des Religions diverses dont l'abus cause autant de crimes que leur usage en peut épargner, et rendons au Philosophe l'examen d'une question que le Théologien n'a jamais traitée qu'au préjudice du genre humain.

Mais le premier me renverra par devant le genre humain même à qui seul il appartient de décider, parce que le plus grand bien de tous est la seule passion qu'il ait. C'est, me dira-t-il, à la volonté générale que l'individu doit s'adresser pour savoir jusqu'où il doit être homme, citoyen, sujet, père, enfant, et quand il lui convient de vivre et de mourir. « Je vois bien là, je l'avoue, la règle que je puis consulter ; mais je ne vois pas encore, dira notre homme indépendant, la raison qui doit m'assujettir à cette règle. Il ne s'agit pas de m'apprendre ce que c'est que justice ; il s'agit de me montrer quel intérêt j'ai d'être juste. » En effet que la volonté générale soit dans chaque individu un acte pur de l'entendement qui raisonne dans le silence des passions sur ce que l'homme peut exiger de son semblable, et sur ce que son semblable est en droit d'exiger de lui, nul n'en disconviendra : mais où est l'homme qui puisse ainsi se séparer de lui-même et si le soin de sa propre conservation est le premier précepte de la nature, peut-on le forcer de regarder ainsi l'espèce en général pour s'imposer, à lui, des devoirs dont il ne voit point la liaison avec sa constitution particulière ? Les objections précédentes ne subsistent-elles pas toujours, et ne reste-t-il pas encore à voir comment son intérêt personnel exige qu'il se soumette à la volonté générale ?

De plus, comme l'art de généraliser ainsi ses idées est un des exercices les plus difficiles et les plus tardifs de l'entendement humain, le commun des hommes sera-t-il jamais en état de tirer de cette manière de raisonner les règles de sa conduite, et quand il faudrait consulter la volonté générale sur un acte particulier, combien de fois n'arriverait-il pas à un homme bien intentionné de se tromper sur la règle ou sur l'application et de ne suivre que son penchant en pensant obéir à la loi ? Que fera-t-il donc pour se garantir de l'erreur ? Ecoutera-t-il la voix intérieure ? Mais cette voix n'est, dit-on, formée que par l'habitude de juger et de sentir dans le sein de la société et selon ses lois, elle ne peut donc servir à les établir. Et puis il faudrait qu'il ne se fût élevé dans son cœur aucune de ces passions qui parlent plus haut que la conscience, couvrent sa timide voix, et font soutenir aux philosophes que cette voix n'existe pas. Consultera-t-il les principes du droit écrit, les actions sociales de tous les peuples, les conventions tacites des ennemis mêmes du genre humain ? la première difficulté revient toujours, et ce n'est que de l'ordre social établi parmi nous que nous tirons les idées de celui que nous imaginons. Nous concevons la société générale d'après nos sociétés particulières, l'établissement des petites Républiques nous fait songer à la grande, et nous ne commençons proprement à devenir hommes qu'après avoir été citoyens. Par où l'on voit ce qu'il faut penser de ces prétendus cosmopolites qui justifiant leur amour pour la patrie par leur amour pour le genre humain,

se vantent d'aimer tout le monde pour avoir droit de n'aimer
personne.

Ce que le raisonnement nous démontre à cet égard est parfaitement confirmé par les faits et pour peu qu'on remonte dans les
hautes antiquités, on voit aisément que les saines idées du droit
naturel et de la fraternité commune à tous les hommes se sont
répandues assez tard et ont fait des progrès si lents dans le
monde qu'il n'y a que le Christianisme qui les ait suffisamment
généralisées. Encore trouve-t-on dans les lois mêmes de Justinien
les anciennes violences autorisées à bien des égards, non seulement sur les ennemis déclarés, mais sur tout ce qui n'était pas
sujet de l'Empire; en sorte que l'humanité des Romains ne
s'étendait pas plus loin que leur domination.

En effet, on a cru longtemps, comme l'observe Grotius, qu'il
était permis de voler, piller, maltraiter les étrangers et surtout
les barbares jusqu'à les réduire en esclavage. De là vient qu'on
demandait à des inconnus sans les choquer s'ils étaient Brigands
ou Pirates, parce que le métier, loin d'être ignominieux, passait
alors pour honorable. Les premiers héros comme Hercule et
Thésée qui faisaient la guerre aux Brigands, ne laissaient pas
d'exercer le brigandage eux-mêmes et les Grecs appelaient
souvent traités de paix ceux qui se faisaient entre des peuples
qui n'étaient point en guerre. Les mots d'étrangers et d'ennemis
ont été longtemps synonymes chez plusieurs anciens peuples,
même chez les Latins : *Hostis enim*, dit Cicéron, *apud majores
nostros dicebatur, quem nunc peregrinum dicimus.* L'erreur de
Hobbes n'est donc pas d'avoir établi l'état de guerre entre les
hommes indépendants et devenus sociables, mais d'avoir supposé
cet état naturel à l'espèce, et de l'avoir donné pour cause aux
vices dont il est l'effet.

Mais quoiqu'il n'y ait point de société naturelle et générale
entre les hommes, quoiqu'ils deviennent malheureux et méchants
en devenant sociables, quoique les lois de la justice et de l'égalité
ne soient rien pour ceux qui vivent à la fois dans la liberté de
l'état de nature et soumis aux besoins de l'état social; loin de
penser qu'il n'y ait ni vertu ni bonheur pour nous, et que le Ciel
nous ait abandonnés sans ressources à la dépravation de l'espèce;

efforçons-nous de tirer du mal même le remède qui doit le guérir. Par de nouvelles associations, corrigeons, s'il se peut, le défaut de l'association générale. Que notre violent interlocuteur juge lui-même du succès. Montrons-lui dans l'art perfectionné la réparation des maux que l'art commencé fit à la nature : Montrons-lui toute la misère de l'état qu'il croyait heureux, tout le faux du raisonnement qu'il croyait solide. Qu'il voie dans une meilleure constitution de choses le prix des bonnes actions, le châtiment des mauvaises et l'accord aimable de la justice et du bonheur. Eclairons sa raison de nouvelles lumières, échauffons son cœur de nouveaux sentiments, et qu'il apprenne à multiplier son être et sa félicité, en les partageant avec ses semblables. Si mon zèle ne m'aveugle pas dans cette entreprise, ne doutons point qu'avec une âme forte et un sens droit, cet ennemi du genre humain n'abjure enfin sa haine avec ses erreurs, que la raison qui l'égarait ne le ramène à l'humanité, qu'il n'apprenne à préférer à son intérêt apparent son intérêt bien entendu ; qu'il ne devienne bon, vertueux, sensible, et, pour tout dire, enfin, d'un Brigand féroce qu'il voulait être, le plus ferme appui d'une société bien ordonnée.

III

Ce fragment, qui nous renseigne très exactement sur la méthode suivie par J.-J. Rousseau, est le début du ch. V du livre I du Manuscrit de Genève :

Il y a mille manières de rassembler les hommes, il n'y en a qu'une de les unir. C'est pour cela que je ne donne dans cet ouvrage qu'une méthode pour la formation des sociétés politiques, quoique, dans la multitude d'agrégations qui existent actuellement sous ce nom, il n'y en ait peut-être pas deux qui aient été formées de la même manière, et pas une qui l'ait été selon celle que j'établis. Mais je cherche le droit et la raison et ne dispute pas des faits. Cherchons sur ces règles quels jugements on doit porter des autres voies d'association civile, telles que les supposent la plupart nos écrivains (*sic*).

IV

Ce fragment hors texte se trouve au verso du feuillet 28 du Manuscrit de Genève :

J'ai vu dans je ne sais quel écrit intitulé, je crois, *L'obser-vateur hollandais*, un principe assez plaisant : c'est que tout terrain qui n'est habité que par les sauvages doit être censé vacant et qu'on peut légitimement [1] s'en emparer et en chasser les habitants sans leur faire aucun tort selon le droit naturel.

V

Ces deux fragments, qui font partie du ch. III du livre II du Manuscrit de Genève, n'ont pas été reproduits par J.-J. Rousseau dans la rédaction définitive du *Contrat Social* :

Au reste, une règle fondamentale pour toute société bien constituée et gouvernée légitimement, serait qu'on en pût assembler aisément tous les membres toutes les fois qu'il serait nécessaire ; car on verra ci-après que les assemblées par députation ne peuvent ni représenter le corps ni recevoir de lui des pouvoirs suffisants pour statuer en son nom comme souverain. Il suit de là que l'État devrait se borner à une seule ville tout au plus ; que s'il en a plusieurs, la capitale aura toujours de fait la souveraineté, et les autres seront sujettes, sorte de constitution où la tyrannie et l'abus sont inévitables.

Toute grande nation est incapable de discipline : un État trop petit n'a point de consistance ; la médiocrité même ne fait quelquefois qu'unir les deux défauts.

Il faut encore avoir égard au voisinage. Ce qui fit subsister les petits États de la Grèce, c'est qu'ils étaient eux-mêmes environnés d'autres petits États, et qu'ils en valaient tous ensemble

---

1. M. Dreyfus-Brisac avait omis ce mot important « légitimement ».

un fort grand, quand ils étaient unis pour l'intérêt commun. C'est une triste position que d'être entre deux puissants voisins, jaloux l'un de l'autre, on évitera difficilement d'entrer dans leurs querelles et d'être écrasé avec le plus faible [1]. Tout État enclavé dans un autre doit être compté pour rien. Tout État trop grand pour ses habitants, ou trop peuplé pour son territoire ne vaut guère mieux à moins que ce mauvais rapport ne soit accidentel, et qu'il n'y ait une force naturelle qui ramène les choses à leur juste proportion.

Enfin, il faut avoir égard aux circonstances ; car par exemple on ne doit point parler de règle au Peuple quand il a faim ni de raison à des fanatiques, et la guerre qui fait taire les lois existantes ne permet guère d'en établir. Mais la famine, la fureur, la guerre ne durent pas toujours. Il n'y a ni homme ni peuple qui n'ait quelque intervalle meilleur et quelques moments de sa vie à donner à la raison. Voilà l'instant qu'il faut savoir saisir [2].

VI

Ce fragment fait partie du ch. IV du livre II du Manuscrit de Genève :

Étendez cette maxime à la société générale dont l'État nous donne l'idée ; protégés par la société dont nous sommes membres, ou par celle où nous vivons, la répugnance naturelle à faire du mal n'étant plus balancée en nous par la crainte d'en recevoir, nous sommes portés à la fois par la nature, par l'habitude, par la raison à en user avec les autres hommes à peu près comme avec

1. Cette phrase, qui se trouve au verso du feuillet 61, doit être intercalée, exactement comme nous l'avons fait, dans le fragment que nous citons. Cela résulte des propres indications de J.-J. Rousseau. Nous nous séparons sur ce point de M. Dreyfus-Brisac qui, de plus, imprime inexactement « être écrasé *par* le plus faible » au lieu de « être écrasé *avec* le plus faible », Le sens est totalement différent.

2. Le passage suivant, qu'on peut lire au verso du feuillet 62, devait également prendre place dans le morceau que nous reproduisons ; mais J.-J. Rousseau n'a pas indiqué l'endroit où il devait figurer :

Si de deux peuples voisins, l'un ne pouvait se passer de l'autre, ce serait une situation très dure pour le premier, très dangereuse pour le second. Toute nation sage en pareil cas s'efforcera bien vite de délivrer l'autre de cette dépendance.

nos concitoyens, et de cette disposition réduite en actes naissent les règles du droit naturel raisonné, différent du droit naturel proprement dit, qui n'est fondé que sur un sentiment vrai mais très vague et souvent étouffé par l'amour de nous-mêmes.

VII

Ces deux fragments, sans titre, se trouvent à la suite l'un de l'autre, séparés par un très faible intervalle, à la dernière page du manuscrit de Genève, c'est-à-dire au verso du feuillet 72 :

Mais il est clair que ce prétendu droit de tuer les vaincus ne résulte en aucune manière de l'état de guerre. La guerre n'est point une relation entre les hommes mais entre les puissances dans laquelle les particuliers ne sont ennemis qu'accidentellement et moins comme citoyens que comme soldats. L'étranger qui vole, pille et détient les sujets sans déclarer la guerre au prince n'est pas un ennemi, c'est un brigand, et même en pleine guerre un prince juste s'empare en pays ennemi de tout ce qui appartient au public, mais il respecte la personne et les biens des particuliers, il respecte les droits sur lesquels est fondé son propre pouvoir. La fin de la guerre est la destruction de l'État ennemi ; on a droit d'en tuer les défenseurs tant qu'ils ont les armes à la main, mais sitôt qu'ils les posent et se rendent ils cessent d'être ennemis ou plutôt instruments de l'ennemi et l'on n'a plus droit sur leur vie. On peut tuer l'État sans tuer un seul de ses membres. Or la guerre ne donne aucun droit qui ne soit nécessaire à sa fin.

Le Pape est le vrai roi des rois, la division des peuples en états et gouvernements n'est qu'apparente et illusoire. Dans le fond il n'y a qu'un État dans l'Église romaine, les vrais magistrats sont les évêques, le clergé est le souverain, les citoyens sont les prêtres, les laïques ne sont rien du tout [1].

1. Ce dernier fragment, assez difficile à lire et sans ponctuation, se termine réellement par ces mots : « les laïques ne sont rien du tout. » J.-J. Rousseau a supprimé très nettement la phrase suivante évidemment inutile : « D'où il suit que la division des États et des gouvernements catholiques n'est qu'apparente et illusoire. » Nous nous séparons ici encore de M. Dreyfus-Brisac.

II

DE LA

BIBLIOTHÈQUE DE NEUCHATEL

La bibliothèque de la ville de Neuchâtel renferme une collection très importante de manuscrits de J.-J. Rousseau, qui furent légués par du Peyrou. Nous avons jugé utile d'en publier la liste exacte, que nous avons relevée et vérifiée sur place : nous rendrons ainsi service à tous ceux qui étudient les œuvres du philosophe genevois.

MANUSCRITS DE J.-J. ROUSSEAU

OUVRAGES DIVERS

N° du
Catalogue

7829 Polysynodie (Copie et brouillon).

7830 Jugement sur la Polysynodie.

7831 Traduction du 1er livre de Tacite (brouillon et copie).

7832 Les Muses galantes.

7833 Lettres à Sara (brouillon et Copie).

7834 Traduction de l'Apocolokyntosis de Sénèque sur la mort de l'empereur Claude.

7835 Essai sur l'origine des langues.

7836 Lettre de J.-J. Rousseau à M. Philopolis.

7837 Épître à M. de l'Etang, vicaire de Marcoussis.

7838 Considérations sur le gouvernement de Pologne, et sur sa réformation projetée en avril 1772.

7839 Le Lévite d'Éphraïm (brouillon et Copie).

7840 Un livre, petit in-folio en parchemin, contenant des brouillons sur divers sujets.

7841 Un dit, en parchemin, contenant les trois premiers livres des Confessions, et le commencement du quatrième.

7842 Autre livre, grand in-4°, relié en basane, intitulé : Recueil A, contenant des citations, des fragments et brouillons de lettres.

7843 Autre livre, grand in-4°, relié en basane, intitulé : Recueil C, contenant des idées et des brouillons sur divers sujets.

7844 Autre livre, petit in-4°, en papier marbré, contenant de petites pièces écrites de Motiers.

7845 Autre livre, in-4°, en papier marbré, contenant des brouillons sur la botanique et un essai de traduction de *la Jérusalem délivrée*.

7846 Autre livre, in-12, en papier marbré, contenant la déclaration de J.-J. Rousseau à M. le pasteur Vernes.

7847 Deux petits livres in-8, en papier bleu, sur l'histoire de Genève.

7848 Deux lettres à M. le Maréchal de Luxembourg, sur le Val de Travers.

7849 Fragments sur le luxe, les arts, et le commerce.

7850 Vision de Pierre de la Montagne.

7851 Pygmalion.

7852 L'engagement téméraire.

7853 Discours sur cette question : Quelle est la vertu la plus nécessaire au héros ? etc.

7854 Discours sur les Sciences et les Arts.

7855 Discours sur les richesses.

7856 Sur l'État Social (fragments).

7857 Notes de J.-J. Rousseau sur la lettre de M.L.D.V. à M.B.D.L. etc.

7858 Fragments sur l'abbé de Saint-Pierre.

7859 Jugement sur la Paix perpétuelle.

7860 Émile et Sophie, ou les Solitaires (brouillon et Copie).

7861 La reine fantasque, conte.

7862 Les amours de Claire et Marcellin.

7863 Arlequin amoureux malgré lui.

7864 La mort de Lucrèce (fragments d'une tragédie en prose, 2 actes).

7865 Le Persifleur.

7866 Mon portrait (brouillons).

7867 Fragments sur les lois.

7868 Histoire des mœurs (fragments).

7869 Conseils à un curé.

7870 Fragments d'une histoire de Lacédémone.

7871 De l'honneur (brouillons).

7872 Pensées et fragments divers (un paquet de cartes et de petits morceaux de papier).

7873 Le petit Savoyard, ou la vie de Claude Noyer.

7874 Chiffre et alphabet inventé par J.-J. Rousseau.

MUSIQUE

7875 Dictionnaire de Musique.

7876 Mémoire sur de nouveaux signes pour la musique, lu à l'Académie des sciences le 22 août 1742

7877 Examen de deux principes avancés par M. Rameau.

7878 Lettre d'un Symphoniste de l'Académie royale de musique à ses camarades de l'orchestre.

7879 Extrait d'une réponse du Petit-faiseur à son prête-nom, sur un morceau de l'Orphée de Glück.

7880 Lettre de J.-J. Rousseau à M. Burnet, auteur de l'histoire générale de la Musique.

7881 Fragments sur la musique, une liasse 4°

BOTANIQUE

7882 Les Rêveries du promeneur solitaire.

7883 Un petit livret en parchemin, contenant des brouillons sur les promenades et la botanique.

7884 Autre livre in-4° en parchemin, intitulé : Brouillons sur la botanique, etc.

CORRESPONDANCE

7885 Un livre in-4° en parchemin, contenant des lettres depuis le 15 décembre 1745 jusqu'au 28 février 1758.

7886 Autre livre in-4° en parchemin, contenant des lettres depuis le 2 mars 1758 jusqu'au 31 mai 1769.

7887 Un dit, in-4°, cartonné, en papier bleu, intitulé : Lettres écrites depuis le 15 juin 1762.

7888 Un dit *idem*, intitulé : Lettres reçues depuis le 9 juin 1762.

7889 Autre livre, in-4°, en papier marbré, contenant des brouillons de lettres écrites d'Angleterre.

7890 Brouillons de quelques lettres de J.-J. Rousseau à une dame de ses amies (Publiés récemment par M. E. Ritter : Lettres à Mᵐᵉ d'Houdetot).

7891 Lettre à M. de Scheyb, secrétaire des États de Basse-Autriche.

7892 Lettre responsive à des gens de loi avec les leurs.

7893 Lettre à M. de Voltaire, 18 août 1756.

7894 Lettre de J.-J. Rousseau à M. de Voltaire, au sujet de son poème sur le désastre de Lisbonne (brouillon).

7895 Réponse à M. d'Offreville à Douai.

7896 Lettre de J.-J. Rousseau, datée de Motiers-Travers, 8 août 1765, sur sa brouille avec M. de Montmollin.

7897 Correspondance de J.-J. Rousseau avec Mᵐᵉ Latour de Franqueville (170 lettres).

7898 Correspondance de J.-J. Rousseau avec du Peyrou; 131 lettres de Rousseau et 114 de du Peyrou.

7899 Correspondance de Rousseau avec M. Buttafoco; 5 lettres de Buttafoco et 2 de Rousseau (cf. aussi n° 7904 du Catalogue).

7900 Vingt-deux lettres diverses sans adresses.

7901 Lettres ou brouillons de lettres adressées par J.-J. Rousseau à diverses personnes (environ 340 lettres),

7902 Collection de lettres adressées à J.-J. Rousseau par diverses personnes (environ 2.260 lettres).

Si l'on veut bien examiner la liste précédente, on voit de suite que la plupart des manuscrits de Neuchâtel ont été publiés par J.-J. Rousseau lui-même. Il en est d'autres qui ont été livrés au public à une époque relativement récente. C'est ainsi que M. Félix Bovet a édité en 1853 le Discours sur les richesses (cf. nº 7855 du catalogue); M. Streckeisen-Moultou a fait imprimer en 1861 un très grand nombre de fragments sur le luxe, les arts, et le commerce (nº 7849), sur les Lois (nº 7867), sur les mœurs (nº 7868), sur l'honneur (nº 7871), et sur d'autres sujets analogues (nº 7872). La même année, M. Sandoz publiait l'*Histoire de Genève* (nº 7843). Enfin, M. Dreyfus-Brisac, en 1896, éditait le manuscrit relatif à l'État Social (nº 7856) et quelques autres textes catalogués sous le nº 7840.

A l'heure actuelle, il reste donc à la bibliothèque de Neuchâtel peu de pages inédites de J.-J. Rousseau. Et cependant, il nous semble que tous les fragments dispersés dans le petit in-folio en parchemin inscrit sous le nº 7840 n'ont pas encore été publiés. C'est d'abord, à la première page, un parallèle entre les deux républiques de Rome et de Sparte : nous y relevons quelques critiques adressées par J.-J. Rousseau à la guerre, aux armées, à l'amour des conquêtes, c'est-à-dire quelques textes se rapportant à notre ouvrage. Nous publions ce fragment, qui désormais pourra être rapproché avec intérêt des pages de J.-J. Rousseau sur l'histoire de Lacédémone, publiée par M. Jansen. Mais le cahier 7840 renferme aussi de nombreux fragments politiques, écrits tantôt au crayon, tantôt à l'encre, jetés çà et là dans le corps de l'ouvrage, voire même sur le revers de la couverture. Nous les imprimons avec d'autant plus d'empressement qu'ils se rapportent tous assez directement au sujet que nous avons étudié dans cette thèse.

Quant au grand in-4º, nº 7842, il nous renseigne uniquement sur les lectures de J.-J. Rousseau. On ne le consultera donc avec profit que pour l'étude des sources de cet auteur.

Dans le grand cahier in-4º, qui porte le nº 7843 et qui renferme des brouillons de lettres et d'ouvrages publiés par J.-J. Rousseau, ainsi que l'Histoire de Genève, nous avons cru relever trois fragments inédits que nous publions plus loin.

Enfin dans les deux enveloppes numérotées 7869-7871 et 7872, nous retrouvons, sur des bouts de papier, sur des cartes à jouer, des pensées de J.-J. Rousseau. La plupart ont été publiées par M. Streckeisen-Moultou, et nous en reproduisons deux après lui. Mais nous en faisons imprimer quelques autres qui nous ont paru inédites.

Nous ajouterons, à ces extraits des manuscrits autographes de Neuchâtel, la copie que nous avons faite également à la bibliothèque de cette ville de la lettre adressée à J.-J. Rousseau le 25 juin 1763 par Usteri, professeur à Zurich. Il sera intéressant de connaître, dans son entier, cette lettre dont nous avons cité, dans notre livre, un passage important.

MANUSCRIT Nº 7840

I

Parallèle entre les deux républiques de Sparte et de Rome.

Je laisse aux admirateurs de l'histoire moderne à chercher, décider quel est celui de ces deux tableaux qui doit le mieux lui convenir. Quant à moi, qui n'aime à considérer que les exemples dont l'humanité s'instruit et s'honore, moi qui ne sais voir parmi mes contemporains que des maîtres insensibles et des peuples gémissants, des guerres qui n'intéressent personne et désolent tout le monde, des armées immenses en temps de paix et sans effet en temps de guerre, des ministres toujours occupés pour ne rien faire, des traités mystérieux sans objet, des alliances longtemps négociées et rompues le lendemain, enfin des sujets d'autant plus misérables que l'État est plus riche, et d'autant plus méprisés que le Prince est plus puissant, je tire le rideau sur ces objets de douleur et de désolation, et ne pouvant soulager nos maux, j'évite au moins de les contempler.

Mais je me plais à tourner les yeux sur ces vénérables images de l'antiquité, où je vois les h. élevés par de sublimes institutions au plus haut degré de grandeur et de vertu, où puisse atteindre la sagesse humaine. L'âme s'élève à son tour, et le courage s'enflamme, en parcourant ces respectables monuments. On participe en quelque sorte aux actions héroïques de ces grands hommes, il semble que la méditation de leur grandeur nous en communique une partie, et l'on pourrait dire de leur personne et de leurs discours ce que Pythagore disait des simulacres des dieux, qu'ils donnent une âme nouvelle à ceux qui s'en approchent pour recueillir leurs oracles.

Ce que les Poètes peuvent trouver dans l'invention de leurs fables de plus propre à nous plaire, et même à nous instruire, est l'union du mérite et de la fortune. Le cœur ne peut se défendre d'un tendre intérêt pour les gens de bien, et quand on les voit prospérer, les bons aiment leur bonheur à cause de leur vertu, et les autres aiment leurs vertus à cause de leur bonheur. Si l'histoire a rarement le même avantage, elle en tire en revanche un plus grand effet, et quand, à l'image de la sagesse heureuse, se joint le sacré caractère de la vérité, elle apprend aux hommes à respecter les décrets de la Providence, et donne aux cœurs droits et sensibles un nouveau courage à bien faire. L'histoire peut suppléer encore à ce qui manque à ses récits pour l'instruction des lecteurs, en réunissant sous un même aspect les faits et les héros propres à s'éclairer mutuellement. L'on démêle mieux, dans ces comparaisons, l'ouvrage de la fortune et celui de la prudence ; quand on met les hommes ou les peuples en opposition, tout ce qui les distingue, les fautes que l'un commet, font remarquer la sagesse de l'autre à les éviter, et l'on tire une égale instruction de leurs défauts et de leurs vertus.

Si l'on peut imaginer un parallèle qui rassemble tous ces avantages, c'est, il me semble, celui des deux Républiques que je voudrais comparer. Rome et Sparte portèrent la gloire humaine aussi haut qu'elle puisse atteindre ; toutes deux brillèrent à la fois par les vertus et par la valeur, toutes deux eurent de grands revers et de plus grands succès, secondèrent ou vainquirent la fortune à force de sagesse, et démentirent, par une constitution ferme et durable, les préjugés vulgaires contre l'instabilité des peuples libres. Si les objets sont grands, les rapports sont sensibles ; l'une et l'autre République eut d'abord des rois, devint ensuite un État libre et s'éteignit sous des tyrans ; chacune eut à combattre une rivale redoutable qui la mit souvent à la veille de sa ruine, qu'elle surmonta pourtant, mais dont la défaite devint fatale aux vainqueurs ; l'agrandissement de toutes deux, quoiqu'à des termes fort inégaux, fut également la cause de leur ruine. Enfin, la même fierté, les mêmes mœurs, les mêmes maximes, surtout même enthousiasme pour la patrie se remarquent dans l'une et dans l'autre. A l'égard des différences, il ne s'en trouvera toujours que trop pour me justifier du parallèle, et j'aurai tant d'occasions d'en parler dans la suite, qu'il serait inutile de m'y arrêter ici.

L'institution de la République de Sparte eut des causes non moins singulières que ses lois, et son établissement fut amené d'une manière toute opposée à ceux des autres gouvernements. La liberté civile est, dans les divers états de l'homme sociable, une des extrémités dont l'autre est la liberté naturelle. Les différentes constitutions politiques forment, entre ces deux termes, autant de degrés intermédiaires, qui commencent par les excès de la licence, et finissent par ceux de la tyrannie. Sparte, au contraire, commença par le despotisme, dégénéra bientôt en anarchie, qui fut une suite de la conquête du Péloponèse par les Héraclides : les habitants, que rien n'attachait plus à leur patrie, désertèrent dans les pays voisins, et les deux tyrans, maîtres d'une vaste solitude, apprirent à leurs dépens que la souveraineté et la propriété sont incompatibles, que les droits du Prince ne sont fondés que sur ceux des sujets, et qu'il est impossible de commander longtemps gratuitement à des gens qui n'ont plus rien à perdre.

Pour remplacer les habitants, qu'on n'avait pas voulu retenir en leur cédant une partie de leur propre bien, on attira des Étrangers, auxquels il fallut donner plus qu'on n'avait pris à leurs prédécesseurs. De sorte qu'il arriva, comme il arrive toujours, que les Rois s'appauvrirent pour avoir tout usurpé, mais à donner sans cesse et ne rien recevoir, il était impossible au gouvernement de durer longtemps. Il fallut donc enfin revenir aux impôts dont on aurait dû d'abord se contenter, ils furent exigés par Agis avec la dureté d'un prince qui se croit tout permis, et que l'expérience ne corrigera point. Le peuple passa du murmure à la révolte. On prit les armes, Agis fut le plus fort, et les habitants d'Hélos, vaincus et asservis à jamais, donnèrent dans Sparte le vain et funeste exemple du plus cruel esclavage, au sein de la plus parfaite liberté.

Loin d'affermir leur pouvoir par ces violences, les Rois, en

négligeant de couvrir d'une administration légitime une injuste
usurpation, s'ôtaient des ressources pour ces moments inévitables de faiblesse, où le droit seul supplée à la force et où le
plus vigoureux gouvernement se trouve, quoiqu'il fasse, à la discrétion du peuple. Aussi fallut-il bientôt changer de méthode, et
ces Princes que la raison ne conduisait jamais, aussi peu mesurés
dans leur complaisance que dans leur rigueur, laissèrent trop
voir qu'ils n'étaient justes que par crainte, et qu'il fallait sans
cesse, pour en prévenir l'abus, attaquer leur autorité. Mais, ce
qui contribua le plus à ruiner le pouvoir souverain ce fut son
partage entre les deux Rois : car, pour avoir travaillé sans cesse
à l'usurper l'un sur l'autre, ils se l'ôtèrent à tous les deux. Ne
sachant se faire aimer par la clémence, ni respecter par la justice, ils se virent forcés à l'envi de flatter bassement la multitude,
et s'attirèrent plus d'ennemis que de créatures par une aveugle
partialité qui les fit haïr, et par une impunité des crimes qui les
rendit méprisables.

Toutes ces causes réunies anéantirent entièrement la monarchie
au bout de quelques générations, et il ne restait plus du gouvernement qu'une vaine forme sans réalité, qui ne servait que
d'obstacle à l'établissement d'une meilleure police. L'État tomba
dans une anarchie pire que l'indépendance naturelle, parce qu'il
n'y avait aucun moyen d'en sortir, et que le peuple ne pouvant
se donner des lois ni des magistrats tant qu'il avait des rois, la
royauté sans pouvoir ne servait plus que de sauvegarde à la
licence et au brigandage. C'est dans ces circonstances où le corps
politique était prêt à se dissoudre que parut le Législateur.

Pour bien juger de ce qu'exécuta Lycurgue, imaginons un
instant qu'il s'en tint au simple projet [1]. . . . .
. . . .
Mais il ne voyait pas que le goût des conquêtes était un vice
inévitable dans son institution, plus puissant que la loi qui le
réprimait, car la vie civile des Lacédémoniens avait tant d'austérité,

---

1. Ces trois lignes ont été écrites au crayon par J.-J. Rousseau ; le passage suivant, qui ne s'y rattache pas, les accompagne : « Si Carthage eût
été dans l'Italie et Athènes dans le Péloponèse, Rome et Sparte subsiste-
raient peut-être encore. »

qu'ils vivaient à l'armée avec plus de douceur que dans leurs maisons, et les fatigues de la guerre étaient la mollesse de Sparte, mollesse qui, pour être d'une nouvelle espèce, n'en resserra pas moins l'ancienne grandeur de la république dans les limites de son territoire, en rabaissant les citoyens jusqu'à n'être plus qu'égaux aux autres hommes.

Ils établirent tous deux beaucoup de spectacles, d'assemblées et de cérémonies; beaucoup de collèges et de sociétés particulières, pour engendrer et fomenter entre les citoyens ces douces habitudes et ce commerce innocent et désintéressé, qui forment et nourrissent l'amour de la patrie. Ils employèrent ainsi des moyens semblables pour aller aux mêmes fins par des routes opposées : car l'un inspirant à ses peuples la crainte des dieux le goût de leur culte, et celui d'une société paisible, éclaira leur courage et tempéra leur férocité; l'autre, par les mêmes exercices de la paix, sut donner aux siens les inclinations et les talents militaires; et tous deux, ennemis de la violence et des conquêtes, ne songèrent qu'à rendre l'État indépendant et tranquille [1].

Quant à la grandeur de l'État, il n'y a nulle comparaison à faire entre ces deux républiques. Sparte, presque bornée à ses murs, ne put même venir à bout d'assujettir la Grèce, qui ne faisait pour ainsi dire qu'un point dans l'empire romain. Et Rome, dont tant de rois étaient les sujets, étendit si loin sa domination, qu'elle fut enfin contrainte de se borner elle-même. Sparte n'eut pas même sur Rome l'avantage propre aux petits États, de soutenir avec fermeté les attaques des plus grands peuples, les revers de la fortune et les approches d'une ruine entière. Car leurs commencements furent aussi faibles à l'une qu'à l'autre, et si l'une eut en tête les rois de Perse, Epaminondas et Antipater; l'autre eut à soutenir les Gaulois, Pyrrhus, Annibal, montrant une constance encore plus grande à résister à l'adversité, ses défaites ne la rendaient que plus inflexible. Et

1. Ce fragment se trouve beaucoup plus loin dans le même cahier et devait sans doute faire partie du parallèle entre Rome et Sparte.

cette fierté, que Sparte n'eut pas au même point, fit enfin triompher Rome de tous ses ennemis. C'était des deux côtés la même
vertu, guidée par différentes maximes : toujours prêt à mourir
pour son pays, un Spartiate aimait si tendrement la Patrie, qu'il
eût sacrifié la liberté même pour la sauver : mais jamais les
Romains n'imaginèrent que la Patrie pût survivre à la liberté, ni
même à la gloire [1].

Dans ces temps reculés, où le droit de propriété naissant et
mal affermi n'était point encore établi par les lois, les richesses
ne passaient que pour des usurpations, et quand on en pouvait
dépouiller les possesseurs, à peine regardait-on comme un vol de
leur ôter ce qui ne leur appartenait pas. Hercule et Thésée, ces
héros de l'antiquité, n'étaient au fond que des brigands qui en
pillaient d'autres.

Mais ce qu'il y a de plus heureux dans cette association, c'est
que, bien qu'aucune de ces deux républiques n'ait atteint la perfection dont elle était susceptible, leurs défauts ne furent point
les mêmes, et que, l'une ayant eu les vertus qui manquaient à
l'autre, le mal en les comparant ne se montre qu'avec le remède.
De sorte qu'un tel parallèle offre, d'après les faits, l'image du
gouvernement le plus excellent, et du peuple le plus vaillant et le
plus sage qui puisse exister.

II

Les fragments suivants — M. Dreyfus-Brisac n'en a publié qu'une partie
— se trouvent tous également dans ce manuscrit in-folio, catalogué sous
le n° 7840, dont nous avons parlé plus haut. Les trois premiers peuvent
être rapprochés du parallèle précédent.

Dans les États où les mœurs valent mieux que les lois, comme
était la république de Rome, l'autorité du père ne saurait être

1. Ce morceau, qui se trouve à la même page que le précédent, est suivi
à son tour des deux passages que nous publions à la suite et qui n'en
sont séparés dans le manuscrit que par un léger trait à l'encre, analogue à
celui que nous reproduisons.

trop absolue; mais partout, où, comme à Sparte, les lois sont la source des mœurs, il faut que l'autorité privée soit tellement [1] subordonnée à l'autorité publique, que même dans la famille la république commande préférablement au père. Cette maxime me paraît incontestable, quoiqu'elle fournisse une conséquence opposée à celle de l'Esprit des lois.

Ce grand ressort de l'opinion publique, si habilement mis en œuvre par les anciens législateurs, est absolument ignoré des gouvernements modernes, car comme ils la bravent eux-mêmes, comment apprendraient-ils aux citoyens à la respecter?

Et quant à moi, je regarde les jeux Olympiques comme un des moyens qui ont le plus longtemps conservé dans la Grèce l'amour de la liberté.

III

Les fragments suivants se rapportent manifestement aux théories politiques exposées dans le *Contrat social*.

Il est étonnant que, parmi tant de différences sensibles, Aristote n'en ait observé qu'une, qui même n'est pas universelle : c'est que la République est gouvernée par plusieurs chefs, au lieu que la famille n'en a jamais qu'un.

La grande société n'a pu s'établir sur le modèle de la famille, parce qu'étant composée d'une multitude de familles qui avant l'association n'avaient aucune règle commune, leur exemple n'en pouvait point fournir à l'État. Au contraire, l'État s'il est bien gouverné doit donner dans toutes les familles des règles communes, et pourvoir d'une manière uniforme à l'autorité du père, à l'obéissance des serviteurs et à l'éducation des enfants.

La société politique est fondée sur un contrat entre ses

---

1. M. Dreyfus-Brisac, qui a publié ce fragment, écrit « nettement », au lieu de « tellement ».

membres, tacite ou formel, n'importe; il existe toujours virtuellement.

Comme on a dit que la beauté n'est que l'assemblage des traits les plus communs, on peut dire que la vertu n'est que la collection des volontés les plus générales.

Qu'est-ce qui rend les lois si sacrées, même indépendamment de leur autorité, et si préférables à de simples actes de volonté? C'est premièrement qu'elles émanent d'une volonté générale toujours droite à l'égard des particuliers; c'est encore qu'elles sont permanentes, et que leur durée annonce à tous la sagesse et l'équité qui les ont dictées.

La loi n'agit qu'en dehors et ne règle que les actions; les mœurs seules pénètrent intérieurement et dirigent les volontés.

On est libre, quoique soumis aux lois, non quand on obéit à un homme, parce qu'en ce dernier cas j'obéis à la volonté d'autrui: mais en obéissant à la loi, je n'obéis qu'à la volonté publique, qui est autant la mienne que celle de qui que ce soit. D'ailleurs, un maître peut permettre à l'un ce qu'il défend à l'autre, au lieu que la loi ne faisant aucune acception, la condition de tous est égale, et par conséquent il n'y a ni maître ni serviteur [1].

Le peuple ne peut contracter qu'avec lui-même; car, s'il contractait avec ses officiers, comme il les rend dépositaires de toute sa puissance, et qu'il n'y aurait aucun garant du contrat, ce ne serait pas contracter avec eux, ce serait réellement se mettre à leur discrétion.

Il est également dangereux que le souverain empiète sur les fonctions de la magistrature, que le magistrat sur celles de la souveraineté.

1. M. Dreyfus-Brisac a déjà publié ce texte écrit par J.-J. Rousseau à l'encre, à la première page du cahier n° 7840 pris à l'envers.

Tous les devoirs essentiels du gouvernement sont contenus dans ce petit nombre d'articles principaux : faire observer les lois, défendre la liberté, et maintenir les mœurs et pourvoir aux besoins publics. Mais, quelque importants que ces préceptes puissent paraître, ils se réduiront à de vaines et stériles maximes impossibles à pratiquer, s'ils ne sont rendus efficaces par le principe actif et sublime qui doit les inspirer, c'est ce que je voudrais tâcher de rendre possible.

IV

Les textes qui suivent auraient certainement fait partie de l'ouvrage que J.-J. Rousseau devait écrire pour compléter le *Contrat social*. Ils éclairent vivement notre théorie de la République confédérative des Petits États.

En examinant la constitution des États qui composent l'Europe, j'ai vu que les uns étaient trop grands pour pouvoir être bien gouvernés, les autres trop petits pour pouvoir se maintenir dans l'indépendance. Les abus infinis qui règnent dans tous m'ont paru difficiles à prévenir, mais impossibles à corriger, parce que la plupart de ces abus sont fondés sur l'intérêt même des seuls qui les pourraient détruire. J'ai trouvé que les liaisons qui subsistent entre toutes les puissances ne laisseraient jamais à aucune d'elles le temps et la sûreté nécessaire pour refondre sa constitution. Enfin, les préjugés sont tellement contraires à toute espèce de changement, qu'à moins d'avoir la force en main, il faut être aussi simple que l'abbé de Saint-Pierre pour proposer la moindre innovation dans quelque gouvernement que ce soit.

Quand toutes les parties de l'État concourent à sa solidité, que toutes ses forces sont prêtes à se réunir pour sa défense au besoin, et que les particuliers ne songent à leur conservation qu'autant qu'elle est utile à la sienne, alors le souverain est aussi assuré qu'il peut l'être, et résiste de toute sa masse aux impulsions étrangères. Mais quand la chose publique est mal assise, que tout son poids ne porte pas sur la ligne de direction, et que toutes ses forces divisées et s'opposant l'une à l'autre se détruisent mutuellement, le moindre effort suffit pour renverser tout cet équilibre, et l'État est détruit aussitôt qu'attaqué.

Après que quelques années auront effacé mon nom des fastes littéraires, puisse-t-il vivre encore chez quelque nation pauvre et ignorée, mais juste, sage et heureuse, qui préférant la paix et l'innocence à la gloire et aux conquêtes lira quelquefois avec plaisir... [1].

Pour connaître exactement quels sont les droits de la guerre, examinons avec soin la nature de la chose, et n'admettons pour vrai que ce qui s'en déduit nécessairement. Que deux hommes se battent dans l'état de nature, voilà la guerre allumée entre eux. Mais pourquoi se battent-ils? Est-ce pour se manger l'un l'autre? Cela n'arrive parmi les animaux qu'entre différentes espèces [2]. Entre les hommes de même qu'entre les loups, le sujet de la querelle est toujours entièrement étranger à la vie des combattants. Sitôt que le vaincu cède, le vainqueur s'empare de la chose contestée et la guerre est finie. Il peut très bien arriver que l'un des deux périsse dans le combat, mais alors sa mort est le moyen et non l'objet de la victoire. Car il faut remarquer que, l'état social rassemblant autour de nous une multitude de choses qui tiennent plus à nos fantaisies qu'à nos besoins, et qui nous étaient naturellement indifférentes, la plupart des sujets de guerre deviennent encore beaucoup [3] plus étrangers à la vie des hommes que dans l'état de nature, et que cela va souvent au point que les particuliers se soucient fort peu des événements de la guerre publique. On prend les armes pour disputer de puissance, de richesses ou de considération, et le sujet de la querelle se trouve enfin si éloigné de la personne des citoyens qu'ils n'en

1. Ce passage a déjà été publié par M. Dreyfus-Brisac.
2. M. Dreyfus-Brisac, qui a reproduit avant nous ce fragment, avait lu « cela n'arrive parmi les animaux qu'à différentes espèces ». Le sens de notre texte est bien différent.
3. M. Dreyfus-Brisac omet ce mot.

sont [1] ni mieux ni plus mal d'être vainqueurs ou vaincus ; il serait
bien étrange qu'une guerre ainsi constituée ait rapport à leur vie.

On tue pour vaincre, mais il n'y point d'homme si féroce qu'il
cherche à vaincre pour tuer.

Maintenant que l'état de nature est aboli parmi nous, la
guerre n'existe plus entre particuliers, et les hommes qui de leur
chef en attaquent d'autres, même après avoir reçu d'eux [2]
quelque injure, ne sont point regardés comme leurs ennemis,
mais comme de véritables brigands. Cela est si vrai qu'un sujet
qui, prenant à la lettre les termes d'une déclaration de guerre,
voudrait, sans brevet ni lettres de marque, courre sus aux ennemis de son prince, en serait puni ou devrait l'être.

Pour peu qu'on marche de conséquence en conséquence,
l'erreur du principe se fait sentir à chaque pas, et l'on voit partout que, dans une aussi téméraire décision, l'on n'a pas plus
consulté la raison que la nature. Si je voulais approfondir la
notion de l'état de guerre, je démontrerais aisément qu'il ne
peut résulter que du libre consentement des parties belligérantes ;
que si l'une veut attaquer, et que l'autre ne veuille se défendre,
il n'y a point d'état de guerre, mais seulement violence et agression ; que, l'état de guerre étant établi par le libre consentement des parties, ce libre et mutuel consentement est aussi
nécessaire pour rétablir la paix, et qu'à moins que l'un des
adversaires ne soit anéanti, la guerre ne peut finir entre eux [3]
qu'à l'instant que tous deux en liberté déclarent qu'ils y
renoncent. De sorte [4] qu'en vertu de la relation de maître à
esclave, ils continuent et même malgré eux d'être toujours dans
l'état de guerre. Je pourrais mettre en question si les promesses
arrachées par la force [5] et pour éviter la mort sont obligatoires

1. M. Dreyfus-Brisac avait lu « qu'il ne vaut ni mieux ni plus mal ».
2. M. Dreyfus-Brisac avait omis ce mot.
3. M. Dreyfus-Brisac omet ces deux mots.
4. M. Dreyfus-Brisac avait lu « j'ajoute » ; nous rétablissons le véritable
texte, « de sorte ».
5. M. Dreyfus-Brisac a passé huit mots dans cette phrase qui se trouvait
ainsi profondément altérée.

dans l'état de liberté et si toutes celles que le prisonnier fait à
son maître dans cet état peuvent signifier autre chose que celle-
ci : Je m'engage à vous obéir aussi longtemps qu'étant le plus
fort vous n'attenterez pas à ma vie.

Il y a plus; qu'on me dise lesquels doivent l'emporter, des
engagements solennels et irrévocables pris avec la patrie en
pleine liberté, ou de ceux que l'effroi de la mort nous fera contracter[1] avec l'ennemi vainqueur. Le prétendu droit d'esclavage
auxquel sont asservis les prisonniers de guerre est sans bornes.
Les jurisconsultes le décident formellement : Il n'y a rien, dit
Grotius, qu'on ne puisse impunément faire souffrir à de tels
esclaves. Il n'est point d'action qu'on ne puisse leur commander ou à laquelle on ne puisse les contraindre de quelque
manière que ce soit. Mais, si leur faisant grâce de mille tour-
ments, on se contente d'exiger qu'ils portent les armes contre
leur pays, je demande lequel ils doivent remplir, du serment
qu'ils ont fait librement à leur patrie, ou de celui que l'ennemi
vient d'arracher à leur faiblesse. Désobéiront-ils à leur maître
ou massacreront-ils leurs concitoyens? Peut-être osera-t-on me
dire que, l'état d'esclavage assujettissant les prisonniers à leur
maître, ils changent d'état à l'instant, et que, devenant sujets
de leur souverain, ils renoncent à leur ancienne patrie.

Il n'y a que des peuples tranquillement établis depuis très
longtemps qui puissent imaginer de faire de la guerre un métier
à part, et des gens qui l'exercent une classe particulière. Chez
un nouveau peuple, où l'intérêt commun est encore dans toute
sa vigueur, tous les citoyens sont soldats en temps de guerre, et
il n'y a plus de soldats en temps de paix. C'est un des meilleurs
signes de la jeunesse et de la vigueur d'une nation. Il faut nécessairement que des hommes toujours armés soient par état les
ennemis de tous les autres ou n'emploient jamais ces forces
artificielles que comme une ressource contre l'affaiblissement
intérieur[2], et les premières troupes réglées sont en quelque sorte

---

1. M. Dreyfus-Brisac avait lu « prendre », au lieu de « contracter » ; et,
plus loin, « assujettis » au lieu de « asservis ».
2. M. Dreyfus-Brisac avait omis tout ce membre de phrase.

les premières rides qui annoncent la prochaine décrépitude du gouvernement.

Quand mille peuples féroces [1] auraient massacré leurs prisonniers, quand mille docteurs vendus à la tyrannie auraient excusé ces crimes, qu'importe à la vérité l'erreur des hommes et leur barbarie à la justice ? Ne cherchons point ce qu'on a fait, mais ce qu'on doit faire, et rejetons de viles et mercenaires autorités qui ne tendent qu'à rendre les hommes esclaves, méchants et malheureux.

Grâce à Dieu, on ne voit plus rien de pareil parmi les Européens. On aurait horreur d'un prince qui ferait massacrer ses prisonniers. On s'indigne même contre ceux qui les traitent mal, et ces maximes abominables qui révoltent la raison et font frémir l'humanité [2] ne sont plus connues que des jurisconsultes, qui en font tranquillement la base de leurs systèmes politiques, et qui, au lieu de nous montrer l'autorité souveraine comme la source du bonheur des hommes, osent nous la montrer comme le supplice des vaincus.

Plusieurs sans doute aimeraient mieux n'être pas, que d'être esclaves ; mais comme l'acte de mourir est rude, ils aiment mieux être esclaves que d'être tués, et, chargés de fers, ils existent malgré eux.

Ils sacrifient leur liberté à la conservation de leur vie, comme un voyageur cède sa bourse à un voleur pour n'être pas égorgé ; est-ce donc à dire que la bourse soit bien acquise au voleur, et que le propriétaire n'ait pas le droit de la lui reprendre, sitôt qu'il en a le pouvoir.

Premièrement, le vainqueur n'étant pas plus en droit de faire cette menace que de l'exécuter, l'effet n'en saurait être légitime.

1. M. Dreyfus-Brisac avait omis ce mot. Plus loin, il imprime « qui ne servent », au lieu de « qui ne tendent ».
2. M. Dreyfus-Brisac avait interverti ces deux membres de phrase.

En second lieu, si jamais serment extorqué par force fut nul, c'est surtout celui qui nous soumet à l'engagement le plus étendu que des hommes puissent prendre, et qui, par conséquent, suppose la plus parfaite liberté dans ceux qui le contractent. Le serment antérieur qui nous lie à la patrie annule d'autant mieux en pareil cas celui qui nous soumet à un autre souverain, que le premier a été contracté en pleine liberté et le second dans les fers. Pour juger si l'on peut contraindre un homme à se faire [1] naturaliser dans un État étranger, il faut toujours remonter à l'objet essentiel et primordial des sociétés politiques, qui est le bonheur des peuples. Or il répugne à la loi de raison de dire à autrui : Je veux que vous soyez heureux autrement que vous ne voulez vous-même.

Si l'on ne peut pas.....

V

Nous relevons enfin, dans ce livre de J.-J. Rousseau, ces trois textes que nous citons plutôt à titre de curiosité que comme renseignements.

De cette maxime, si elle est vraie, se déduit conséquemment celle-ci, que, dans tout ce qui dépend de l'industrie humaine, on doit proscrire avec soin toute machine et toute invention qui peut abréger le travail, épargner la main-d'œuvre, et produire le même effet avec moins de peine.

Mais mes prophéties sont comme celles de la foudre. Elles annoncent toujours des malheurs. On ne les écoute jamais! et elles s'accomplissent toujours.

Statistique relevée par J.-J. Rousseau :

Paris 1758

Morts	19.202
Baptêmes	19.148
Mariages	4.342
Enfants trouvés	*5.082*

1. M. Dreyfus-Brisac avait omis ce mot.

MANUSCRIT N° 7843.

Dans ce cahier, qui renferme surtout des brouillons de lettres et l'histoire de Genève, nous relevons les trois fragments suivants :

L'état moral d'un peuple résulte moins de l'état absolu de ses membres que de leurs rapports entre eux.

J'ai fait un peuple et n'ai pu faire des hommes.

Vous me demandez, M., mon sentiment sur cette question que vous avez agitée : si l'abaissement des grands seigneurs en France a été avantageux ou nuisible au royaume. (Je me demande) ce que signifie pour vous ce mot de royaume, car il est fort équivoque dans la bouche d'un Français. Si par ce royaume vous entendez le Roi, la question n'est pas douteuse et la solution saute aux yeux ; mais si vous entendez le corps de la nation c'est autre chose, et il y a matière à discussion.....

Le luxe d'alors augmentait leur puissance et celui d'aujourd'hui la détruit ; il les tient dans la plus étroite dépendance de la cour et des ministres, et il les met hors d'état de subsister autrement que par des grâces continuelles qui sont le prix de la servitude du peuple et le prix de la leur..... Il est vrai qu'ils vivaient dans la servitude, mais qu'est-ce qu'un corps de noblesse si ce n'est un corps de valets. La noblesse est faite essentiellement pour servir, elle n'existe que par là et que pour cela. La servitude est toujours la même, il n'y a que le maître de différent.

MANUSCRIT N° 7856

Si nous reproduisons, après M. Dreyfus-Brisac, ce « fragment sur l'État Social », ce n'est pas seulement parce que le texte publié par notre savant prédécesseur est inexact sur plusieurs points, c'est surtout parce que ce manuscrit de J.-J. Rousseau est d'une importance capitale pour la thèse que nous avons soutenue dans ce livre. Les pages suivantes devaient sans aucun doute prendre place dans ces *Principes du droit de la guerre* dont J.-J. Rousseau parlait à son éditeur le 9 mars 1758, et par suite elles constituent une partie très intéressante des théories politiques qui devaient compléter et couronner le *Contrat social*.

Ce fragment, catalogué sous le n° 7856 à la bibliothèque de Neuchâtel, est écrit sur trois petits feuillets doubles, détachés l'un de l'autre; le titre a été barré par J.-J. Rousseau lui-même. Ci-joint d'ailleurs un fac-simile, grandeur naturelle, de la première page.

QUE L'ÉTAT DE GUERRE NAIT DE L'ÉTAT SOCIAL

Mais, quand il serait vrai que cette convoitise illimitée et indomptable serait développée dans tous les hommes au point que le suppose notre sophiste, encore ne produirait-elle pas cet état de guerre universelle de chacun contre tous, dont Hobbes ose tracer l'odieux tableau. Ce désir effréné de s'approprier toutes choses est incompatible avec celui de détruire tous ses semblables; le vainqueur qui, ayant tout tué, aurait le malheur de rester seul au monde n'y jouirait de rien par cela même qu'il aurait tout. Les richesses elles-mêmes, à quoi sont-elles bonnes, si ce n'est à être communiquées; que lui servirait la possession de tout l'univers s'il en était l'unique habitant. Quoi? son estomac dévorera-t-il tous les fruits de la terre? qui lui rassemblera les productions de tous les climats? qui portera le témoignage de son empire dans les vastes solitudes qu'il n'habitera point? que fera-t-il de ses trésors, qui consommera ses denrées, à quels yeux étalera-t-il son pouvoir? J'entends. Au lieu de tout massacrer, il mettra tout dans les fers pour avoir au moins des esclaves. Cela [1] change à l'instant tout l'état de la question et puisqu'il n'est plus question de détruire, l'état de guerre est anéanti.

Que le lecteur suspende ici son jugement. Je n'oublierai pas de traiter ce point.

---

1. M. Dreyfus-Brisac avait lu « cela a changé ».

L'homme est naturellement pacifique et craintif ; au moindre danger son premier mouvement est de fuir ; il ne s'aguerrit qu'à force d'habitude et d'expérience. L'honneur, l'intérêt, les préjugés, la vengeance, toutes les passions qui peuvent lui faire braver les périls et la mort sont loin de lui dans l'état de nature. Ce n'est qu'après avoir fait société avec quelque homme qu'il se détermine à en attaquer un autre, et il ne devient soldat qu'après avoir été citoyen. On ne voit pas là de grandes dispositions à faire la guerre à tous ses semblables. Mais c'est trop m'arrêter sur un système aussi révoltant qu'absurde qui a déjà cent fois été réfuté.

Il n'y a donc point de guerre générale d'homme à homme, et l'espèce humaine n'a pas été formée uniquement pour s'entredétruire ; reste à considérer la guerre accidentelle et particulière qui peut naître entre deux ou plusieurs individus.

Si la loi naturelle n'était écrite que dans la raison humaine, elle serait peu capable de diriger la plupart de nos actions ; mais elle est encore gravée dans le cœur de l'homme en caractères ineffaçables, et c'est là qu'elle lui parle plus fortement que tous les préceptes des philosophes. C'est là qu'elle lui crie qu'il ne lui est permis de sacrifier la vie de son semblable qu'à la conservation de la sienne, et qu'elle lui fait horreur de verser le sang de l'humanité sans colère, même quand il s'y voit obligé.

Je conçois que dans les querelles sans arbitres qui peuvent s'élever dans l'état de nature, un homme irrité pourra quelquefois en tuer un autre, soit à force ouverte, soit par surprise ; mais s'il s'agit d'une guerre véritable, qu'on imagine dans quelle étrange position doit être ce même homme, pour ne pouvoir conserver sa vie qu'aux dépens de celle d'un autre, et que par un rapport établi entre eux, il faille que l'un meure pour que l'autre vive. La guerre est un état permanent qui suppose des relations constantes, et ces relations ont très rarement lieu d'homme à homme, où tout est entre les individus dans un flux continuel qui change incessamment les rapports et les intérêts, de sorte qu'un sujet de dispute s'élève et cesse presque au même instant, qu'une querelle commence et finit en un jour, et qu'il peut y avoir des combats et des meurtres, mais jamais ou très rarement de longues inimitiés et des guerres.

Dans l'état civil où la vie de tous les citoyens est au pouvoir du souverain, et où nul n'a le droit de disposer de la sienne ni de celle d'autrui, l'état de guerre ne peut avoir lieu non plus entre les particuliers ; et quant aux duels, défis, cartels et appels en combat singulier, outre que c'était un abus illégitime et barbare d'une constitution toute militaire, il n'en résultait pas un véritable état de guerre, mais une affaire particulière qui se vidait en un temps et lieu limités, tellement que pour un second combat il fallait un nouvel appel. Il en faut [1] excepter les guerres privées, qu'on suspendait par des trèves journalières appelées la paix de Dieu, et qui reçurent la sanction par les Établissements de saint Louis ; mais cet exemple est unique dans l'histoire.

Ces exemples suffisent pour donner une idée des divers moyens dont on peut affaiblir un État, et de ceux dont la guerre semble autoriser l'usage pour nuire à son ennemi ; à l'égard des traités, dont quelques-uns de ces moyens sont les conditions, que sont au fond de pareilles paix, sinon une guerre continuée avec d'autant plus de cruauté que l'ennemi vaincu n'a plus le droit de se défendre ? J'en parlerai dans un autre lieu.

Joignez à tout cela les témoignages sensibles de mauvaise volonté qui annoncent l'intention de nuire, comme de refuser à une puissance les titres qui lui sont dus, de méconnaître ses droits, de rejeter ses prétentions, d'ôter à ses sujets la liberté du commerce, de lui susciter des ennemis, enfin d'enfreindre à son égard le droit des gens sous quelque prétexte que ce puisse être.

Ces diverses manières d'offenser un corps politique ne sont toutes ni également praticables, ni également [2] utiles à celui qui les emploie ; et celles dont résulte à la fois notre propre avantage et le préjudice de l'ennemi sont naturellement préférées. La terre, l'argent, les hommes, toutes les dépouilles qu'on peut s'approprier deviennent ainsi les principaux objets des hostilités réciproques. Et cette basse avidité changeant insensiblement les idées des choses, la guerre enfin dégénère en brigandage, et d'ennemis et guerriers on devient peu à peu tyrans et voleurs.

1. M. Dreyfus-Brisac avait lu « on en doit excepter ».
2. M. Dreyfus-Brisac avait omis ce mot.

De peur d'adopter sans y songer ces changements d'idées, fixons d'abord les nôtres par une définition, et tâchons de la rendre si simple qu'il soit impossible d'en abuser.

J'appelle donc guerre de puissance à puissance l'effet d'une disposition mutuelle constante et manifestée de détruire l'État ennemi, ou de l'affaiblir au moins par tous les moyens possibles [1].

Cette disposition réduite en acte est la guerre proprement dite [2], tant qu'elle reste sans effet, elle n'est que l'état de guerre.

Je prévois une objection : puisque selon moi l'état de guerre est naturel entre les puissances, pourquoi la disposition dont elle résulte a-t-elle besoin d'être manifestée ?

A cela je réponds que j'ai parlé ci-devant de l'état naturel, que je parle ici de l'état légitime, et que je ferai voir ci-après comment pour le [3] rendre tel, la guerre a besoin d'une déclaration.

DISTINCTIONS FONDAMENTALES

Je prie les lecteurs de ne point oublier que je ne cherche pas ce qui rend la guerre avantageuse à celui qui la fait, mais ce qui la rend légitime ; il en coûte presque toujours pour être juste. Est-on pour cela dispensé de l'être ? S'il n'y eût jamais [4] et qu'il ne puisse y avoir de véritable guerre entre les particuliers, qui sont donc ceux entre lesquels elle a lieu, et qui peuvent s'appeler réellement ennemis ? Je réponds que ce sont les personnes publiques, et qu'est-ce qu'une personne publique ? Je réponds que c'est cet être moral qu'on appelle souverain, à qui le pacte social a donné l'existence et dont toutes les volontés portent le nom de lois. Appliquons ici les distinctions précédentes : on peut dire, dans les effets de la guerre, que c'est le souverain qui fait le dommage et l'État qui le reçoit.

Si la guerre n'a lieu qu'entre des êtres moraux, elle n'en veut

1. M. Dreyfus-Brisac avait lu « par tous les moyens qu'on le peut ».

2. M. Dreyfus-Brisac dénature la pensée de J.-J. Rousseau, en imprimant ce texte : « Cette disposition réduite en acte est la guerre possible proprement dite ».

3. M. Dreyfus-Brisac avait lu « pour la rendre telle », ce qui est manifestement inexact.

4. M. Dreyfus-Brisac avait lu « s'il n'y a jamais eu ».

point [1] aux hommes, et l'on peut la faire sans ôter la vie à personne. Mais ceci demande explication.

A n'envisager les choses que selon la rigueur du pacte social, la terre, l'argent, les hommes et tout ce qui est compris dans l'enceinte de l'État lui appartient sans réserve. Mais les droits de la société, fondés sur ceux de la nature, ne pouvant les anéantir, tous ces objets doivent être considérés sous un double rapport, savoir : le sol comme territoire public et comme patrimoine des particuliers, les biens comme appartenant dans un sens au souverain et dans un autre aux propriétaires, les habitants comme citoyens et comme hommes. Au fond, le corps politique n'étant qu'une personne morale n'est qu'un être de raison. Otez la convention publique, à l'instant [2] l'État est détruit sans la moindre altération dans tout ce qui le compose, et jamais toutes les conventions des hommes ne sauraient changer rien dans le physique des choses. Qu'est-ce donc que faire la guerre à un souverain ? c'est attaquer la convention publique et tout ce qui en résulte ; car l'essence de l'État ne consiste qu'en cela. Si le pacte social pouvait être tranché d'un seul coup, à l'instant il n'y aurait plus de guerre, et de ce seul coup l'État serait tué sans qu'il mourût un seul homme. Aristote dit, que pour autoriser les cruels traitements qu'on faisait souffrir à Sparte aux Ilotes, les Ephores en entrant en charge leur déclaraient solennellement la guerre. Cette déclaration était aussi superflue que barbare. L'état de guerre subsistait nécessairement entre eux par cela seul que les uns étaient les maîtres et les autres les esclaves. Il n'est pas douteux que, puisque les Lacédémoniens tuaient les Ilotes, les Ilotes ne fussent en droit de tuer les Lacédémoniens : si la guerre ne peut avoir lieu contre les h. libres et indépendants, combien moins contre de malheureux esclaves [3].

A cela je pourrais me contenter de répondre par les faits, et je n'aurais point de réplique à craindre ; mais je n'ai pas oublié

1. M. Dreyfus-Brisac avait lu « elle ne nuit point aux hommes ».
2. M. Dreyfus-Brisac omet ce mot.
3. Cette dernière phrase sans autre addition fait manifestement partie de ce paragraphe; M. Dreyfus-Brisac la détache cependant du texte, pour la rejeter dans une note.

que je raisonne ici sur la nature des choses et non sur des événements qui peuvent avoir mille causes particulières indépendantes du principe commun. Mais considérant attentivement la constitution des corps politiques, et quoiqu'à la rigueur chacun suffise à sa propre conservation, nous trouverons que leurs mutuelles relations ne laissent pas d'être beaucoup plus intimes que celles des individus. Car l'h., au fond, n'a nul rapport nécessaire avec ses semblables, il peut subsister sans leur concours dans toute la vigueur possible [1]; il n'a pas tant besoin des soins de l'h. que des fruits de la terre, et la terre produit plus qu'il ne faut pour nourrir tous ses habitants. Ajoutez que l'h. a un terme de force et de grandeur fixé par la nature, et qu'il ne saurait passer. De quelque sens qu'il s'envisage, il trouve toutes ses facultés limitées : sa vie est courte, ses ans sont comptés, son estomac ne s'agrandit pas avec ses richesses : ses passions ont beau s'accroître, ses plaisirs ont leur mesure, son cœur est borné comme tout le reste, sa capacité de jouir est toujours la même. Il a beau s'élever en idée, il demeure toujours petit.

L'État, au contraire, étant un corps artificiel n'a nulle mesure déterminée; sa grandeur qui lui est propre est indéfinie, il peut toujours l'augmenter, il se sent faible tant qu'il en est de plus forts que lui. Sa sûreté, sa conservation demandent qu'il semble [2] plus puissant que tous ses voisins, il ne peut augmenter, nourrir, exercer ses forces qu'à leurs dépens; et s'il n'a pas besoin de chercher sa subsistance hors de lui-même, il y cherche sans cesse de nouveaux membres qui lui donnent une consistance plus inébranlable, car l'inégalité des hommes a des bornes posées par les mains de la nature, mais celle des sociétés peut croître incessamment jusqu'à ce qu'une seule absorbe toutes les autres.

Ainsi, la grandeur du corps politique étant purement relative, il est forcé de se comparer [3] pour se connaître; il dépend de tout ce qui l'environne et doit prendre intérêt à ce qui s'y passe, car il aurait beau vouloir se tenir au dedans de lui sans rien gagner

1. M. Dreyfus-Brisac lit « rigueur » au lieu de « vigueur ».
2. M. Dreyfus-Brisac avait lu « qu'il se rende plus puissant ».
3. M. Dreyfus-Brisac ajoute, dans cette phrase, au véritable texte de J.-J. Rousseau, les deux mots « sans cesse », et « tout » ce qui s'y passe.

en grand, ni perdre, il devient faible ou fort selon que son voisin s'étend ou se répare, se renforce ou s'affaiblit. Enfin sa solidité même, en rendant ses rapports plus constants, donne un effet plus sûr à toutes ses actions et rend toutes ses querelles plus dangereuses.

Il semble qu'on ait pris à tâche de renverser toutes les vraies idées des choses, tout porte l'h. naturel au repos : manger et dormir sont les seuls besoins qu'il connaisse, et la faim seule l'arrache à la paresse ; on en a fait un furieux toujours prompt à tourmenter ses semblables par des passions qu'il ne connaît point ; au contraire, ces passions exaltées au sein de la société par tout ce qui peut les enflammer passent pour n'y pas exister. Mille écrivains ont osé dire que le corps politique est sans passions et qu'il n'y a point d'autre [1] raison d'état que la raison même. Comme si l'on ne voyait pas au contraire que l'essence de la société consiste dans l'activité de ses membres, et qu'un État sans mouvement ne serait qu'un corps mort. Comme si toutes les histoires du monde ne nous montraient pas les sociétés les mieux constituées être aussi les plus actives, et soit au dedans, soit au dehors, l'action ou réaction continuelle de tous leurs membres porter témoignage de la vigueur du corps entier [2].

La différence de l'art humain à l'ouvrage de la nature se fait sentir dans ses effets ; les citoyens ont beau s'appeler membres de l'État, ils ne sauraient s'unir à lui comme de vrais membres le sont au corps ; il est impossible de faire que chacun d'eux n'ait pas une existence individuelle et séparée, par laquelle il peut seul suffire à sa propre conservation ; les nerfs sont moins sensibles, les muscles ont moins de vigueur, tous les liens sont plus lâches, le moindre accident peut tout désunir.

Que l'on considère combien dans l'agrégation du corps politique la force publique est inférieure à la somme des forces particulières, combien il y a pour ainsi dire de frottement dans le jeu de toute la machine, et l'on trouvera que, toute proportion gardée, l'h. le plus débile a plus de force pour sa propre conservation que l'État le plus robuste n'en a pour la sienne.

1. M. Dreyfus-Brisac avait omis ce mot.
2. M. Dreyfus-Brisac écrit « du corps tout entier ».

Il faut donc, pour que cet État subsiste [1], que la vivacité de ses passions supplée à celle de ses mouvements, et que sa volonté l'anime autant que son pouvoir se relâche. C'est la loi conservatrice que la nature elle-même établit entre les espèces, et qui les maintient toutes malgré leur inégalité. C'est aussi, pour le dire en passant, la raison pourquoi les petits États ont en proportion plus de vigueur que les grands, car la sensibilité publique n'augmentant [2] pas avec le territoire, plus il s'étend, plus la volonté s'attiédit, plus les mouvements s'affaiblissent, et ce grand corps surchargé de son propre poids s'affaisse, et tombe en langueur, et dépérit [3].

1. M. Dreyfus-Brisac avait lu « que l'État ».
2. M. Dreyfus-Brisac avait lu « n'augmente pas ».
3. Ici, se trouvait primitivement le passage suivant, d'ailleurs mal rédigé au début, que J.-J. Rousseau a supprimé très nettement :

Imagine-t-on jamais de justice plus absurde que celui qui peut avoir imaginé sans frémir le système insensé de la guerre naturelle de chacun contre tous? Quel étrange animal que celui qui croirait son bien-être attaché à la destruction de toute son espèce, et comment concevoir que cette espèce aussi monstrueuse et aussi détestable pût durer seulement deux générations ? Voilà pourtant jusqu'où le désir ou plutôt la fureur d'établir le despotisme et l'obéissance passive ont conduit un des plus beaux génies qui aient existé ! Un principe aussi féroce était digne de son objet !

L'État de société qui contraint toutes nos inclinations naturelles ne les saurait pourtant anéantir, malgré nos préjugés et malgré nous-mêmes ; elles parlent encore au fond de nos cœurs, et nous ramènent souvent au vrai que nous quittons pour des chimères. Si cette inimitié mutuelle et destructive était attachée à notre constitution, elle se ferait donc sentir encore, et nous repousserait, malgré nous, à travers toutes les chaînes sociales.

L'affreuse haine de l'humanité... le cœur de l'homme ; il s'affligerait à la naissance de ses propres enfants, il se réjouirait à la mort de ses frères, et lorsqu'il en trouverait quelqu'un endormi, son premier mouvement serait de le tuer.

La bienveillance qui nous fait prendre part au bonheur de nos semblables, la compassion qui nous identifie avec celui qui souffre et nous afflige de sa douleur, seraient des sentiments inconnus et directement contraires à la nature. Ce serait un monstre qu'un homme sensible et pitoyable, et nous serions naturellement ce que nous avons bien de la peine à devenir au milieu de la dépravation qui nous poursuit.

Le sophiste dirait en vain que cette mutuelle inimitié n'est pas innée et immédiate, mais fondée sur la concurrence inévitable du droit de chacun pour toutes choses, car le sentiment de ce prétendu droit n'est pas plus naturel à l'homme que la guerre qu'il en fait naître.

Je l'ai déjà dit et ne puis trop le répéter, l'erreur de Hobbes et des philosophes est de confondre l'h. naturel avec les hommes qu'ils ont sous les yeux, et de transporter dans un système un être qui ne peut subsister que dans un autre. L'h. veut son bien et tout ce qui peut y contribuer, cela est incontestable. Mais naturellement le bien-être de l'homme se borne au nécessaire physique; car quand il a l'âme saine et que son corps ne souffre pas, que lui manque-t-il pour être heureux selon sa constitution? Celui qui n'a rien désire peu de chose; celui qui ne commande à personne a peu d'ambition; mais le superflu éveille la convoitise : plus on obtient, plus on désire. Celui qui a beaucoup veut tout avoir, et la folie de la monarchie universelle n'a jamais tourmenté que le cœur d'un grand roi. Voilà la marche de la nature; voilà le développement des passions; un philosophe superficiel observe des âmes une fois [1] repétries et fermentées dans le levain de la société, et croit avoir observé l'homme; mais, pour le bien connaître, il faut savoir démêler la gradation naturelle de ses sentiments, et ce n'est point chez les habitants d'une grande ville qu'il faut chercher le premier trait de la nature dans l'empreinte du cœur humain.

Ainsi cette méthode analytique n'offre-t-elle à la raison qu'abîmes et mystères où le plus sage comprend le moins; qu'on demande pourquoi les mœurs se corrompent à mesure que les esprits s'éclairent, n'en pouvant trouver la cause, ils auront le front de nier le fait; qu'on demande pourquoi les sauvages transportés parmi nous ne partagent ni nos passions, ni nos plaisirs et ne se soucient point de tout ce que nous désirons avec tant d'ardeur, ils ne l'expliqueront jamais ou ne l'expliqueront que par mes principes; ils ne connaissent que ce qu'ils voient et n'ont jamais vu la nature; ils savent fort bien ce que c'est qu'un bourgeois de Londres ou de Paris, mais ils ne sauront jamais ce que c'est qu'un homme.

J'ouvre les livres de droit et de morale, j'écoute les savants et les jurisconsultes, et pénétré de leurs discours insinuants je déplore les misères de la nature, j'admire la paix et la justice

1. M. Dreyfus-Brisac omet ce mot.

établies par l'ordre civil, je bénis la sagesse des institutions publiques et me console d'être homme en me voyant citoyen. Bien instruit de mes devoirs et de mon bonheur, je ferme le livre sous... [1] de la classe, et regarde autour de moi : je vois des peuples infortunés gémissant sous un joug de fer, le genre humain écrasé par une poignée d'oppresseurs, une foule accablée de peine et affamée de faim [2] et dont le riche boit en paix le sang et les larmes, et partout le fort armé contre le faible du redoutable pouvoir des lois.

Tout cela se fait paisiblement et sans résistance, c'est la tranquillité des compagnons d'Ulysse enfermés dans la caverne du Cyclope, en attendant qu'ils soient tous [3] dévorés. Il faut gémir et se taire. Tirons un voile éternel sur ces objets d'horreur. J'élève les yeux et regarde au loin. J'aperçois des feux et des flammes, des campagnes désertes [4], des villes au pillage. Hommes farouches, où traînez-vous ces infortunés [5]? J'entends un bruit affreux! J'approche, quel tumulte, quels cris! Je vois un théâtre de meurtres, dix mille hommes égorgés, les morts entassés par monceaux, les mourants foulés aux pieds des chevaux : partout l'image de la mort et de l'agonie.

C'est donc là le fruit de ces institutions pacifiques! La pitié, l'indignation s'élèvent au fond de mon cœur. Ah! philosophe barbare, viens nous lire ton livre sur un champ de bataille!

Quelles entrailles d'hommes ne seraient émues à ces tristes objets; mais il n'est plus permis d'être homme et de plaider la cause de l'humanité, la justice et la vérité doivent être pliées à l'intérêt des plus puissants, c'est la règle. Le peuple ne donne ni pensions, ni emplois, ni chaires, ni places d'académies, en vertu de quoi le protègerait-on? Princes magnanimes de qui nous attendons tout, je parle au nom du corps littéraire. Opprimez le peuple en sûreté de conscience, il ne vous est bon à rien [6].

1. Cette interruption se trouve dans le texte même de J.-J. Rousseau.
2. Le texte de M. Dreyfus-Brisac diffère encore un peu ici du nôtre.
3. M. Dreyfus-Brisac omet ce mot.
4. M. Dreyfus-Brisac écrit » dévastées », au lieu de « désertes ».
5. M. Dreyfus-Brisac ajoute ici les mots « sans asile et sans pain », supprimés par J.-J. Rousseau.
6. M. Dreyfus-Brisac a certainement oublié de reproduire ce dernier membre de phrase.

Comment une aussi faible voix se ferait-elle entendre à travers tant de clameurs vénales? Hélas! il faut me taire, mais la
voix de mon cœur ne saurait-elle penser à tracer un si triste
sillon, non sans entrer dans d'odieux détails qui passeraient
pour satiriques par cela seul qu'ils seraient vrais. Je me bornerai,
comme j'ai toujours fait, à examiner les établissements humains
par leurs principes; à corriger, s'il se peut, les fausses idées que
nous en donnent des auteurs intéressés, et à faire au moins que
l'injustice et la violence ne prennent pas impudemment le nom de
droit et d'équité.

La première chose que je remarque, en considérant la position
du genre humain, c'est une contradiction manifeste dans sa
constitution qui la rend toujours vacillante. D'h. à h., nous
vivons dans l'état civil et soumis aux lois; de peuple à peuple,
chacun jouit de sa liberté naturelle; ce qui rend au fond notre
situation pire que si ces distinctions étaient inconnues, car
vivant à la fois dans l'ordre social et dans l'état de nature, nous
sommes assujettis aux inconvénients de l'un et de l'autre sans
trouver la sûreté dans aucun des deux. La perfection de l'ordre
social consiste, il est vrai, dans le concours de la force et de la
loi; mais il faut pour cela que la loi dirige la force, au lieu que,
dans les idées de l'indépendance absolue des princes, la seule
force, parlant aux citoyens sous le nom de loi et aux étrangers
sous le nom de raison d'État, ôte à ceux-ci le pouvoir et aux
autres la volonté de résister, en sorte que le vain nom de justice ne sert pour tous que de sauvegarde à la violence.

Quant à ce qu'on appelle [1] droit des gens, il est certain que
faute de sanction ses lois ne sont que des chimères plus faibles
encore que la loi de nature. Celle-ci parle au moins au cœur des
particuliers, au lieu que le droit des gens, n'ayant d'autre garant
que l'utilité de celui qui s'y soumet, ses décisions ne sont respectées qu'autant que l'intérêt les confirme dans la condition
mixte où nous nous trouvons, auquel des deux systèmes qu'on
donne la préférence.

En faisant trop ou trop peu, nous n'avons rien fait et nous

1. M. Dreyfus-Brisac a omis ces mots.

sommes mis dans le pire état où nous puissions nous trouver. Voilà, ce me semble, la véritable origine de ce qu'on appelle [1] des calamités publiques.

Mettons un moment ces idées en opposition avec l'horrible système de Hobbes, et nous trouverons tous, au rebours de son absurde doctrine, que bien loin que l'état de guerre soit naturel aux hommes, la guerre est née de la paix, ou du moins des précautions que les h. ont prises pour s'assurer une paix durable. Mais, avant que d'entrer dans cette discussion, tâchons...

On peut demander encore si les rois, qui dans le fait sont indépendants de toute [2] puissance humaine, pourraient établir entre eux des guerres personnelles et particulières indépendantes de celles de l'État. C'est là certainement une question oiseuse, car ce n'est pas, comme on sait, la coutume des princes d'épargner autrui pour s'exposer personnellement. De plus, cette question dépend d'une autre qu'il ne m'appartient pas de décider, savoir si le prince est soumis lui-même aux lois de l'État ou non; car s'il y est soumis, sa personne est liée et sa vie appartient à l'État comme celle du dernier citoyen; mais si le prince est au-dessus des lois, il vit dans le pur état de nature et ne doit compte ni à ses sujets ni à personne d'aucune de ses actions.

DE L'ÉTAT SOCIAL

Nous entrons maintenant dans un nouvel ordre de choses, nous allons voir les hommes unis par une concorde artificielle se rassembler pour s'entr'égorger et toutes les horreurs de la guerre naître des soins qu'on avait pris pour la prévenir. Mais il importe premièrement de se former sur l'essence du corps politique, des notions plus exactes que l'on a fait jusqu'ici. Que le lecteur songe seulement qu'il s'agit moins ici d'histoire et des faits que de droit et de justice, et que [3] j'examine les choses par leur nature plutôt que par nos préjugés.

1. Ici, un mot illisible. M. Dreyfus-Brisac y voit le mot « communément ».
2. M. Dreyfus-Brisac a omis ce mot.
3. M. Dreyfus-Brisac écrit : « Que je veux examiner ».

De la première société formée, s'ensuit nécessairement la formation de toutes les autres. Il faut en faire partie ou s'unir pour lui résister, il faut [1] l'imiter ou se laisser engloutir par elle.

(Ici, un assez long intervalle sépare, dans le texte de J.-J. Rousseau, ces deux paragraphes).

Ainsi, toute la face de la terre est changée, partout la nature a disparu ; partout l'art humain a pris sa place ; l'indépendance et la liberté naturelle ont fait place aux lois et à l'esclavage ; il n'existe plus d'être libre, le philosophe cherche un homme et n'en trouve plus. Mais c'est en vain qu'on pense anéantir la nature, elle renaît et se montre où l'on l'attendait le moins. L'indépendance qu'on ôte aux hommes se réfugie dans les sociétés, et ces grands corps livrés à leurs propres impulsions produisent des chocs plus terribles, à proportion que leurs masses l'emportent sur celles des individus.

Mais, dira-t-on, chacun de ces corps ayant une assiette aussi solide, comment est-il possible qu'ils viennent jamais à s'entre-heurter ? Leur propre constitution ne devrait-elle pas les maintenir entre eux dans une paix éternelle ? sont-ils obligés comme les hommes d'aller chercher au dehors de quoi pourvoir à leurs besoins ? n'ont-ils pas en eux-mêmes tout ce qui est nécessaire à leur conservation ? La concurrence et les échanges sont-ils une source de discorde inévitable, et, dans tous les pays du monde, les habitants n'ont-ils pas existé avant le commerce ? preuve invincible qu'ils y pouvaient subsister sans lui.

Il n'y a pas de guerre entre les hommes, il n'y en a qu'entre les États.

---

1. M. Dreyfus-Brisac omet ces deux mots.

Dans l'enveloppe ainsi numérotée, se trouvent un grand nombre de bouts de papier renfermant des pensées de J.-J. Rousseau. En voici quelques-unes.

Quel long et injuste silence ! mon cher ami, mais j'étais malade et paresseux. Aujourd'hui que je suis malade, paresseux et libre ; aujourd'hui que je me fous [1] de tous vous autres gens de cour, aujourd'hui que tous les Rois de la terre avec toute leur morgue, tous leurs titres et tout leur or ne me feraient pas faire un pas... (fragment publié par M. Jansen).

Mais toutes les fois qu'il est question d'un véritable acte de souveraineté, qui n'est qu'une déclaration de la volonté générale, le peuple ne peut avoir des représentants, parce qu'il lui est impossible de s'assurer qu'ils ne substitueront point leurs volontés aux siennes, et qu'ils ne forceront point les particuliers d'obéir en son nom à des ordres qu'il n'a ni donné ni voulu donner — crime de lèse-majesté dont peu de gouvernements sont exempts [2].

Cession qui ne peut jamais être légitime, parce qu'elle est fondée sur un pouvoir qui n'est avantageux ni au maître ni à l'esclave et par conséquent contraire au droit naturel. Car l'avantage de commander n'est, au delà du service de la personne, qu'un bien imaginaire et purement d'opinion, et il est très égal pour la commodité personnelle du Prince qu'il ait cent mille sujets de plus ou de moins. C'est encore moins un bien d'être contraint à l'obéissance, quand on n'a point de garant qu'on sera sagement commandé ; mais qu'on puisse à son gré faire passer les peuples de maître en maître comme des troupeaux de bétail sans consulter ni leur intérêt ni leur avis, c'est se moquer des gens de le dire sérieusement.

1. *Sic.*
2. Ce fragment a déjà été publié par M. Streckeisen-Moultou, qui cependant l'a copié d'une façon inexacte en deux endroits.

…Vous m'aviez soumis par force, et tant que vous avez été le plus fort, je vous ai fidèlement [1] obéi. Maintenant la raison qui m'assujettissait à vous ayant cessé, mon assujettissement cesse, et vous ne sauriez dire pourquoi je vous obéissais, sans dire en même temps pourquoi je ne vous obéis plus.

Enveloppe nº 7872

Cette enveloppe renferme des cartes à jouer, des morceaux de papier, des petits cahiers sur lesquels J.-J. Rousseau avait jeté ses idées. Nous relevons les deux fragments suivants :

Si l'on me demandait quel est le plus vicieux de tous les peuples je répondrais sans hésiter que c'est celui qui a le plus de lois. La multitude des lois annonce deux choses également dangereuses, et qui marchent presque toujours ensemble, savoir que les lois sont mauvaises et qu'elles sont sans vigueur.

L'amour de l'humanité donne beaucoup de vertus, comme la douceur, l'équité, la modération, la charité, l'indulgence : mais il n'inspire point le courage, ni la fermeté, et ne leur donne point cette énergie qu'elles reçoivent de l'amour de la patrie qui les élève jusqu'à l'héroïsme.

---

1. M. Streckeisen-Moultou, en reproduisant ce texte, avait omis ce mot.

LETTRE D'USTERI A J.-J. ROUSSEAU

Zurich, 25 juin 1763.

Il serait inutile de vous rapporter, mon cher ami, toutes les raisons qui m'ont empêché si longtemps à vous répondre à votre dernière lettre (*sic*). La seule que je ne veux pas vous laisser ignorer, c'est que dans le courant du mois passé ou dans le commencement de celui-ci, je me flattais de vous embrasser et de m'entretenir avec vous, puisque je savais que notre ami Moultou était allé vous trouver, et que j'espérais que cela vous engageait à remplir votre projet (*sic*).

Je viens à présent à votre lettre où vous me répondez à deux objections que je vous avais faites. Je suis honteux de vous avoir fait la première, et je souhaiterais que mes forces répondaient à mon empressement pour réparer ce tort (*sic*).

L'éclaircissement que vous me donnez sur la seconde me fait mieux entrer dans vos idées, et je comprends beaucoup plus (à) tout ce chapitre en question. Cependant je ne saurais être entièrement d'accord avec vous sur tout ce que vous dites des rapports du christianisme avec l'État social. Il me semble que je conçois très bien une société de chrétiens qui serait solide et durable, et qui résisterait à tout ce qui pourrait lui nuire. La voici telle que je la conçois : Un certain nombre de personnes, pour suffire à leurs besoins, s'uniraient dans une espèce de corps. Ils se rendraient mutuellement ces services que la conservation et le bonheur de chacun demandent ; personne n'en serait exclu, mais tout le monde n'y entrerait pas, parce que tout le monde ne serait pas à portée ou d'accepter ou de rendre ces sortes de services. La seule distance déciderait sur ceux qui doivent y entrer ou non, et la différence que l'on ferait entre l'étranger et le membre ne serait pas odieuse. J'espère que cette société où chacun chercherait avec le même empressement le bonheur de l'autre qu'il cherche le sien serait très parfaite et l'on y vivrait très heureux.

Mais, dites-vous, elle ne serait pas durable et solide si malheureusement il s'y trouve un ambitieux, un Catilina, etc., p. 312. — D'abord c'est contre notre supposition, parce que nous supposons une société de vrais chrétiens. Mais supposé même qu'il y eût un tel, il se ferait bientôt remarquer. Dans une société dont tous les membres ont des sentiments si simples, si justes, on remarquerait le moindre mouvement qui serait contraire à ceuxci. Un ambitieux ne ferait pas des projets cachés, comme chez nous autres, qui nous servons l'un à l'autre, à cacher les desseins ambitieux. Il ne serait pas soupçonné ; ces citoyens auraient le tact moral trop fin pour ne pas sentir la moindre injustice, ils en seraient d'abord choqués, et sans lui permettre de faire plus de progrès ils le corrigeraient au premier faux pas. Ou s'il ne se laissait pas corriger, ils le feraient sortir de leur société, c'est-à-dire, en ne voulant plus de ses services, ils se dispenseraient de lui rendre les leurs qui seraient beaucoup mieux employés vis-à-vis de tout autre. Et ce Catilina serait étouffé dans sa naissance.

Pour ce qui est de sa solidité et de sa force par rapport à ses voisins, je ne la crois pas non plus si faible que vous voulez le faire croire, et je trouve dans sa perfection des forces bien préférables à toutes celles qu'une République guerrière peut s'acquérir. C'est l'attachement, l'amour qu'elle se contracterait chez tous ses voisins. Supposé cette république qui n'aspire à aucune préférence sur ses voisins, à aucun avantage, qui n'a jamais rien à démêler avec eux, si ce n'est pour un service qu'elle leur peut rendre. Elle ne fera donc naître chez eux aucune de ces passions qui sont les causes ordinaires des guerres : ni jalousie, ni haine, pas même l'ambition. Et n'étant jamais attaquée, elle n'aura pas besoin à se défendre. Mais supposez même qu'elle vienne d'être attaquée, je ne vois pas ce qui peut l'empêcher de se défendre. Prétendre que le christianisme n'est pas propre à faire des soldats, ce n'est pas dire qu'il ne leur permet pas d'être soldats, de se défendre, sa vie, ses biens, sa liberté, ses amis ; non plus que de dire que le christianisme ne leur ôte les moyens à devenir bons soldats (*sic*).

Au contraire, si c'est le devoir d'homme et de chrétien d'avoir soin à sa conservation (*sic*) et de résister à tout ce qui lui est nuisible, il est obligé de se défendre contre ceux qui l'attaquent, et la défense d'un État ne diffère en rien de la défense d'un particulier que par le nombre.

S'il leur est donc permis de se défendre, je ne vois pas quels avantages les autres peuvent avoir sur eux. Mais je sais bien qu'une armée de chrétiens résolus de se défendre contre une agression injuste, une armée sans luxe et sans mille autres vices qui troublent l'ordre et l'harmonie si nécessaire dans ces circonstances sera bien plus forte que tout autre.

Voici, mon ami, ce que je pense sur cet article ; je ne suis pas de votre avis, quoique je ne saurais entièrement vous réfuter. Les conséquences auxquelles votre système me mène me l'ont d'abord fait examiner plus à fond, et quand j'ai réfléchi sur ces choses, elles se présentèrent telles que je vous les explique ici. Faites-moi le plaisir de mieux m'éclaircir, si je me trompe dans mon raisonnement.

Je ne puis pas finir cette lettre sans vous dire un mot sur l'abdication que vous avez faite de votre droit de citoyen. Je crois sentir tout le prix et en même temps combien vous doit avoir coûté ce sacrifice que vous avez fait à des citoyens ingrats, qui le trouvent nuisible à leur société, si l'on enseigne les principes éternels sur lesquels la meilleure société est fondée : Mais plutôt c'est un sacrifice que vous avez fait à la vérité, vous renoncez pour elle à des droits que vous aviez sur vos concitoyens, pour leur ôter tout droit qu'ils s'imaginaient d'avoir sur vous, de vous contraindre à ne pas avancer de certaines vérités.

Madame... vient de donner un fils à son mari qui en est tout rempli de joie, et vous y prenez sûrement part. Dites-moi, si rien ne vous empêche, mon cher ami, qui est M. l. M. d. A dont vous citez le Mscpt (*sic*) dans votre *Contrat social*. Il me semble que j'aurai du plaisir à connaître le nom de cet honnête homme.

Adieu, très cher ami, je vous embrasse de tout mon cœur.

Usteri.

TABLE DES MATIÈRES

I

humain, qu'elle existe naturellement ou qu'elle soit formée par la religion, par la force, par le livre, ne peut satisfaire Rousseau. La véritable solution sera l'association volontaire des petits États.   p. 145

CHAPITRE VI

L'association volontaire des petits États ; sa possibilité, sa réalisation. Sa forme ne sera ni la simple alliance, ni l'État fédéral, mais la Confédération dont la nature satisfait seule aux exigences de J.-J. Rousseau. — Le Contrat international ; ses clauses, union des volontés et des forces, c'est-à-dire des Milices. La République Confédérative. Ses avantages.   p. 189

CONCLUSION   p. 237

II

APPENDICE

Extraits du Manuscrit du *Contrat social* de la bibliothèque de Genève.
p. 253

Extraits des manuscrits inédits de la bibliothèque de Neuchâtel.   p. 267

MACON, PROTAT FRÈRES, IMPRIMEURS